中国分析哲学　2024

启真馆 出品

中国现代外国哲学学会分析哲学专业委员会 编

山西大学哲学学院 资助

中国分析哲学

ANALYTIC PHILOSOPHY IN CHINA 2024

2024

主编　　江怡
副主编　陈常燊

ZHEJIANG UNIVERSITY PRESS
浙江大学出版社
·杭州·

图书在版编目（CIP）数据

中国分析哲学. 2024 / 江怡主编. -- 杭州 ：浙江大
学出版社，2024. 12. -- ISBN 978-7-308-25595-0

Ⅰ. B089-53

中国国家版本馆 CIP 数据核字第 2024RK8842 号

中国分析哲学. 2024

江　怡　主编

中国现代外国哲学学会分析哲学专业委员会　编

责任编辑 聂　瑶

责任校对 赵　珏

装帧设计 谢　涛

出版发行 浙江大学出版社

　　　　　　（杭州市天目山路 148 号　邮政编码 310007）

　　　　　　（网址: http ://www.zjupress.com）

排　　版 北京楠竹文化发展有限公司

印　　刷 浙江新华数码印务有限公司

开　　本 787mm×1092mm　1/16

印　　张 14

字　　数 269 千

版 印 次 2024 年 12 月第 1 版　2024 年 12 月第 1 次印刷

书　　号 ISBN 978-7-308-25595-0

定　　价 88.00 元

国家社会科学基金重大项目
"20 世纪中国分析哲学史研究"（21&ZD050）
阶段性成果

卷首语

江 怡

2023 年 11 月 16 日，是第 21 个 "世界哲学日"。联合国教科文组织（UNESCO）确定，2023 年世界哲学日的主题为 "未来的人类"。这个主题反映了当今人类面临的共同困境：科学技术的快速发展与人类社会的急剧变革，导致人类对自己的未来产生更多的不确定预期；如何面对人类的未来，成为当今人类的共同话题。科学技术的进步使得逻辑推理拥有了比以往更为强大的优势，人性的脆弱彷徨也让未来的人类面临更大的风险。如何应对未来的挑战，如何让人类在未来生存中得到进步发展，这是当今人类面对的共同难题。同时，未来世界的虚拟化和实在化也对人类知觉提出了严峻挑战。所有这些都预示着，未来的人类将以 "新人类世"（New Anthropocene）的形式存在于地球空间，或以 "未来世"（Future Generation）的形式存在于地外空间。我所在的山西大学哲学学院将 2023 年的世界哲学日主题选定为 "确定性"，这反映了哲学人对确定性的持续坚守和不懈追求。然而，如何在不确定的未来中寻求确定性，这是我们需要认真回答的严肃问题。

"寻求确定性" 是古往今来哲学研究的内在动因，也是无数哲学家的努力方向。哲学大厦历来被认为必须建立在确定的概念和严格的论证之上，因而，"确定性" 被作为哲学发展的目标所在。柏拉图建立的理念世界和亚里士多德发现的逻辑世界，都是古代人类对确定性的经典阐释。笛卡儿对一切怀疑论的质疑和休谟对因果关系的否定，反映了近代哲学家们对确定性的认识论诉求。现代哲学发展的重要契机就在于，科学发现带来的确定性的丧失，使得哲学家们重新寻找追问确定性的方向。语言意义的确定和意识本质的探究成为当代哲学的重要内容。然而，哲学家们在这个追问过程中不断发现，确定性似乎正在逐渐远离我们，不确定性则成为当今时代的重要特征。这就迫使哲学家们不断地询问在不确定性中寻求确定性的良方，其中形成的一些哲学思想成为我们重新建立确定性信心的重要动力。

首先，我们需要明确的是，确定性并非一种知识形态，而是一种信念状态。对于我们确定的东西具有某种信念，这是确定性的前提条件。由于信念本身无法被反驳或证成，因此，确定性的反面就不是不确定性，而是对信念的怀疑。怀疑往往来自不确定，但并非以不确定为标志。严格地说，怀疑是否定信念的开始，而不确定则是怀疑的结果。由不确定出发，我们会得到对知识的理解模式，即知识是一种经过辨明的真信念。由于确定性来自对信念的持守，而不确定性则来自对信念的否定，因此，不确定性就不是与信念打交道，而是与知识打交道了。这样，不确定性针对的就是知识，而不是针对信念。

其次，信念本身不存在真假问题，无法用经验的或推理的方式去验证信念的真假；信念作为知识的根据，我们只有接受或不接受的选择，甚至无法对接受或不接受给出理由，因为信念本身就是理由。当我们说一个信念是"真信念"，就等于接受了这个信念；而说它是一个"假信念"时，则是否定了它是一个信念，而不是说其信念内容是假的。相反地，知识存在真假问题，我们可以用经验或推理的方式验证知识的真假，因此，知识是可错的。由此可以推出，知识是不确定的。知识进步的根本动力，就在于自身不断纠错的能力。

再次，由于知识是可错的，但信念是不可假的，因而，唯有信念是确定的。这样，如何在不确定性中寻求确定性，就是试图从知识中寻求信念。由于知识与信念分属不同的概念系统，所以，我们在两者之间很难建立直接联系。知识归类于我们对外部世界的认识结果，信念则属于我们对内在思想世界的定位（评价）。哲学就是在这两者之间搭建的沟通桥梁：一方面，哲学处理知识问题的方式侧重于事实陈述命题，试图理解不确定性在知识领域中的真实意义和影响范围；另一方面，哲学处理信念问题的方式则是强调其作为知识根据的价值取向，努力把确定性解释为信念的基本特征。由此，哲学就将信念与知识有机地联系起来。

最后，作为链接信念与知识的哲学研究，其自身要求就只能是规范性。这是指，任何一种哲学理论既不是完成对外部世界的描述，也不是对自身内在信念状态的判断，而是为这些描述和判断制定相应的规范。对哲学性质的规范性要求，不仅充分体现了哲学的普遍价值，而且很好地解释了哲学研究工作的具体特征。因此，如何在不确定性中寻求确定性，就是要在可假的知识领域确立一些具有非经验性质的哲学规范，需要我们通过对这些哲学规范的解释去理解一切可假的知识。

虽然 2024 年依然会带来更多的不确定性，但只要我们能够建立一套规范性的哲学信念，就可以努力地在不确定的世界中为我们的心灵寻找到一块可以安稳置放的处所，也就可以更有理由地去面对各种不确定的因素，由此让不确定变得不再可怕。这是我们的希望所在，也是本系列文集得以继续存在的根据所在。

是为序。

目　录

在哲学和数学之间：
20 世纪 30 年代数理逻辑在中国传播与教学研究的总体趋势[①]

◎ 扬·弗霍夫斯基（Jan Vrhovski）[②] 著　王洪光[③] 译

摘　要： 本文研究了 20 世纪 30 年代数理逻辑在中国传播与教学研究的一些重要发展。本文着眼于数理逻辑双重学科进路的出现，即数理逻辑是一门由中国数学家和哲学家共同研究和传播的学科，探讨了中国数理逻辑的学术概念在发展过程中的一个重要转折点。除了在哲学和数学研究领域的框架下对数理逻辑的教学进行说明外，本文还对中国在 20 世纪 20 年代末 30 年代初逐步形成的现代标准化教育体系中首次系统地引入数理逻辑的情况提出了一些初步的见解。

关键词： 数理逻辑；数学；哲学；中国；民国时期

一、导言

20 世纪 30 年代初，数理逻辑作为一个概念和研究领域，已成为当时的国民政府努力实现中国高等和中等教育现代化的一个组成部分。早在 20 世纪 20 年代末，在中国的一批哲学家（20 世纪 20 年代，他们都在处于思想现代化中心的国外院校或中国大学接受教育）的努力下，数理逻辑作为教学和研究的主题被确立为现代哲学研究的核心支柱之一。到了 20 世纪 30 年代初，重组后的国立清华大学（以下简称"清华"）哲学系作为广为人知的大学课程改革典范，成为全国首个数理逻辑教学和研究中心，在中国学界掀起了宣传和推动数理逻辑的新

① 本文译自 Jan Vrhovski, "Between Philosophy and Mathematics: General Trends in Dissemination, Teaching, and Research on Mathematical Logic in 1930s China", *Asian Studies*, 2022, 10(2): 209-241. 本译文为国家社科基金重大项目"20 世纪中国分析哲学史研究"（项目编号：21&ZD050）阶段性成果之一。译者对原文涉及的人名、书名、时间和参考文献等做了仔细核对并纠正了明显的错误，为保持内容的连贯，未在文中专门标注。原文共有 10 小节，为了突出文章结构，使之更加清晰、紧凑、层次分明，译者对章节安排做了必要的整合并且增加了新的章节标题。

② 扬·弗霍夫斯基，哲学博士、汉学博士，斯洛文尼亚卢布尔雅那大学人文学院研究员。
③ 王洪光，哲学博士，山东大学哲学与社会发展学院副研究员，主要研究逻辑哲学，科学与哲学方法论。

浪潮。

本文是我之前已发表的一篇论文《清华逻辑学派：数理逻辑在北京清华大学（1926—1945）》[1]的后续，它考察了民国后期清华大学在数理逻辑教学和研究方面的发展。本文的目的是通过更全面地概述数理逻辑在中国 20 世纪 30 年代教学研究的发展状况，对上一篇论文进行补充。在接下来的讨论中，本文将以在 20 世纪 30 年代初形成的数理逻辑研究和教学的两股竞争潮流（即作为中国的学院哲学一部分的数理逻辑和作为数学的数理逻辑）为棱镜来呈现其发展。就这两股潮流的概念外延（即作为两个学科更广泛的理论话语的组成部分）而言，它们之间的区分应该称作数理逻辑的哲学"概念"和数学"概念"。引入这种区分的主要原因在于，后者的进展大多是在 20 世纪 30 年代的数学普及浪潮中进行的。更重要的是，应用这种概念差异可以充分地解释中国学界在 20 世纪 50 年代初发生的数理逻辑相对快速的"数学化"现象。因此，从最广泛的意义上说，本研究与上面提到的有关"清华逻辑学派"的论文一道，将为随后关于中华人民共和国成立以来数理逻辑发展的考察提供背景。除了拉斐尔·苏特（Rafael Suter）在《道：中国逻辑哲学指南》（*Dao Companion to Chinese Philosophy of Logic*）中所做的简要概述，[2]以及徐义保的博士论文中的特定章节之外，[3]本研究将是西方学界对民国时期中国逻辑史做出的首批贡献之一。除此之外，本研究还首次强调了数理逻辑的数学概念和哲学概念在上述背景下的并行发展。

下面的讨论将在三个主要部分之间穿针引线。在第一部分，我将对近代中国大学哲学系背景下的数理逻辑教学和研究进行更仔细的考察。由于清华学派的主要特点、发展方向和成就已经在前一篇论文中有详细论述，因此，本章对数理逻辑在清华的发展仅做简要概述，重点考察数理逻辑在同时期其他大学（包括北京大学和重组后的国立武汉大学）中的发展状况，以及数理逻辑基本知识逐步被引入高中、师范学校和大学的现代化和标准化教科书。与之对应，在第二部分，我将在 20 世纪 30 年代中国数学家研究和普及数理逻辑的背景下，仔细考察数理逻辑的发展。最后，第三部分留作结束语，并简要分析本次考察的主要发现对于我们理解下一阶段数理逻辑史的价值。

---

[1] Jan Vrhovski, "'Qinghua School of Logic': Mathematical Logic at Qinghua University in Peking, 1926-1945", *History and Philosophy of Logic*, 2021, 42(2).

[2] Rafael Suter, "Logic in China and Chinese Logic: The Arrival and (Re-) Discovery of Logic in China", in Yiu-ming Fung (ed.), *Dao Companion of Chinese Philosophy of Logic,* Cham: Springer, 2020.

[3] Yibao Xu, *Concepts of Infinity in Chinese Mathematics*, PhD Dissertation, New York: The City University of New York, 2005.

二、数理逻辑在中国大学中的发展

2.1 作为学院哲学一部分的数理逻辑: 从清华大学到武汉大学

如导言所述, 数理逻辑作为哲学学科的一部分, 在清华大学哲学系的进步环境中得到全面发展。在该系现代西方哲学蓬勃发展的框架下, 数理逻辑成为该系本科生以及之后的研究生学习哲学的支柱之一。因此, 在伯特兰·罗素 (Bertrand Russell) 本人的著作以及他和怀特海 (Alfred North Whitehead) 的巨著《数学原理》(*Principia Mathematica*) 中阐述的数理逻辑, 被选为人文学院和哲学专业的逻辑学基础课程和高级课程的一部分来讲授。除了早期被列入逻辑学的必修和选修课程外, 从 20 世纪 20 年代起, 数理逻辑也是该系主要资深成员 (例如金岳霖和张申府) 的主要研究关注点之一。在培养出第一届逻辑学专业毕业生的同时, 数理逻辑也成为该系毕业生 (例如沈有鼎和王宪钧) 到西方大学继续深造或者毕业后加入该系担任初级讲师的主要专业方向之一。清华数理逻辑的教学风格和内容在最早期阶段或多或少地体现在金岳霖的著名教科书《逻辑》中, 清华培养的新一代逻辑学家则从欧洲现代逻辑学家的最新进展中引入了种类更广泛的内容。到 20 世纪 30 年代中期, 该系讲授的数理逻辑相关内容包括:《数学原理》的系统、符号逻辑 "哈佛学派" 的进展、维也纳小组成员 (从卡尔纳普到哥德尔) 提出的符号逻辑, 乃至波兰现代逻辑学家的多值逻辑理论。清华数理逻辑的教学特别地与分析哲学紧密结合, 并且大体上与传统的和现代的西方哲学直接相关, 这一点与 20 世纪 20 年代和 30 年代西方学界在该领域的总体趋势相一致。换言之, 数理逻辑或多或少被认为是传统形式逻辑的高级形式, 仍然与传统形式逻辑共享相同的学科框架。[①]

从 20 世纪 30 年代开始, 清华逻辑学派及其缓慢壮大的分析哲学家圈子的影响扩大至清华之外。1929 年, 罗素的学生和罗素哲学的宣传者傅铜再次加入重新开放的国立北京大学并且担任哲学系系主任, 北大哲学系对现代逻辑和分析哲学的兴趣逐渐重新燃起。除了在 "哲学研究会" 框架内推动成立专门的 "论理学组"[②], 傅铜对现代西方哲学的强烈倾向很可能也推动了将分析哲学和数理逻辑课程纳入北大哲学系基本课程的一次新浪潮。随后, 在 20 世纪 30 年代初, 北大哲学系的本科生和研究生都可以参加附近的清华大学教授开设的一系列课程: 从张申府关于数理逻辑和罗素的导论课程, 到金岳霖关于穆勒和认识论的专题讲座。就这一

① Jan Vrhovski, "'Qinghua School of Logic': Mathematical Logic at Qinghua University in Peking, 1926-1945", *History and Philosophy of Logic*, 2021, 42(2).
② 国立北京大学:《北京大学卅一周年纪念刊》, 北京: 国立北京大学, 1929 年。

点来说，在北京最著名的大学里，与数理逻辑教学有关的发展以清华早期的西方现代逻辑和哲学研究为中心。[①]

第二次在近代中国大学传播清华数理逻辑教学的重要浪潮，来自清华哲学系的第一届毕业生，以及极少部分曾参与或了解清华数理逻辑发展的学者的工作。当然，在通过个人关系传播清华圈子的影响力、培养新一代杰出中国学者的同时，清华哲学系所讲授和研究的数理逻辑概念在很大程度上是通过出版物来传播的，其中一方面包括了研究论文和介绍性文章，另一方面还有对某类教科书的宣传。除了北大，重组后的国立武汉大学也是清华学派毕业生引入数理逻辑相关内容的另一个例子。

国立武汉大学（以下简称"武大"）于1928年正式成立，其成立是为了将湖北一些较小的高等教育机构，包括于1926年成立的国立武昌大学，合并为一所现代化的重点大学。由于国立武昌大学成立时间较晚，在中国的学院哲学现代化新浪潮的影响下，已经拥有了一套相对理论化且与时俱进的逻辑学课程。而在武大哲学系的框架内，逻辑学现代化课程的第一个进展是在屠孝实（字正叔，1898—1932）被任命为逻辑学教师的那一年。[②] 屠孝实毕业于日本东京早稻田大学，曾任北京大学哲学教授，他在1926年撰写并出版了极具影响力的教科书《名学纲要》[③]，书中包含了根据耶方斯（William Stanley Jevons）的《逻辑学基础课》（*Elementary Lessons on Logic*）[④]一书所编写的关于早期代数逻辑——布尔（George Boole）和德·摩根（De Morgan）——的简短介绍。

1932年，毕业于清华和哈佛大学哲学系的万卓恒（1902—1948）接替屠孝实。万卓恒在任职武大前曾经在东北大学教哲学，他在武大担任教授期间（1931—1948）是公认的一位专

---

① 关于数理逻辑教学和传播在北京大学的早期发展，参见 Jan Vrhovski, "Balance and Innovation: Approaches to Logic and the Teaching of Logic in the Philosophy Department of Peking University, 1916-1927", *History and Philosophy of Logic*, 2021, 15(1)。关于中国哲学学科在20世纪20年代和30年代的中国大学的发展，参见 Xiaoqing Lin, "Developing the Academic Discipline of Chinese Philosophy: The Departments of Philosophy at Peking, Tsinghua, and Yenching Universities (1910s-1930s)", in J. Makeham(ed.), *Learning to Emulate the Wise: The Genesis of Chinese Philosophy as an Academic Discipline in Twentieth-Century China*, Hong Kong: Chinese University Press, 2012。

② 国立武汉大学：《国立武汉大学一览》，武昌：国立武汉大学，1931年。

③ 屠孝实：《名学纲要》，上海：商务印书馆，1926年。

④ W. S. Jevons, *Elementary Lessons in Logic: Deductive and Inductive, with Copious Questions and Examples, and a Vocabulary of Logical Terms,* London: Macmillan, 1886(1870).

长数理逻辑的逻辑学教师。[①] 作为一个懂数理逻辑、讲《数学原理》的哲学教授，万卓恒的名声远远超出了该校教授和学生的圈子。尽管他没有写过任何与数理逻辑，甚至与逻辑学有关的著作，但在中国现代逻辑史的一些当代著作中，都提到他是民国时期从事数理逻辑教学和传播的哲学家之一。[②] 除了"论理学"，万卓恒还讲授其他与当代西方哲学和认识论有关的课程。武大自 1932 年以来的课程和专业的官方概述表明，万卓恒开设的首门逻辑学课程已经具备了现代视野。他的讲课内容从 1932 年起包括了如下主题：形式逻辑中的种种问题、演绎的形式，以及当代逻辑学。[③] 除了逻辑学基础课程之外，万卓恒在接下来的几年里还组织开设了一门高级课程（称作"论理学二"），这是为哲学专业学生开设的选修课。1934 年，基础课程专门概述亚里士多德逻辑，旨在提出人类思维原则的一般纲要和正确思考的理念；而高级课程包括三个主要部分：亚里士多德逻辑、符号逻辑（数理逻辑）和归纳理论[④]。根据万卓恒的学生萧萐父回忆，课程与符号逻辑有关的部分完全围绕《数学原理》，包括基本原理和逻辑演算。[⑤]1936 年，基础课程的内容再次发生变化，重新组织，包括形式逻辑和科学方法，而高级课程的内容保持不变。[⑥] 同年，规定了两本基础教科书：除了当时已是标准教科书的沃尔夫著作《逻辑学要义》（*Essentials of Logic*）[⑦]，还有一本是由时任武大哲学教授范寿康（1895—1983）撰写的《论理学》[⑧]。

---

① 除了贺麟提到万卓恒是中国当代专长数理逻辑的最重要的哲学家之一，还有他的学生的叙述和回忆，其中最著名的是萧萐父。参见李勉媛《关于地方综合大学教师教学发展问题的思考》，《吉林省教育学院学报》2016 年第 3 期；李维武：《现代大学哲学系的出现与 20 世纪上半叶中国哲学的开展》，《学术月刊》2009 年第 11 期；湘人：《萧萐父评传》，高雄，新锐文创，2017。

② 时明德、曾昭式：《数理逻辑在中国发展滞缓的原因探析》，《信阳师范学院学报》1998 年第 2 期，第 29~33 页。

③ 国立武汉大学编《国立武汉大学一览》，武昌：国立武汉大学，1932 年，第 23 页。

④ 国立武汉大学编《国立武汉大学一览》，武昌：国立武汉大学，1934 年，第 26~27 页、第 33 页。

⑤ 湘人：《萧萐父评传》，高雄：新锐文创，2017 年，第 26 页。

⑥ 国立武汉大学编《国立武汉大学一览》，武昌：国立武汉大学，1936 年，第 33、40 页。

⑦ A. Wolf, *Essentials of Logic,* London: George Allen & Unwin Ltd, 1926.

⑧ 范寿康：《论理学》，上海：开明书店，1931 年。此书是《开明师范教本》的一部分。它是根据逻辑学的心理学进路（逻辑心理主义）来设计的，该进路偏爱美国实用主义者的实验逻辑学，而不是其他类型的现代逻辑学。尽管范寿康在他的历史介绍中确实提到数理逻辑或者布尔的符号逻辑是当代逻辑学的主流之一，但也只是简短提及，忽略了布尔之后的主要贡献者。此外，他还将数理逻辑视为哲学逻辑中形式主义学派中一个不太重要的分支，而把注意力更多放在唯心主义逻辑概念上。他还认为杜威的实用主义逻辑学反对表现在数理逻辑或符号逻辑中的逻辑形式主义，是当时最重要的逻辑学流派之一。见范寿康《论理学》，第 1 ~ 26 页。上述逻辑观直接导致他在这本教科书中排除了演绎理论在当代最重要的贡献，而他对推理科学的概述则源于大量对逻辑的形而上学和现象学的沉思。例如，除了演绎推论和归纳推论，他还讨论了类比推论等。这本教科书中还保留了反映在中国传统哲学中的中国逻辑学概念。

2.2 作为数学研究领域的数理逻辑：武大数学家圈子

如导言所述，20 世纪 30 年代之前，数理逻辑仍被普遍理解为一个由所谓"哲学家—逻辑学家"研究的领域。这也意味着，在中国知识界占主导地位的数理逻辑概念仍是在现代西方哲学背景下理解的。然而，这种理解在 20 世纪 30 年代初发生了重大变化，当时一些从欧洲留学归来的年轻数学家决定从事对数学基础和数理逻辑的研究。对数理逻辑产生这种兴趣的最重要的研究中心之一是前面提到过的武大。在傅种孙和张邦铭于 20 世纪 20 年代初翻译了《罗素算理哲学》[①]之后，以下的发展代表了数理逻辑的身份在中国的第一次重大转变，并在 20 世纪 30 年代开始了双重演进之路。数学家汤璪真（1898—1951）是处于这一变革进程前沿的年轻学者之一。他在柏林大学和哥廷根大学完成了数理逻辑的研究生学习，成为当时武大数学系数理逻辑研究的主要推动力。徐义保注意到了汤璪真以及武大年轻数学家圈子的重要性，并在博士论文《中国数学中的无穷大概念》中简要提到了汤璪真。他写道：

> 1919 年，从北京高等师范学校数学系毕业后，汤璪真在北京女子高等师范学校教数学。1923 年底，他到德国继续深造数学。在接下来的两年半时间里，他主要在柏林大学和哥廷根大学学习微分几何和数理逻辑。1926 年回国后，他被任命为国立武昌大学（武汉大学前身）的数学教授。在大学里，他用威廉·布拉施克（Wilhelm J. E. Blaschke）的教科书讲授微分几何。大学课程里没有数理逻辑，但他并没有对其失去兴趣。虽然他关注的 C. I. 刘易斯（Clarence Irving Lewis）的严格蕴涵演算从各方面看与无穷都没有直接关系，但这的确表明中国数学家在自己的研究中对这个新领域做出反应的速度有多快。汤璪真在《美国数学学会通报》（*Bulletin of the American Mathematical Society*）上发表了三篇关于严格蕴涵演算的论文，在第一篇《$p \prec q . = . pq = p$ 定理与刘易斯严格蕴涵和布尔代数之间的亨廷顿关系》中，他证明了定理"$p \prec q . = . pq = p$"在刘易斯的系统中成立，并且强化了爱德华·亨廷顿（Edward Huntington）之前的一个结论。基于这个结果，汤璪真又继续证明了，如果蕴涵式"$p \prec q$"被断言，则"$p \prec q = i$"。由此可以得出，任何两个被断言的蕴涵式都是严格等价的，特别是，在刘易斯的前八个公设中，任意两个都可以彼此互相推导。汤璪真还研究了布尔环的代数公设。[②]

---

① 〔英〕罗素：《罗素算理哲学》，傅种孙、张邦铭译，上海：商务印书馆，1922 年。

② Y. Xu, *Concepts of Infinity in Chinese Mathematics,* PhD Dissertation, New York: The City University of New York, 2005, pp. 189-190.

正如徐义保指出的, 汤璪真对数理逻辑的主要贡献在于, 他处理了亨廷顿对刘易斯严格蕴涵理论和定理 "$p \, \mathord{\prec} \, q \, . = . \, pq = p$" 的讨论。尽管以上对汤璪真在数理逻辑方面主要贡献的说明接近完整, 但仍需补充一些与其工作有关的其他内容。首先, 我们需要指出, 布拉施克的微分几何是汤璪真在德国时研究的核心课题之一。除了数理逻辑外, 他在 20 世纪 30 年代初还关注数学的其他分支, 例如, 他将列维-齐维塔 (Levi-Civita) 的绝对微分学翻译成中文。[①]他还翻译了汉斯·哈恩 (Hans Hahn) 的《集合理论几何学》, 译文于 1930 年首次发表在《国立武汉大学理科季刊》。[②]其次, 根据其子汤湘森撰写的传记, 汤璪真在整个抗日战争时期都在研究数理逻辑。如果这是真的, 那么与其密切合作的数学家小组也可能从事相同或类似的研究活动。[③]遗憾的是, 并没有文字证据可以证实这些说法。最后, 汤璪真是中国数学会的创始人之一。自 1935 年该学会正式成立以来, 他就在其中担任了一系列重要职务: 1935 年当选为 21 位理事会成员之一, 1936 年当选为该学会执行理事会成员。[④]1936 年清华科学博物馆举办的第二届数学会年会上, 他还宣读了同年发表在《美国数学学会通报》上的两篇关于严格蕴涵的论文。因此, 汤璪真与朱公瑾 (我们将在下一节中详细介绍他) 一样, 是中国数学会最重要的两位成员之一, 他们都对当代数理逻辑保持着兴趣, 并为数理逻辑在中国数学界的发展做出了贡献。有趣的是, 他们两人都曾在哥廷根大学学习数学, 尽管只有汤璪真在该领域做出了科学上的贡献。此外, 20 世纪 30 年代, 两人也都参加了与科学教育有关的活动。汤璪真还应邀参加了 1933 年教育部举办的天文、数学和物理学咨询研讨会。

另一位 (可能是在汤璪真的影响下) 从事数理逻辑相关研究的数学家是萧文灿 (1898—1963), 当时他在武大担任数学讲师。[⑤]萧文灿的高等教育之路始于贵阳的贵州省立师范学校 (1916 年毕业)。1921 年, 他考入武昌高等师范学校 (武大前身) 主修数学。1925 年毕业后, 他作为数学讲师留校, 同时, 还在私立武昌中华大学兼任数学讲师。后来, 他在 1937 年前往德国进行学术交流, 先后在柏林大学和莱比锡大学学习。1940 年, 他在莱比锡大学获得数学博士学位并回国。20 世纪 30 年代初, 萧文灿在汤璪真手下工作, 也把一部分时间投入与

① 程民德:《中国现代数学家传》(第 1 卷), 江苏教育出版社, 1994 年, 第 60 ~ 71 页。

② 汉斯·哈恩:《集合理论几何学》, 汤璪真译,《国立武汉大学理科季刊》1930 年第 2 期。

③ 程民德:《中国现代数学家传》(第 1 卷), 江苏教育出版社, 1994 年, 第 68 页。

④ 任南衡、张友余:《中国数学会史料》, 江苏教育出版社, 1994 年, 第 30、52 页。

⑤ 有关萧文灿的简明传记, 参见李树荣、萧星:《贵州著名数学家教育家萧文灿》,《贵州文史丛刊》2005 年第 2 期。

数理逻辑有关的话题，更确切地说，是康托（Cantor）的超穷集合论上。①1933 年至 1934 年，他在《国立武汉大学理科季刊》上发表了一系列以《集合论》为题的文章，② 系统地介绍康托的集合论。1939 年，他关于集合论的四篇文章以专著（《集合论初步》）形式再版③。他在《国立武汉大学理科季刊》上还发表了哈代（Godfrey Harold Hardy）著作的中文译本《无穷大之阶》④。⑤ 徐义保在博士论文中从以下几方面评价了萧文灿和朱公瑾在宣传和传播数理逻辑方面的贡献：

> 萧文灿和朱公瑾的文章，以及罗素著作的中文译本，在中国引发了对数理逻辑的进一步兴趣。因此，在 20 世纪 30 年代，许多数理逻辑专业的中国学生能够进行自己的研究。当汤璪真的第三篇文章在美国发表时，另一个中国学生已经在巴黎大学完成了关于数理哲学和集合论的博士论文，他就是曾鼎铄。⑥ 其论文的主要部分涉及集合论和超穷数。回过头来看，人们可能认为他的论文肤浅而粗糙。⑦ 然而，它代表了中国逻辑学家

---

① 徐义保和他的博士论文导师道本周（Joseph Dauben）都声称，萧文灿是第一个对康托集合论给出系统概述的中国数学家。Y. Xu, *Concepts of Infinity in Chinese Mathematics,* PhD Dissertation, New York: The City University of New York, 2005, p. 200; J. W. Dauben, "Internationalizing Mathematics East and West: Individuals and Institutions in the Emergence of a Modern Mathematical Community in China", in K. H. Parshall & A. C. Rice, *Mathematics Unbound: The Evolution of an International Mathematical Research Community, 1800-1945,* Providence: American Mathematical Society, 2002, p. 267.

② 萧文灿：《集合论》，《国立武汉大学理科季刊》1933 年第 2 期。

③ 萧文灿：《集合论初步》，上海：商务印书馆，1939 年。

④ G. H. Hardy：《无穷大之阶》，萧文灿译，《国立武汉大学理科季刊》1933 年第 1 期。G. H. Hardy：《无穷大之阶》（续第三卷第一期），萧文灿译，《国立武汉大学理科季刊》1933 年第 3 期。

⑤ 徐义保误以为这两篇文章是萧文灿本人所著，它们其实是英国数学家哈代著作的中译本。除此之外，徐义保还指出，当时的中国数学家对无穷大概念非常感兴趣。参见 Yibao Xu, *Concepts of Infinity in Chinese Mathematics,* PhD Dissertation, New York: The City University of New York, 2005, p. 200。

⑥ 名字也写作"曾鼎龢"。曾鼎铄在 1938 年获得博士学位，博士论文的题目是《数理哲学和集合论》（*La Philosophie Mathématique et la Théorie des Ensembles,* PhD Dissertation, University of Paris, 1938）。

⑦ 弗里德里克·B. 费奇（Frederic B. Fitch）在 1943 年评论了曾鼎铄的博士论文，以下是他的原话："这是对现代数学中各种主题（诸如集合论、概率、超穷数和数理逻辑）的哲学和历史考察。处理有些粗糙，而且往往是肤浅的。在讨论数理逻辑时，尽管提到了 1936 年以后的文献，却没有提到哥德尔。"［F. B. Fitch, "Review of *La Philosophie Mathématique et la Théorie des Ensembles* by Tseng Ting-Ho", *Journal of Symbolic Logic,* 1943, 8(2), p. 56.］贝尔奈斯（Bernays）和弗兰克尔（Fraenkel）在 1958 年出版了《公理化集合论》（*Axiomatic Set Theory*），后者只撰写了导言并提供了一些参考书目，曾鼎铄的博士论文被列入这本书的参考书目中。因此，在 1958 年 3 月 1 日写给贝尔奈斯的信中，哥德尔向其询问了曾鼎铄的博士论文内容："我注意到你在关于集合论的新书中引用了某位叫曾鼎铄的人。他的论文有趣吗？"［K. Gödel and S. Feferman(eds.), *Kurt Gödel: Collected Works, Volume IV: Correspondence A-G,* Oxford: Oxford University Press, 2014, p.152.］

很快将开始对数理逻辑进行严肃而重要的工作。[①]

尽管徐义保对萧文灿的贡献总结得有些偏颇，但他对中国数学家研究的数理逻辑发表了中肯的评论。此外，务必将萧文灿和朱公瑾的文章视为对数理逻辑和集合论（它们作为数学的一个构成分支）的入门著作或普及尝试。由于他们都自称要传达数理逻辑和集合论的数学内容，而不是哲学相关范畴，因此，他们的文章对激发中国数学家在上述研究领域的兴趣确实至关重要。

三、数学普及中的数理逻辑

3.1 朱公瑾与希尔伯特数学基础和数理逻辑

在某种程度上，另一位重要的中国数学家也为作为数学分支的数理逻辑在中国的引入和传播做出了贡献，他就是著名数学教育家和数学普及者朱公瑾（又名朱言钧，1902—1961）。朱公瑾对数学知识的追求始于清华留美预备学校，并在那里完成了基本的预科课程。他在1921 年获得德国著名的哥廷根大学的本科奖学金。随后，他在哥廷根度过的几年里专攻应用数学，并于 1927 年凭借题为《某些类型的单变量泛函方程的存在性证明》的微分方程理论论文获得数学博士学位。同年回国后，他历任光华大学、中央大学、上海医学院、浙江大学师范学院、大同大学和上海交通大学数学教授。随着 1935 年中国数学会成立，他成为该学会的常任理事之一，也是该学会期刊《数学通报》和《数学杂志》最多产的作者之一。[②]

尽管朱公瑾在德国哥廷根大学度过了近七年时光，师从当时最有名的两位数学家大卫·希尔伯特（David Hilbert）和理查德·柯朗（Richard Courant）并获得数学博士学位，回国之后也曾在一些比较著名的大学（比如南京的中央大学）工作，最终他却在相对边缘的大学（比如上海的光华大学和上海交通大学）工作。尽管他对中国数学理论发展的直接影响似乎（至少在文献方面）因其工作机构的边缘性而被掩盖，但在 20 世纪 20 年代末和 30 年代的中国知识界，他的声音是响亮而清晰的。在 20 世纪 30 年代初的中国，朱公瑾可能是数学的一般和具体方面最多产的普及者。他发表了大量文章介绍高等数学（尤其是分析）的不同方面和难题、数学哲学，也翻译戴德金（Richard Dedekind）和希尔伯特等重要数学家的著作，

---

① Y. Xu, *Concepts of Infinity in Chinese Mathematics,* PhD Dissertation, New York: The City University of New York, 2005, pp. 200-201.

② 张友余:《三十年代的〈数学通报〉》,《数学通报》1991 年第 8 期, 第 2 页。

这些不但发表在大学的附属期刊（例如《数学杂志》）上，还发表在致力于普及西方科学的杂志上。[①] 尤其是后者，确立了他作为中国应用数学普及者的角色。

在朱公瑾介绍数学的各种主题、理论和分支的文章中，也有一些或明确或含蓄地涉及了当代数理逻辑的原理。其中最有影响力的两篇文章是 1936 年发表的《数理逻辑导论》[②] 以及 1933 年和 1934 年分两期发表的《数理逻辑纲要》[③]。虽然这些文章只是阐述了相当基础的数理逻辑概念，但它们的意义在于另一个方面：由于他是作为数学家接触数理逻辑的，认为其内容主要是数学的一部分，因此，他的文章通常含蓄地指出，应当将数理逻辑专门留给数学家来研究。数学家和哲学家对数理逻辑和集合论的介绍各有不同的价值，因为它们来自不同的理论或实践背景，最终也影响到不同学术领域的讨论。

作为一名热心的数学普及者，朱公瑾对数理逻辑和数学基础也保持着相当浓厚的兴趣。他还经常撰写文章，一方面评论数学和逻辑学的关系，另一方面评论现代哲学。[④] 更重要的是，仔细阅读他关于数学和现代逻辑的哲学著作，可以发现其主要来源之一是当时最重要的数学形式主义者大卫·希尔伯特的学说。如上所述，朱公瑾与希尔伯特的数学和逻辑学形式主义的联系，可以追溯到前者在哥廷根大学的研究。因此，他推广现代数理逻辑的主要内容之一就是介绍希尔伯特的工作。例如，早在 1929 年发表的一篇文章《最近算学界中的两大潮流》中，他就讨论了布劳威尔的直觉主义集合论（"团论"）和希尔伯特的形式主义矛盾（"自

---

① 关于翻译的一般意义（以及强调与翻译西方词汇有关的一般问题），参见 J. Ciaudo, Joseph, "Is 'New Culture' a Proper Translation of Xin Wenhua? Some Critical Remarks on a Long-Overlooked Dilemma", *Asian Studies*, 2021, 9 (2), p. 36。

② 朱公瑾：《数理逻辑导论》，《数学杂志》1936 年第 1 期。

③ 朱公瑾：《数理逻辑纲要》，《哲学评论》1933 年第 3-4 期；《数理逻辑纲要》，《国立武汉大学理科季刊》1934 年第 2 期。

④ 朱公瑾最早的数学哲学著作是针对当代对数学本质的误解而撰写的一系列文章，这些误解是由中国的实用主义信徒提出的，他们宣传杜威的逻辑和科学的实验主义理论。1928 年，他在一篇题为《驳实验主义》的文章中强调，数学知识是先验的，因此是宇宙之不变原理的形式表达。他反对如下实验主义立场：宇宙是不断变化的，科学的主要任务是不断使自己与宇宙的当前状态保持一致。为了证实自己的立场，他使用本体论上确实的、在数学的公理系统中体现的逻辑规律概念为例，并列举了欧几里得、黎曼和罗巴切夫斯基发展的三个几何学公理（"基本原理"）系统作为例子。他将相容性和不矛盾性概念作为在数学中运用逻辑规律的具体例子，对此进行阐述后，他解释了康德定义的不同种类判断之间的区别，并对数学公理之为真理的认识论价值和充分条件做出一些说明。简言之，朱公瑾的主要目的是通过一个反映了实在之先验结构的规律系统，将逻辑的客观性描绘为数学真理的主要条件。这意味着数学判断和数学推理超出了实验探究，数学判断是先验综合判断。在这篇文章的续论中，他对胡适和杜威的哲学观点提出批评。他在 20 世纪 20 年代末的其他研究中也有类似意图，例如发表于 1929 年的论文《新几何学与哲学》、《从认识论到批评论》、《玄学与自然科学的关系》和《苏格腊底与纳尔松》。

违语"）观念在同一理论中的差异。有趣的是，朱公瑾讨论了这两个学派，认为它们是数学中两股潮流的分支，类似于现代宇宙学中那些源于物理学进步的学派。[①] 在另一篇发表于1932年的文章中，他对希尔伯特的生平及其公理化理论（"原理说"）、算术的公理化，以及希尔伯特关于数学基础问题的其他观点做了较长的阐述，其中一些也与数理逻辑有内在联系。[②] 最后，他在1935年发表了对直觉主义和形式主义的最新评价。在这篇1929年文章的续篇《近年来算学中之两大思潮》中，他既关注集合论，也关注数学中的推理理论，涵盖了三个主题：庞加莱对数学推理和集合论问题的看法、直觉主义的兴起以及罗素的数理逻辑。[③] 他再次考察的主题仍是希尔伯特对数学公理化的看法。朱公瑾在这一时期关于数学基础的著作表明，他对这一主题的看法仍然受到在德国学习期间接触到的希尔伯特理论的限制。例如，他没有讨论波兰逻辑学派的发展，最重要的是，没有讨论哥德尔与上述问题及主题有关的结果。甚至1937年发表的《数学原理学之批评》一文中也没有提及这些重要的当代贡献，它的主要目的是概述对希尔伯特的数学公理化计划提出的批评。[④]

20世纪30年代初，朱公瑾编辑了一系列关于实用或纯粹理论的数学趣事的简短讨论，并定期在《光华大学半月刊》上发表。这些讨论被归在一个共同的标题"数理丛谈"下，到1934年，讨论的总数已达到二十篇。[⑤] 此外，1936年，他还在以上期刊发表了介绍数学基础和数理逻辑进展的另一系列文章。该系列以"集论小谈"为标题，并以朱公瑾和他的同事（也是数学教授）之间的对话形式写成（第一部分和最后一个部分）。[⑥] 他通过对话谈论了与数学基础最新进展有关的各种问题。从数学角度撰写或许是这些对话最重要的特点：因为就像朱公瑾本人指出的，将集合论问题和数理逻辑视为数学的一个组成部分，这一点往往完全被忽视了。[⑦] 尽管标题透露着随意和简单的感觉，但这些对话触及了在集合论和数理逻辑中，甚至在数论中更高级的话题，所有这些都在希尔伯特的元数学中结合在一起。这些对话在1936年至1937年分成十部分发表。

1935年至1936年，朱公瑾还发表了一系列与数学基础和数理逻辑有关的宣传文章，例如，

---

① 朱公瑾：《最近算学界中的两大潮流》，《光华期刊》1929年第5期。

② 朱公瑾：《赫百德Hilbert教授之身世及其原理说》，《光华大学半月刊》1932年第1期，第2～8页。

③ 朱公瑾：《近年来算学中之两大思潮》，《光华大学半月刊》1935年第9/10期。

④ 朱公瑾：《数学原理学之批评》，《图书展望》1937年第9/10期。

⑤ 其中八篇以书的形式在1947年出版，参见朱公瑾《数理丛谈》，上海：商务印书馆，1947年。

⑥ 朱公瑾：《集论小谈》，《光华大学半月刊》1936年第9期；《集论小谈》，《光华大学半月刊》1937年第9期。

⑦ 朱公瑾：《数学原理学之批评》，《图书展望》1937年第9/10期，第28页。

题为《数学中之推理方法》①的系列文章。同一时期的其他相关文章还有《数学认识之本源》②《定性几何学与吾人之空间观》③等。希尔伯特的数学基础理论（公理学、几何学、算术、集合论）再次贯穿了朱公瑾在 20 世纪 30 年代的大部分著作。每当他需要更多有关数学原理的哲学观点时，就会求助于伦纳德·纳尔松（Leonard Nelson）的哲学。纳尔松曾是他在哥廷根大学的教授之一，也是希尔伯特的密友。他在 1928 年回国后，还撰写了一本纪念纳尔松的生平和学说的小册子。④

3.2 引入希尔伯特和阿克曼的数理逻辑（1933—1936）

朱公瑾对将希尔伯特符号逻辑引入中国做出了重要贡献，他在两篇较长的文章中概述了数理逻辑的基本概念。第一篇文章《数理逻辑纲要》在 1933 年发表在《哲学评论》杂志上。在这篇文章中，他看待数理逻辑的方式与在其他著作中相似：基本上将数理逻辑描述为一种从数学中吸收最先进知识的形式逻辑。此外，他将数理逻辑的优势主要归于现代数学的进步，特别是对符号和公式的使用赋予了逻辑学获得完全性（completeness）和相容性（consistency）的能力和更强大的分析能力。他对数理逻辑历史的简要概述提到了该领域从莱布尼茨到罗素的所有做出重要贡献的人，但重点仍然是希尔伯特。因为在他看来，希尔伯特能够将最先进的数学原理纳入自己的逻辑学。虽然他没有明确指出，但这篇文章的内容在很大程度上就源于希尔伯特和阿克曼的《理论逻辑原理》（*Grundzüge der Theoretischen Logik*）。⑤ 事实上，这篇《数理逻辑纲要》的某些部分与 1928 年版《理论逻辑原理》的个别章节完全对应。因此，朱公瑾对数理逻辑的介绍实际上是对早期希尔伯特 - 阿克曼数理逻辑系统的介绍。

朱公瑾于 1933 年发表的《数理逻辑纲要》涵盖了希尔伯特 - 阿克曼逻辑系统的命题（"论

---

① 朱公瑾：《数学中之推理方法》，《光华大学半月刊》1935 第 1 期。
② 朱公瑾：《数学认识之本源》，《数学杂志》1936 年第 1 期。
③ 朱公瑾：《定性几何学与吾人之空间观》，《学术世界》1935 年第 2 期。
④ 纳尔松于 1927 年去世，朱公瑾于 1928 年就出版了小册子《理性批评派的哲学家纳尔松（他的生平与学说）》。
⑤ D. Hilbert and W. Ackermann, *Grundzüge der Theoretischen Logik,* Berlin, Heidelberg, New York: Springer-Verlag. 此书于 1928 年出版的第一版和于 1938 年出版的第二版有很大不同。第一版建立在希尔伯特形式主义的一阶逻辑之上，还包括了判定问题（*Entsheidungsproblem*）和逻辑系统的完全性问题，这两个问题最终在后来的版本中完全省去了。第二版也被翻译成英文，标题为《数理逻辑原理》（*Principles of Mathematical Logic*）。

断"）逻辑，^①包括：（a）命题之定义；（b）基本联结词（"结合"）之法；^②（c）等式；（d）进一步讨论基本联结词方法，包括谢弗竖（Sheffer's stroke）、罗素等；（e）（逻辑表达式的）基本形式；^③（f）永真之结合；^④（g）互易性之定理；^⑤（h）永谬之结合；^⑥（i）特殊之基本形式；^⑦（j）（永真）合取和（永谬）析取之进一步讨论；（k）如何得出结论（"下断案"）之问题。

　　如上所述，朱公瑾陈述的数理逻辑基本特征在内容和结构上与 1928 年版的《理论逻辑原理》相对应。他本人在 1933 年的文章中也指出，文章的原始资料是在哥廷根读书时做的希尔伯特的讲座笔记。他决定做出的修改或许只是改写命题的例子，使之适应中国的社会政治语境。这篇文章在 1934 年被《国立武汉大学理科季刊》转载，该刊也是武大的数学家小组发表研究的一个主要途径，该刊在 1934 年刊登的文章还包括集合论和大卫·希尔伯特的数学基础理论、数学理论，以及数理逻辑理论。^⑧

　　两年后（即 1936 年），朱公瑾发表了另一篇文章《数理逻辑导论》，这是 1933 年那篇文章的延续，他在此篇文章中介绍了希尔伯特和阿克曼书中剩下的几章内容。然而，在这篇新文章中，他对逻辑学的态度略有改变，至少在表达方式上如此。这一次，他将数理逻辑比作"穷理"之方法，这是一个曾与西方的科学概念相联系的新儒家术语。他声称，人们可以通过逻辑将已知的规律扩展到单个物理实体，并从已知的事实中提取出自然的最基本原理。在这种情况下，数理逻辑代表了最先进的"穷理"方法。他还指出，数理逻辑将最基本的科学规律转化为主词与谓词之间的关系和命题之间的关系。

　　1936 年的续篇《数理逻辑导论》介绍了希尔伯特和阿克曼书中的两个新章节。它分为两个主要部分："命题（'论断'）逻辑之原理"和"谓词逻辑中之主要思想"。文章的第一部分

---

①　这里的"论断"一词代表例如希尔伯特《命题演算》（*Aussagenkalkül*）中的"命题"或德语"Aussage"（陈述），并非指"推论"或者"判断"。
②　朱公瑾使用的"结合"一词，语义上源于德语原词"Verknüpfung"（联结词），例如，希尔伯特和阿克曼的数理逻辑中使用的"logische Grundverknüpfungen"（逻辑基本联结词）。
③　该节原标题是《逻辑表达式的范式》（Normalform für die logischen Ausdrücke），即 1928 年版的第一部分第 3 章。
④　原标题是：《永真复合命题的刻画》（Charakterisierung der immer richtigen Aussagenverbindungen）。
⑤　该节原标题是：《对偶原则》（Das Prinzip der Dualität）。
⑥　原标题是：《逻辑表达式的析取范式》（Die disjunktive Normalform für logische Ausdrücke）。
⑦　该节似乎是原书第一部分第 7 章《由给定的基本命题可以形成的复合命题的总体》（Mannigfaltigkeit de Aussagenverbindungen, die aus gegebene Grundaussagen gebildet werden können）的总结。
⑧　该刊第 4 卷和第 5 卷刊登了由华罗庚翻译的希尔伯特《代数数域理论》（*The Theory of Algebraic Number Fields*）中译本，以及萧文灿等人关于"集合论"的一系列文章。

总结了希尔伯特和阿克曼的《基本原理》第一部分第 10 章和第 11 章的内容。[①] 同时，朱公瑾的介绍似乎有点偏离希尔伯特和阿克曼原来的思路，因为在他的描述中，《数学原理》中的公理被赋予了主要作用。他甚至对其他科学分支的公理与数理逻辑之间的关系提出了自己的看法，认为数理逻辑代表公理系统的元科学观点，因为它以逻辑方法为主要研究对象。由于数理逻辑是一门元系统科学，因此它将不受其他科学约束，而这些科学必须严格遵守逻辑方法的原理，并依赖于其他公理基础的相容性。[②] 该文的第二部分总结了希尔伯特和阿克曼《基本原理》第二部分的引言。[③]

3.3 高行健的《数理逻辑 ABC》

高行健对 20 世纪 30 年代中国数理逻辑的普及也做出了重大贡献，他是国立中央大学化学系毕业生、国立编译馆成员和贵阳医学院数学教授（1948 年）。作为《科学世界》杂志多产的作者，他撰写了一系列不同主题的文章，从数学、"游戏数学"、有趣的"数学问题"，到"近年数学之新纪录"，再到最时髦的数学分支中更具体的主题，比如数理逻辑。他还为著名的《科学》杂志撰写了几篇文章，比如，一篇关于哥德巴赫猜想的短文，以及一些较短的有关数论的文章。

在高行健于 20 世纪 30 年代发表的文章中，与当前讨论最相关的是 1936 年发表的《数理逻辑ABC》[④]。这篇文章的目的是向更多的普通读者介绍数理逻辑的主要概念。最重要的是，此文试图将数理逻辑作为数学的一个分支处理。高行健清楚朱公瑾以前对希尔伯特和阿克曼数理逻辑的介绍，因此他的数理逻辑原理指南可能来自特纳（J. S. Turner）1928 年出版的《数理逻辑》(*Mathematical Logic*)[⑤]。这篇文章的另一特点是高行健的数理逻辑概念，他称数理逻辑为科学之科学，而科学则是实质之逻辑的一个例子。它的一个相当自然的推论是，数理逻辑是这种方法最先进、最现代的例子。高行健将罗素和希尔伯特列为当代最重要的数理逻辑学家，还列举了当时使用的许多数理逻辑同义词。此外，高行健的文章还非常简洁明了，第一

---

① 《命题演算的公理》(Die Axiome des Aussagenkalküls) 和《从公理推导公式的例子》(Beispiele für die Ableitung von Formeln aus den Axiomen)。

② 朱公瑾：《数理逻辑导论》，《数学杂志》1936 年第 1 期，第 85 页。

③ 例如《函数演算的基本方法论思想》(Methodische Grundgedanken des Funktionenkalküls) 等。

④ 高行健：《数理逻辑 ABC（上）》，《科学世界》1936 年第 5 期。

⑤ J. S. Turner, *Mathematical Logic*, Ames: Iowa State College, 1928.

部分涵盖了三个主题：基本符号，基本等式，基本等式的证明。[①]

四、国民教育体系中的数理逻辑

4.1 将数理逻辑原理引入国民教育体系

数理逻辑在民国时期建立的另一个重要方面，也是上述发展最实质的直接成果之一，是它被逐渐纳入中学、师范学校和大学的新标准化课程中。其开端可以追溯到国民政府颁布的第一批国民教育体系改革，此改革以统一和规范中国的中小学和大学教育为目的。国民政府迁到南京（1927 年 4 月）不久，新的国民党教育部开始制订大规模改革国民教育体系的新计划，在此过程中借鉴了各种西方模式，从胡适及其追随者宣扬的美国"实用主义"教育模式，到法国和德国的教育模式。随后，在 1928 年 5 月关于教育问题的第一次全国会议后，教育部发布了第一份改革草案。该会议之后发布的一系列文件集中体现在题为《整理中华民国学校系统案》的文件中。1929 年，国民政府又出台了《大学规程》[②] 和《大学组织法》[③] 等文件，为高等教育机构制定了新规程。1930 年的第二届全国教育会议对上述计划做出修订。1932 年，国民政府最终颁布了针对中学教育、师范教育和职业教育的新学校法。南京国民政府时期的教育体系改革并不是这类改革的第一次，在某些方面，这次改革只是延续了以前的计划，第一套中国教育体系现代化和标准化改革计划是在 1922 年公布的。[④]

1929 年和 1930 年全国教育会议框架内提出的课程变更，在 1932 年出台的《初级高级中学课程标准》[⑤] 和 1934 年出台的《师范学校课程标准》[⑥] 中都有概述。这些课程标准从 1932 年以来连续出版多次，并在 20 世纪 40 年代初进行了修订。在大学课程方面，还有教育部颁发

---

① 根据其标题，高行健还计划在《科学世界》上发表该文章的其他部分。然而，我无法确定 1936 年这篇文章的续篇是否存在。

② 国立大学联合会：《大学规程》，《国立大学联合会月刊》1929 年第 7 期。

③ 教育部：《大学组织法》，《福建教育周刊》1929 年第 41 期。

④ S. Pepper. *Radicalism and Education Reform in Twentieth-Century China: The Search for an Ideal Development Model*, Cambridge, New York: Cambridge University Press, 1996. 逻辑学教学的发展状况，参见翟锦程：《中国近代逻辑学教育的几个问题》，《华北水利水电大学学报（社会科学版）》2016 年第 1 期，第 59 ～ 63 页；何清钦：《民国二十一年我国中等学校制度改革经过之探讨》，《教育学刊》1989 年［1932］，第 75 ～ 106 页。

⑤ 初级高级中学课程标准编委会主编《初级高级中学课程标准》，上海：商务印书馆，1932 年。

⑥ 师范学校课程标准编委会主编《师范学校课程标准》，上海：商务印书馆，1934 年。

的一系列以《大学科目表》①为题的文件。这些文件的草稿在1933年就开始出现了，当时商务印书馆出版了《大学科目草案》②。这份草案中拟议的大学标准课程清单由一份指定文献清单加以补充。

4.2 高中新标准化课程中的数理逻辑

1932年的《初级高级中学课程标准》以1929年教育部起草通过的改革草案为基础，规定了在高中最后一年开设逻辑入门课程。③逻辑学（"论理学"）课程的指定内容包括以下主题：

- 逻辑学（"论理学"）之范围（性质；种类；与其他科学之关系）。
- 人类思想之分析（思想与人生之关系；思想之起源与发展；思想之组织；思想真伪之分；思想简繁之辨；思想与文字之关系）。
- 科学方法要旨（常识与科学之比较；科学之目的与属性；科学方法之含素）。
- 归纳法［因果观念及单纯的"归纳五法"之述评；观察；分析；假设；实验；统计与概率（"决疑概算"）；科学律之意义与效用］。
- 演绎法［演绎法之新旧两方面（"旧"指亚里士多德论理学，"新"指数学"逻辑"）；命题（"辞"）及其形式；命题之关系：直接推理和间接推理之种类；三段论推理；演绎旧法之批评；演绎新法之说明：思想之分析的构造；思想符号之改革；思想之严密的形式］。
- 科学之系统（经验科学与纯粹科学；自然科学与社会科学；科学与艺术；科学与哲学）。

正如我们在上述逻辑课程内容大纲中可以看到的，至少在逻辑学领域，20世纪30年代末的课程改革体现了一种极其雄心勃勃的尝试，让未来的大学生一方面掌握科学方法的基本知识，另一方面掌握逻辑科学的基本知识。此外，20世纪20年代末起草并于30年代颁布的新标准课程，其设计方式与汪奠基在南京国民政府时期前两年出版的入门著作类似。事实上，汪奠基对逻辑教育的贡献以及他关于如何在中国不同层次的教育中讲授逻辑学的想法，可能也间接地促成了将"新的"数理逻辑引入课程。此外，新标准化课程规定的中学逻辑学课程

---

① 教育部编《大学科目表》，重庆：正中书局，1940年。
② 教育部编《大学科目草案》，上海：商务印书馆，1933年。
③ 手册的这一章以《高级中学论理课程标准》为题，后来也作为独立文件印发。

传达了西方逻辑学的某种进化形象，其中数理逻辑不仅被视为经典亚里士多德逻辑学现存的唯一升级，还被视为一种应该在日常生活中运用的逻辑学新版本。因为通过新旧逻辑学之间的关系，人们认为逻辑学的意义和有用性并不是从日常生活转移到科学领域，而是在整个过程中保持了同样的普遍性。这意味着一种观点，即关于宇宙模式的知识也被认为适合在日常生活中实际运用。也许这门课程的唯一特点就是它强调在理性思维和人生观之间提供明确的界限，这与有关东西方思想之关系的本土讨论严格一致。

上述课程标准在接下来的十年里一直保持不变，[①] 直到 1942 年，在《修订初级高级中学课程标准》中，高中的逻辑课由于某种未知的原因被取消，取而代之的是更多物理学和化学课程。[②] 伴随着中等教育阶段的课程改革，从 1928 年起，一系列新标准化逻辑教科书开始出现。根据新的模式，这些教科书将相当一部分内容分配给数理逻辑——通常称之为"数学（的）论理学"。第一本这样的中学教科书出现在 1925 年。1928 年，由北京女子高等师范学校教师王振瑄撰写的《论理学》[③] 被纳入商务印书馆出版的半官方丛书"新学制高中教科书"。在这一阶段，教科书还没有提供数理逻辑的内容概述，也没有在演绎法部分提到罗素数理逻辑的任何结果。然而，数理逻辑已被纳入西方和东方逻辑学（中国和印度逻辑学）发展的历史概述中。20 世纪 30 年代初，标准化中学教科书向前迈出了实质性的一步。张希之的《论理学纲要》[④] 在 1935 年被删节并升级为《高中论理学》[⑤] 教科书，同年又以《高中新标准论理学》为标题再版。尽管张希之在早期书中只是简单地提到了数理逻辑，但在他仅仅三年后出版的新书中，就已经有一整章专门讨论"演绎新法之贡献"。除了对数理逻辑概念的历史性介绍外，张希之的教科书还介绍了罗素的《数理哲学导论》（*Introduction to Mathematical Philosophy*）和《数学原理》（*Principia Mathematica*）中的基本概念，特别是关系和命题演算、命题函数、谢弗竖等一些基本概念。[⑥] 除了这些概念和原则，张希之还广泛地介绍了沈有乾对莱德-富兰克林三段论理论的解释以及他基于八卦的记号法。张希之的书在北京文化学社的"新标准高中教科书"丛书中出版。他为中学引入的数理逻辑是任何新一代教科书都无法取代的。事实上，在那之后的几年里，引入数理逻辑教学内容的数量在慢慢下降。从朱章宝的《新编高中

---

① 课程的结构和内容在 1933 年、1936 年和 1937 年的版本中都保持不变。
② 教育部:《修正初、高级中学课程标准》，重庆: 正中书局，1942 年。
③ 王振瑄:《论理学》，上海: 商务印书馆，1928 年。
④ 张希之编著《论理学纲要》，北京: 文化学社，1932 年。
⑤ 张希之编著《高中论理学》，北京: 文化学社，1935 年。
⑥ 张希之编著《高中论理学》，北京: 文化学社，1935 年，第 198～221 页。

论理学》①开始的新一代教科书，尽管在逻辑学的历史概述中仍然提到数理逻辑，但"演绎新法"这一节被简化为对当代符号逻辑的技术性较低的介绍。

4.3 师范学校和大学新标准化课程中的数理逻辑

20世纪30年代初实施的早期教育体系改革，也为全国师范学校框架内的逻辑通识课程带来类似的修改。1934年题为《师范学校课程标准》②的文件提供了如下逻辑学（称作"论理学"）课程规定内容纲要：a.思想之分析（强调识别谬误和所谓真理标准之能力）；b.科学方法要旨；c.归纳法；d.演绎法，演绎法又包括演绎系统、词项和类、命题及其形式和形式演绎法之说明，即亚里士多德逻辑和数学逻辑之新法（类之演算、命题演算、命题函数之演算）。就在逻辑学课程在中学课程中被取消几年后，1946年，逻辑学课程在师范学校的基本课程中也被取消了。在20世纪30年代初，逻辑学导论课程（通常称为"论理学"）成为本科生一年级通识课程的一个组成部分。这些课程最初是选修课，通常由哲学系的成员授课。与清华大学的情况一样，逻辑学课程是作为理科或文科选修课的一部分开设的。后来，逻辑学在大学中的地位上升，成为全国大学所有一年级学生的一门独立必修课。

因此，逻辑学也成为入学考试和学年末考试的题目。当时中国的大学课程中越来越多地出现逻辑学，也导致对逻辑学的初级和高级标准教科书的需求日益增加。随着20世纪20年代末的改革，西方逻辑学教科书的译本以及由中国作者撰写的教科书的数量也有所增加。此外，由于数理逻辑成为当代逻辑学的代名词，在20世纪30年代，中国教科书中对包含数理逻辑或当代符号逻辑的需求也越来越大。除了汪奠基和金岳霖撰写的重要教科书外，20世纪30年代末和40年代初，又陆续出版了由中国年轻哲学家撰写的教科书，至少有一部分专门介绍现代逻辑。第一本值得注意的是沈有乾在1933年出版的概论《现代逻辑》②，另一本是牟宗三在1940年出版的《逻辑典范》③。在整个20世纪20年代和30年代，翻译引进国外现代逻辑著作的速度一直相对稳定。尽管自20世纪20年代以来，中国的读者和学者已经获得关于现

---

① 朱章宝编《新编高中论理学》，重庆：中华书局，1940年。
② 师范学校课程标准编委会主编《师范学校课程标准》，上海：商务印书馆，1934年。
② 沈有乾：《现代逻辑》，上海：新学书店，1933年。
③ 牟宗三：《逻辑典范》，重庆：商务印书馆，1940年。关于牟宗三与现代逻辑有关的早期工作，参见 R. Suter, *Logik und Apriori zwischen Wahrnehmung und Erkenntnis: Eine Studie zum Frühwerk Mou Zongsans (1909-1995)*, Berlin: Walter de Gruyter, 2017；J. Vrhovski, "From Mohism to the School of Names, from Pragmatism to Materialist Dialectics: Chinese Interpretations of *Gongsun Longzi* as a Text and Source of Chinese Logic, 1919-1937", *International Communication of Chinese Culture*, 2020, 7(4).

代逻辑的相对丰富的新的中文出版物，但是，为中国大学逻辑学基础课程而规定的标准教科书的演变，似乎并没有遵循同样的发展轨迹。在相对边缘化的大学里，逻辑学教师继续使用已经过时的、完全不包括符号逻辑或数理逻辑的西方教科书。这些大学也往往倾向于保留早期的实用主义方法来讲授逻辑学。甚至清华规定的 1933 年入学考试和学年末考试的逻辑学教科书还是沃尔夫于 1926 年出版的《逻辑学要义》。①

另一方面，大学逻辑学基础课程的内容在很大程度上取决于授课教师。20 世纪 30 年代初对中国大学的总体看法表明，有时候，逻辑学课程的现代视野与授课教师同清华哲学学派的关系相关。一个很好的例子就是北大，张申府在清华讲过数理逻辑。另一个例子是新成立的武大，在那里讲授当代逻辑学课程的万卓恒是清华（1923 届）毕业生，拥有哈佛大学哲学硕士学位。20 世纪 30 年代和 40 年代的武大被认为是中国少数几所同时在逻辑通识课程和哲学系专业课程（高级逻辑）框架内讲授数理逻辑最好的大学之一。② 然而，有时候，发展更高级的逻辑学课程背后最重要的因素是教师对这门学科的熟悉程度，而且主要是通过他们在西方大学获得的一手经验。

教师的教育背景也极大地影响了全国哲学系课程中本科生和研究生专业选修课的选择。例如，清华作为中国数理逻辑中心的地位，与金岳霖的教学科研工作和张申府对数理逻辑概念的大力宣传密不可分。换句话说，可广泛选择的逻辑学课程是清华哲学系发展现代逻辑学科的首要条件，而最重要的是，这取决于教师在教学上的努力以及他们为更广泛地传播或普及逻辑学所做的努力。

根据文献证据和传记材料，到 20 世纪 30 年代初，中国的逻辑学家在中国普及数理逻辑概念的努力取得了极其丰硕的成果。各种迹象都支持这一假设，其中最重要的当然是数理逻辑被纳入中学和师范学校课程。在大学层面，20 世纪 30 年代初的教育体系改革主要体现在，为大学所有新生开设了一门必修的逻辑学通识课程。除此之外，数理逻辑逐渐成为全国哲学系课程中不可或缺的一部分。虽然在历史概述和具体的理论介绍之间包含的程度不同，但在一些哲学系，数理逻辑也成为一门专业选修课。

然而，这种变化并不是一蹴而就的。因为 20 世纪 30 年代初，实际上只有极少数的中国大学讲授数理逻辑，需要相当大的努力才能使其在中国学界获得更广泛的影响力。因此，1933

① 清华大学编《预备投考清华的参考书目录》，《清华暑期周刊》1933 年 3/4 期。
② 贺麟在《当代中国哲学》中也提到万卓恒，称他是数理逻辑领域少数几位中国专家之一。贺麟之所以认可万卓恒是一位数理逻辑学家，可能因为他是极为重视罗素《数学原理》中数理逻辑的少数几位逻辑学教授之一。参见贺麟《当代中国哲学》，南京：胜利出版公司，1947 年，第 31 页。

年出版的《大学科目草案》中列举的基本必修课程，仍然只提到了"逻辑"（论理学）。[①]1940年颁发的《大学科目表》修订本对其原始内容进行了扩充和升级，其中列出了必修课程和选修课程清单。在这份文件中（或者可能更早），"数理逻辑"被列为哲学专业本科课程的标准选修课程，规定在第四学年讲授。[②]

五、结语

上述分析表明，中国数理逻辑研究的进步，首先是由所谓的"清华（数理）逻辑学派"代表。在早期，清华哲学系作为中国研究罗素哲学及其《数学原理》的中心，确立了当时中国学界对这一主题的认识状况，同时也承担了罗素数理逻辑概念的主要传播者的角色。在一定程度上，金岳霖的《逻辑》[③]集中体现了清华数理逻辑的早期阶段，同时也标志着清华逻辑学派成员的研究兴趣的重要转变：一方面朝向哈佛逻辑学派框架内的发展，另一方面朝向欧洲数理逻辑的潮流。同样，20世纪30年代末，清华的新一代逻辑学家也在将中国的逻辑学研究提升到一个新水平方面发挥了主导作用。数理逻辑在清华最后的篇章是由将欧洲数理逻辑的最新进展引入该系课程决定的。

然而，在清华逻辑学派的框架内，数理逻辑仍然深深沉浸在哲学研究的背景中，因此也普遍以深刻的哲学方式进行阐述。其次，清华学派作为一个思想流派，其发展也强烈地倾向于数理逻辑的某些理论和潮流，因而或多或少地与某些其他的理论脱节了。希尔伯特的形式主义计划就是一个例子，它也为数理逻辑的基础提供了自己的解决方案，而这个理论并不是清华研究的中心。以汤璪真和曾在希尔伯特手下学习的数学家朱公瑾为首的一群数学家，后来承担了向中国学者介绍希尔伯特的形式主义、康托集合论，以及其他数理逻辑话题的任务。在武大以及在数学期刊中介绍和普及数理逻辑的框架内取得的进展，可以说是中国数理逻辑概念在数学化方向推进的一步。此外，这一运动的领军人物，如汤璪真、萧文灿等人，其研究与清华逻辑学派的研究有很大不同，因为在数学背景下，数理逻辑的概念和内容被视为与数学基础问题密切相关的一个数学分支。基于其不同的概念化，在这一重要转折中产生的数

理逻辑概念可以说是数理逻辑"数学概念"的潮流。

最后，将数理逻辑的内容纳入中学和大学的新标准化课程，进一步证明了 20 世纪 20 年代末和 30 年代的中国，数理逻辑概念在更普遍的思想讨论中的确立程度。在逻辑学课程标准化和现代化的背景下，数理逻辑作为最发达的演绎逻辑，其内容的整合在 20 世纪 30 年代上半叶达到顶峰，当时几本新的中学标准教科书已经包含了《数学原理》和罗素等人相关著作中的基本概念。随着数理逻辑作为最新形式的演绎逻辑这一概念的兴起，一个具有强烈现代色彩的新术语开始形成。到了 20 世纪 30 年代，传统逻辑和现代逻辑的区分，在用来描述西方逻辑学中这两个阶段的术语中得到了更加统一的表达，虽然该区分起源于数理逻辑概念在 20 世纪 20 年代初的最早引入。另一方面，术语的使用在 20 世纪 30 年代也揭示了更广泛的哲学和政治潮流对逻辑学术语的间接影响。一个重要影响来自文化相对主义，它催生了将逻辑的普适观念与逻辑学"文化制约"的进化版本（如印度逻辑学、中国逻辑学和希腊亚里士多德逻辑学）区分开来的冲动。当 1939 年逻辑学术语标准化的第一次协同努力完成时，其中一些区别仍然被保留，而在实际文献中，术语上的差距仍然很大。由于这些和其他原因，需要对 20 世纪 20 年代和 30 年代中国逻辑学术语的转换和变迁进行重点研究。

不幸的是，由于当时的客观情况，在抗日战争全面爆发之后的几年中，数理逻辑的发展状况几乎没有文献记载。因此，对于上述趋势和发展的后期部分，我们存在着巨大且无法克服的理解空白。然而，随着 1949 年中华人民共和国成立后发生的深刻变化，这些发展之中的绝大部分戛然而止。这样，我们对数理逻辑早期发展的这些处理，将用来评估中国数理逻辑的不连续性和变化的程度，而不是作为描述其总体连续性的主要依据。此外，深入了解抗战时中国大学的数理逻辑发展，可能使这一领域的专家们比以往任何时候都更紧密地联系在一起，从而为更加统一甚至跨学科的发展轨迹提供非常有利的环境，也将提供本文研究的时期与 20 世纪 40 年代末 50 年代初截然不同的发展之间缺失的叙事联系。由于我们仍然无法对 1937 年至 1945 年笼罩中国的战争迷雾下的数理逻辑发展有充分的认识，因此，本研究集中呈现了其发展路径中通过历史可以获得的最后一部分。

参考文献：

J. Vrhovski, "'Qinghua School of Logic': Mathematical Logic at Qinghua University in Peking, 1926-1945", *History and Philosophy of Logic*, 2021, 42(2).

R. Suter, "Logic in China and Chinese Logic: The Arrival and (Re-) Discovery of Logic in China", in Yiu-ming Fung(ed.), *Dao Companion of Chinese Philosophy of Logic*, Cham: Springer,

2020.

Y. Xu, *Concepts of Infinity in Chinese Mathematics,* PhD Dissertation, New York: The City University of New York, 2005.

国立北京大学:《北京大学卅一周年纪念刊》, 北京: 国立北京大学, 1929 年。

J. Vrhovski, "Balance and Innovation: Approaches to Logic and the Teaching of Logic in the Philosophy Department of Peking University, 1916-1927", *History and Philosophy of Logic*, 2021, 15(1).

X. Lin, "Developing the Academic Discipline of Chinese Philosophy: The Departments of Philosophy at Peking, Tsinghua, and Yenching Universities (1910s-1930s)", in J. Makeham(ed.), *Learning to Emulate the Wise: The Genesis of Chinese Philosophy as an Academic Discipline in Twentieth-Century China,* Hong Kong: Chinese University Press, 2012.

国立武汉大学:《国立武汉大学一览》, 武昌: 国立武汉大学, 1931 年。

屠孝实:《名学纲要》, 上海: 商务印书馆, 1926 年。

W. S. Jevons, *Elementary Lessons in Logic: Deductive and Inductive, with Copious Questions and Examples, and a Vocabulary of Logical Terms*, London: Macmillan, 1886(1870).

李勉嫒:《关于地方综合大学教师教学发展问题的思考》,《吉林省教育学院学报》2016 年第 3 期。

李维武:《现代大学哲学系的出现与 20 世纪上半叶中国哲学的开展》,《学术月刊》2009 年第 11 期。

湘人:《萧萐父评传》, 高雄: 新锐文创, 2017 年。

时明德、曾昭式:《数理逻辑在中国发展滞缓的原因探析》,《信阳师范学院学报》1998 年第 2 期。

国立武汉大学编《国立武汉大学一览》, 武昌: 国立武汉大学, 1932 年。

国立武汉大学编《国立武汉大学一览》, 武昌: 国立武汉大学, 1934 年。

国立武汉大学编《国立武汉大学一览》, 武昌: 国立武汉大学, 1936 年。

A. Wolf, *Essentials of Logic,* London: George Allen & Unwin Ltd, 1926.

范寿康:《论理学》, 上海: 开明书店, 1931 年。

B. Russell:《罗素算理哲学》, 傅种孙、张邦铭译, 上海: 商务印书馆, 1922 年。

程民德:《中国现代数学家传》(第 1 卷), 江苏教育出版社, 1994 年。

汉斯·哈恩:《集合理论几何学》, 汤璪真译,《国立武汉大学理科季刊》1930 年第 2 期。

任南衡、张友余:《中国数学会史料》,江苏教育出版社,1994 年。

李树荣、萧星:《贵州著名数学家教育家萧文灿》,《贵州文史丛刊》2005 年第 2 期。

J. W. Dauben, "Internationalizing Mathematics East and West: Individuals and Institutions in the Emergence of a Modern Mathematical Community in China", in K. H. Parshall & A. C. Rice, *Mathematics Unbound: The Evolution of an International Mathematical Research Community, 1800-1945,* Providence: American Mathematical Society, 2002.

萧文灿:《集合论》,《国立武汉大学理科季刊》1933 年第 2 期。

萧文灿:《集合论初步》,上海:商务印书馆,1939 年。

G. H. Hardy:《无穷大之阶》,萧文灿译,《国立武汉大学理科季刊》1933 年第 1 期。

G. H. Hardy:《无穷大之阶》(续第三卷第一期),萧文灿译,《国立武汉大学理科季刊》1933 年第 3 期。

T. Tseng, *La Philosophie Mathématique et la Théorie des Ensembles,* PhD Dissertation, University of Paris, 1938.

F. B. Fitch, "Review of La Philosophie Mathématique et la Théorie des Ensembles by Tseng Ting-Ho", *Journal of Symbolic Logic*, 1943, 8(2).

P. Bernays and A. A. Fraenkel, *Axiomatic Set Theory,* Amsterdam: North-Holland Publishing Company, 1958.

K. Gödel and S. Feferman(eds.), *Kurt Gödel: Collected Works, Volume IV: Correspondence A-G,* Oxford: Oxford University Press, 2014.

张友余:《三十年代的〈数学通报〉》,《数学通报》1991 年第 8 期。

J. Ciaudo, Joseph, "Is 'New Culture' a Proper Translation of Xin Wenhua? Some Critical Remarks on a Long-Overlooked Dilemma", *Asian Studies,* 2021, 9 (2).

朱公瑾:《数理逻辑导论》,《数学杂志》1936 年第 1 期。

朱公瑾:《数理逻辑纲要》,《哲学评论》1933 年第 3-4 期。

朱公瑾:《数理逻辑纲要》,《国立武汉大学理科季刊》1934 年第 2 期。

朱公瑾:《驳实验主义》,《民铎杂志》1928 年第 4 期。

朱公瑾:《新几何学与哲学》,《光华期刊》1929 年第 5 期。

朱公瑾:《从认识论到批评论》,《哲学评论》1929 年第 4 期。

朱公瑾:《玄学与自然科学的关系》,《指南》1929 年第 100 期。

朱公瑾:《苏格腊底与纳尔松》,《哲学评论》1929 年第 4 期。

朱公瑾：《最近算学界中的两大潮流》，《光华期刊》1929 年第 5 期。

朱公瑾：《赫百德 Hilbert 教授之身世及其原理说》，《光华大学半月刊》1932 年第 1 期。

朱公瑾：《近年来算学中之两大思潮》，《光华大学半月刊》1935 年第 9/10 期。

朱公瑾：《数学原理学之批评》，《图书展望》1937 年第 9/10 期。

朱公瑾：《数理丛谈》，上海：商务印书馆，1947 年。

朱公瑾：《集论小谈》，《光华大学半月刊》年 1936 年第 9 期。

朱公瑾：《集论小谈》，《光华大学半月刊》1937 年第 9 期。

朱公瑾：《数学中之推理方法》，《光华大学半月刊》1935 第 1 期。

朱公瑾：《数学认识之本源》，《数学杂志》1936 年第 1 期。

朱公瑾：《定性几何学与吾人之空间观》，《学术世界》1935 年第 2 期。

朱公瑾：《理性批评派的哲学家纳尔松（他的生平与学说）》，上海：商务印书馆，1928 年。

D. Hilbert and W. Ackermann, *Grundzüge der Theoretischen Logik* (*Fundamentals of Theoretical Logic*), Berlin, Heidelberg, New York: Springer-Verlag, 1972[1928].

高行健：《数理逻辑 ABC（上）》，《科学世界》1936 年第 5 期。

J. S. Turner. *Mathematical Logic*. Ames: Iowa State College, 1928.

国立大学联合会：《大学规程》，《国立大学联合会月刊》1929 年第 7 期。

教育部：《大学组织法》，《福建教育周刊》1929 年第 41 期。

S. Pepper, *Radicalism and Education Reform in Twentieth-Century China: The Search for an Ideal Development Model*, Cambridge, New York: Cambridge University Press, 1996.

翟锦程：《中国近代逻辑学教育的几个问题》，《华北水利水电大学学报（社会科学版）》2016 年第 1 期。

何清钦：《民国二十一年我国中等学校制度改革经过之探讨》，《教育学刊》1989 年 [1932] 第 8 期。

初级高级中学课程标准编委会主编《初级高级中学课程标准》，上海：商务印书馆，1932 年。

师范学校课程标准编委会主编《师范学校课程标准》，上海：商务印书馆，1934 年。

教育部编《大学科目表》，重庆：正中书局，1940 年。

教育部编《大学科目草案》，上海：商务印书馆，1933 年。

教育部编《修正初、高级中学课程标准》，重庆：正中书局，1942 年。

王振瑄：《论理学》，上海：商务印书馆，1928 年。

张希之：《论理学纲要》，北京：文化学社，1932 年。

张希之：《高中论理学》，北京：文化学社，1935 年。

朱章宝：《新编高中论理学》，重庆：中华书局，1940 年。

沈有乾：《现代逻辑》，上海：新学书店，1933 年。

牟宗三：《逻辑典范》，重庆：商务印书馆，1940 年。

R. Suter, *Logik und Apriori zwischen Wahrnehmung und Erkenntnis: Eine Studie zum Frühwerk Mou Zongsans (1909-1995)*, Berlin: Walter de Gruyter, 2017.

J. Vrhovski, "From Mohism to the School of Names, from Pragmatism to Materialist Dialectics: Chinese Interpretations of *Gongsun Longzi* as a Text and Source of Chinese Logic, 1919-1937", *International Communication of Chinese Culture*, 2020, 7(4).

清华大学编《预备投考清华的参考书目录》，《清华暑期周刊》1933 年 3/4 期。

贺麟：《当代中国哲学》，南京：胜利出版公司，1947 年。

J. Royce, "The Principles of Logic", in L. Couturat, B. Croce, F. Enriques, J. Royce, A. Ruge, and W. Windelband(eds.), *Encyclopaedia of the Philosophical Sciences: Logic*, Vol. 1, Translated by B. Ethel Meyer, London: Macmillan, 1913.

J. E. Creighton, *An Introductory Logic,* New York, London: Macmillan, 1919.

金岳霖：《逻辑》，北京：清华大学出版社，1935 年。

分析哲学的局域化与认知科学：
推理心理学路径

◎ 杨英锐

美国纽约州伦斯勒理工学院认知科学系

摘　要： 本文旨在提出一个新的分析哲学局域化纲领，并给出其研究方案。后期维特根斯坦提出，要深入分析语言游戏，就需要理解其背后的心理游戏，称之为维氏游戏谜题。本文以推理心理学为分析路径，初步解开了这个谜题。传统的主流分析哲学主要是以逻辑学作为分析文本意义的工具，这叫全局性分析，不考虑个体差异。本文以推理心理学作为研究工具分析文本的认知意义，考虑到个体差异，这叫局域性分析。为此，本文介绍了直陈文本与心智逻辑理论，模态文本与心智模型理论，以及复合文本与心智元逻辑理论。这些人工文本分析都无法替代对自然文本的分析。我们特别另选了一个在标准教育考试 GRE 中使用的自然文本作为例子，并为如何做多层次语言分析提供了参考文献。这些层次包括标准逻辑、人工智能专家系统、心智逻辑、心智模型和心智元逻辑。文中还提供了关于自然文本实验研究的文献。基于对哲学规范结构的理解，我们区分了哲学的全局层面与局域层面。哲学的全局层面可以是完全先验的，但局域层面不可避免地要涉及经验研究。分析哲学的局域化研究涉及心理学和认知科学，本文为提到的几种文本分析提供了经验数据及统计结果。这也是一种分析哲学的方法论探讨。经典的统计方法有很大局限性，文中介绍了随机样本化模型及其对是／否类文本的处理方法。分析哲学离不开讨论其形而上学的本体论承诺和认识论支撑。分析哲学的局域化方案选择的哲学路径是无主义认知哲学，承诺已知与未知的连续一元论。

关键词： 分析哲学；游戏谜题；局域化纲领；推理心理学；认知哲学；随机样本化；文本分析；语言与语言行为；规范结构；是／否类测量

一、前言

我们都知道，或者至少都听说过心理学哲学或认知科学哲学的意义与内容。这些可被称为哲学的全局性特征。但我们可曾思考过什么是哲学的心理学和哲学的认知科学？这些本应表现出哲学的局域性和认知性特征。哲学的全局性与局域性相互伴随，被称为哲学的规范结构。① 但在现代哲学文献中讨论前者的很多，讨论后者的很少，甚至没有。换言之，现代哲学传统目前还是一种"跛脚哲学"。本文旨在改变这种研究哲学的状态。所谓哲学的局域性，表现为人们在哲学思维中的个体差异，包括不同哲学家的思维差异。所谓哲学的认知性，表现为人们哲学思维的认知路径，包括不同哲学流派选择的不同认知路径。实际上，哲学思维越具一般性，其认知性越强。本文意在为哲学的局域性和认知性做理论辩护，并为此提供经验证据。

本文的思路来源于五方面的哲学问询。第一，后期维特根斯坦提出，理解语言游戏不可避免地要涉及其背后的心理游戏。这种心理游戏所指为何，维特根斯坦本人似乎未曾深入探究。② 在《论确实性》中，维特根斯坦认为，怀疑一切不是一种怀疑，我们只能怀疑曾经相信过的事情。③ 他由此提出了主观确定性概念。虽然这世界上充满了不确定性，人们却在经历中建立了大量的主观确定性。我们需要调查，从语言游戏的观点看，所涉及的心理游戏是什么。我们还要查寻，在哲学思维中，什么是主观确定性。

第二，中国哲学界近年来有关于原旨形而上学与加字哲学（如分析哲学、语言哲学和科学哲学等）的讨论。这些是在哲学全局层面的课题。哲学路径具有规范结构，要求区分全局层面与局域层面。④ 局域层面要考虑个体差异，即在哲学思维与哲学表述上的个体差异。为此，我们提出了认知哲学的研究纲领。⑤ 人们需要知道，认知哲学的具体内容是什么。

第三，对于语言哲学，中期维特根斯坦认为，语言和语言行为是可分而不可离的。这是什么意思？又该如何理解？我们需要通过考察一个领域的哲学来说明。

第四，对于分析哲学，主流学派从弗雷格伊始，强调文本的逻辑分析，甚至主张这是对语言做哲学分析的唯一路径。如此主张的缺失是，在逻辑的应用中，显然存在推理者的个体

① 杨英锐：《哲学邂逅统计学的认知规范结构》，《认知科学》2023 年第 1 期。
② 杨英锐：《语言与语言行为的整合结构及其心理化路径——心理生命与理论物理之二》，《科学·经济·社会》2022 年第 3 期。
③ Ludwig Wittgenstein, *On Certainty*, HarperCollins Publishers, 1972.
④ 杨英锐：《哲学邂逅统计学的认知规范结构》，《认知科学》2023 年第 1 期。
⑤ 杨英锐：《哲学邂逅统计学的认知规范结构》，《认知科学》2023 年第 1 期。

差异，而且不同的文本会呈现不同的个体差异。这个问题本身是一个经验的问题，逻辑学是推理的规范（normative）标准，它研究什么是推理，人们应该怎么推理，但并不告诉人们是如何推理的。逻辑学是关于有效性的科学，是知识表达的结构骨架。但人们的知识习得是一个复杂的过程，具有不同的认知路径。这些，也应当是分析哲学的题中应有之义。

第五，思维不仅是形式的，还具有结构性，更依赖于直觉。从一定意义上说，越是直觉的，越是形而上的。我们需要知道感知在哲学思维中的作用。与逻辑学相比较，人们在推理和决策中存在各种误区和偏见。这些误区和偏见往往反映着人们通常的认知通道。而语言哲学不应忽视这些认知通道的作用。相反，分析哲学的发展有赖于对各种认知通道的理解。语言游戏背后隐藏的心理游戏，本质上就是各种认知通道的特征态或其叠加态。然而，寻找认知通道是一个经验的问题，无法通过咨询某种哲学理论来回答。所以，实验哲学的意义不应局限于思想实验，更在于具体的科学实验。

高阶认知（Higher Order Cognition）本来是分析哲学的自然疆域，更是语言哲学的天然粮仓。原因很简单，高阶认知研究的实验任务都是语言任务，而解决这些语言任务呈现出的正是人们的语言行为模式。[1] 同时，这些语言任务的设计具有清晰的逻辑结构或决策结构。特别突出的是在标准教育考试中的阅读理解部分，其逻辑推理题目都是语言任务，为语言分析和语言行为分析提供了绝佳的共同观测窗口。本文准备以高阶认知作为分析哲学田野研究的领域，综合回复前面提出的五种哲学问询。与此同时，主要通过对推理心理学的哲学考察，论证哲学的局域性并说明哲学的认知性。

本文以下各节内容如下。

（二）心智推理理论。1.推理心理学与逻辑学；2.推理心理学的特征。

（三）语言行为的经验研究。1.直陈文本；2.模态文本；3.复合文本。

（四）语言与感知。1.客观数据与主观数据；2.感知难度与统计权重；3.感知三分律；4.感知权重与心智模型；5.推理模式与心智模型的一致性。

（五）自然文本逻辑分析。

（六）文本分析的统计方法。1.文本的是/否类测量；2.文本测量的模型化；3.随机样本化与样本空间；4.随机统计模型。

（七）无主义认知哲学。1.无主义认知哲学；2.已知与未知的一元论；3.逻辑主义批判；4.无我物理主义批判；5.语言与意识；6.知识与行为之异同。

————————

[1] 杨英锐：《高阶认知研究的内容、方法和意义》，《人民论坛学术前沿》2023年第11期。

（八）一般讨论。

二、心智推理理论

1. 推理心理学与逻辑学

推理心理学与逻辑学关系密切，相辅相成。前者研究人们如何推理，后者研究什么是推理。试想，为什么我们可以称一类实验任务为推理任务，而不称其为决策任务呢？这是因为此实验任务的语言表达中具有逻辑结构。而这个结构之所以为逻辑结构正是拜逻辑学之赐。所以，推理心理学与逻辑学之间的关系只能是唇齿相依。可是，长期以来，两者之间却存在着误解与论争。

传统上，逻辑学家通常认为，逻辑是人们的思维结构，显然不可直接观测。这种思维结构内置于语言（包括自然语言和数学语言）之中。所以，逻辑学的任务被认为是从语言中发掘出其各种逻辑结构，通称为逻辑处理，以构造各种相应的逻辑系统。于是，语言哲学家或分析哲学家认为，语言分析理所当然地主要就是逻辑分析。如此，当人们推理时违反了逻辑学，则被认为犯了逻辑错误。心理学家对此有不同的看法，认为人们并不按照逻辑学规定的方式进行推理。

在 20 世纪 50 年代认知革命的浪潮下，尤其是受乔姆斯基学派的影响，心理学家开始研究人们实际上是如何推理的。自然地，马丁·布莱恩（Martin Brain）和菲尔·约翰逊 - 莱尔德（Phil Johnson-Laird）等推理心理学的创始人面临的第一个挑战就是冲破逻辑学家的传统观念。到了 20 世纪 70 年代，心理学家发展了研究推理的实验室技术，使推理心理学逐渐成为一个成熟而活跃的研究领域。推理心理学的发展产生了两个相互竞争的学派，即心智逻辑理论[①]与心智模型理论[②]。心智逻辑理论主张人们通过推理模式（schema）进行推理。这些推理模式可以在阅读理解中被自动激活，是语言能力的基本功能。心智模型理论主张人们通

[①] O'Brien, D. P., Braine, M. D. S., & Yang, Y., "Propositional reasoning by mental models? Simple to refute in principle and in practice", *Psychological Review* 101, 1994(4), pp. 711-724; Yang Y., Braine, M. D. S., O'Brien, D. P., "Some empirical justifications of one mental predicate-logic model", in M. D. S. Braine & D. P. O'Brien (eds.), *Mental Logic*, Mahwah, NJ: Lawrence Erlbaum Associates, 1998, pp. 333-365.

[②] Yang, Y. Johnson-Laird, "Illusions in quantified reasoning: How to make impossible seem possible, and vice versa", *Memory & Cognition* 28, 2000 (3), pp. 452-465; Yang, Y. and Johnson-Laird, P. N., "How to eliminate illusions in quantified reasoning", *Memory & Cognition* 28, 2000 (6), pp. 1050-1059; Philp N. Johnson-Laird, *Mental Models: Towards a Cognitive Science of Language, Inference, and Consciousness*, Cambridge, MA.: Harvard University Press, 1983.

过构造心智模型进行推理。推理者基于对前提语言意义的理解来构造心智模型。可以大致认为，心智逻辑理论是语言行为的句法学派，而心智模型理论是语言行为的语义学派。

2. 推理心理学的特征

当我们把注意力从告诉人们应该如何推理转移到研究人们实际如何推理，会发现心智推理理论有着诸多不同于传统逻辑学的视角。以下举几个例子。

其一，逻辑学家通常认为，逻辑是关于有效性的科学。我们知道，$Modus\ Ponens$（MP）是一个有效推理，即从两个前提 $p \rightarrow q$ 和 p 可以推出 q。我们还知道，$Modus\ Tollens$（MT）也是一个有效推理，即从两个前提 $p \rightarrow q$ 和 $\neg p$ 可以推出 $\neg q$。从逻辑学的角度看，这两个推理都是有效推理，并不做进一步区别。推理心理学的实验证据表明，人们做 MP 推理时很少出错，但做 MT 推理时经常出错。心智逻辑理论由此取 MP 而不取 MT 作为一个推理模式。认知科学认为，推理模式映射出人们的认知通道。另外，MP 又称为条件句的深层结构，或称认知语义。也就是说，如果某人连做 MP 推理都会出错，那此人很可能不知道"如果……则"是什么意思。

其二，有效推理由一个条件句定义：如果所有前提都是真的，则结论必须为真。换个说法，如果在一组前提中存在某个前提为假，则无论结论真假，都是一个有效推理。假可由一对矛盾定义。所以，如果在一组前提中存在矛盾，则无论结论是真是假，都是有效推理。这一点以数学语言的特征最为贴近。心智逻辑理论认为，人们一般不从存在矛盾的前提出发进行推理。

其三，心智模型理论有一个真理原则。意思是说，由于在推理过程中人们的工作记忆时间很短，推理者只选用真的可能性，而忽略假的可能性，因为前者比后者更有用。考虑条件句 $p \rightarrow q$ 的真值表，有四种可能性。当前件真且后件真，条件句为真。其心智模型记为（p, q）。这称为清晰（explicit）心智模型。当前件真而后件假，这是一个假可能性；按照真理原则，推理者会忽略这个可能性，不做心智模型。当前件假，无论后件是真是假，则条件句为真。在这种情形下，推理者既要构造心智模型，又感到不情愿为假前提做出心智模型。所以，推理者一般会构造模糊（implicit）模型，称为心智注记（mental footnote），记为（...）。除非必要或必须，这种心智注记常常会被有意识忽略或无意识忘却。这时，条件句只留下一个清晰模型（p, q）。再考虑合取句 $p \wedge q$，只有一个真可能性，即当两个合取项均为真，其心智模型亦为（p, q）。可以想见，人们很容易把条件句理解为合取句。这是一种认知误区。真理原则的发现使得心智模型理论能够预测一大类推理误区（illusory inferences），并得到一系列实验证据的支持。[①]

其四，在标准逻辑系统的形式语言中，如谓词演算形式句法（即词汇表），形成规则和推理规则与赋值语义学是分别独立设计的。心智谓词逻辑的形式语言相当复杂，试图尽量接近自然语言的表层结构。例如，在英文中，定冠词"the"有代词的功能。这在心智谓词逻辑的形式语言中得到仔细处理。在逻辑学形式语言中，句法和语义是分开的。考虑一个简单的全称谓词语句：$\forall \in xA(x)$，这是一个合式公式，其赋值语义称为真值条件，记为 D_A，即所有并只有满足性质 A 的个体的集合。但在心智谓词逻辑的形式语言中，句法和语义学是不可分的。所以，必须同时写出（$\forall \in xA(x)$，$x \in X$），这就是定冠词的作用。

其五，我们知道，标准逻辑要求建立逻辑系统的元性质，即协调性和完全性。元性质表现着逻辑系统的整体性质，即要求形式句法与其形式语义学是等权的。从以上诸点不难看出，心智逻辑理论可被视为选取了部分逻辑学的标准句法并加以改造，而心智模型理论选取了部分标准语义学并加以改造。其结果是断裂了两者之间的元性质之桥。由此，在人们是如何推理的问题上，造成了心智逻辑理论与心智模型理论之间的长期论争。我们后面会讨论，在经验科学的意义下，如何重建连接两者的元性质桥梁。

三、语言行为的经验研究

我们说，一个文本有真假可言则其中必有逻辑可寻。事实上，推理心理学离不开逻辑学，因为逻辑学才能判断一个答案是否正确。所谓全局分析即纯逻辑分析，即对文本的纯语言分析。这里，我们要做另一个层次的分析，称为局域化分析，即分析人们对文本的语言行为。这里的语言行为即指人们根据文本所做的推理行为。按照维特根斯坦的意思，这应该就是语言游戏背后的一种典型心理游戏。

1. 直陈文本

我们首先考察一个简单的语言文本。这个文本中的所有语句都是直陈句，称为直陈文本。

---

① Yang, Y. Johnson-Laird, "Illusions in quantified reasoning: How to make impossible seem possible, and vice versa", *Memory & Cognition* 28, 2000 (3), pp. 452-465.

文本 1：

All the beads are wooden or metal.

The wooden beads are red.

The metal beads are green.

The square beads are not red.

Are the square beads green?

这个文本其实就是心智逻辑实验研究中用的一道推理题。对于这个语言文本，传统分析哲学不难做出全局意义下的纯逻辑分析。在局域层面，心智逻辑理论研究人们是如何通过这个文本进行推理的。这个过程，亦称为阅读理解。这个推理的问题是一个直陈问句。在实验中，被试的任务是回答是或否，所以被称为"YES/NO"类实验。

心智谓词逻辑中有 10 个核心推理模式，表达人们常用而不出错的认知通道。与逻辑学一致的是，心智逻辑理论认为，人们在阅读这个文本的过程中，可以自发地启动必要的推理模式来解决这个推理问题。心智谓词逻辑的经验研究中使用了系统化设计的几乎所有有逻辑意义的可能直陈推理文本，并预测人们在解决这类推理时几乎不犯错误。实验结果非常显著地支持这个预测。令人印象深刻的是，在上万个数据中，正确率高达97%。这说明，在处理系统性设计的直陈文本系列时，人们的语言行为表现出显著的逻辑性。

2. 模态文本
我们再看一个模态文本的例子。注意，文本最后是一个模态问句。

文本 2：

Only one of the following statements is true:

Some of the plastic beads are not red, or　　　　　　　（前提 1）

None of the plastic beads are red　　　　　　　　　（前提 2）

Is it possible that none of the red beads are plastic?

这个文本的第一句是一个引语，接着是两个前提。这说明要正确地解决这个推理问题，需要考虑两种可能性。第一种是前提 1 真而前提 2 假。第二种是前提 2 真而前提 1 假。前面提到心智模型理论提出的真理原则，即人们只对真可能性构造心智模型，而忽略假可能性。

由真理原则，心智模型理论预测了一类误区推理。这是基于人们语言能力的推理认知误区。所以心智模型实验就是根据心智模型理论提出的不完整心智模型，设计出一套人们会陷入推理误区的实验任务。相应的，其预测人们解决这些实验任务的正确率很低，即错误率很高。实验结果同样正如预期，正确率低至 15% ~ 20%，这是客观数据。这样的语言行为说明，人们的语言能力受到认知过程的局限，并受到认知路径的影响。前面提到，这是由于人们工作记忆非常短暂造成的。

3. 复合文本

从直陈文本和复合文本中我们看到，心智逻辑理论和心智模型理论都得到实验研究的显著支持。问题是，人们到底是如何推理的？前面提到，推理心理学家常以批判逻辑学为己任，说是人们通常不按逻辑学的套路推理，这当然无可厚非。但是说推理心理学可以和逻辑学脱离，则过于天真。逻辑学研究什么是推理，而推理心理学研究人们如何推理。如果没有逻辑学，连什么是推理结构以及都有哪些推理形式尚不清楚，怎么研究人们如何"推理"呢。当代标准逻辑系统，有三个标准组分：形式句法、形式语义和二者之间的元逻辑。形式句法的核心概念是"证明"，形式语义的核心概念是"有效"。元逻辑主要研究二条性质，可靠性要求每个可证公式都是有效的，完全性要求每个有效公式都是可证的。可靠性加完全性，就是要保证形式句法和形式语义二者是等权的，是一种系统内部的全局对称性。心智逻辑是一个偏形式句法的心理学理论，而心智模型是一个偏形式语义的心理学理论。关键的问题是，由于心智逻辑理论只采用部分可证公式，心智模型理论只采用部分有效公式，两者之间在标准逻辑系统意义下的桥梁断裂了。那么，是否能够在经验科学的意义下，重新建立心智逻辑理论和心智模型理论之间的元理论呢？这是一个不可回避的认知哲学问询。

为了回复这个哲学问询，杨英锐与塞尔默·布林斯约尔德（Selmer Bringsjord）于 2003 年提出心智元逻辑理论。[①] 心智元逻辑有两项任务。第一项任务是在心智逻辑和心智模型之间新建一座心理学意义上的理论模型桥梁。第二项任务是生成相应的实验研究，以支撑这座心理学新桥梁。这座桥梁的第一个概念基石是"任务类型"。心智逻辑和心智模型理论虽然都有扎实的实验支持，但经过细心比较发现，心智逻辑研究和心智模型研究在各自实验中所用的实验任务设计很不同。前者表层结构简单但句型复杂，也就是前文介绍的直陈文本。而后者

① Yang, Y. and Bringsjord, S., "Some initial empirical justifications for mental metalogic: The case of reasoning with quantifiers and predicates", in R. Alterman, D. Kirsh (eds.), *The Proceedings of the Twenty-fifth Annual Conference of the Cognitive Science Society, 1275-1280*, Mahwah, NJ: Lawrence Erlbaum Associates, 2003.

表层结构复杂但句型简单，也就是前文中介绍的模态文本。所以，两者应视为两种不同的任务类型。由此，两者新桥梁表述为对于两个竞争的推理心理学理论，分别为不同类型实验任务所支持，如果两类实验任务可被合成为新实验任务并实际可测试，则说这两类实验任务是"经验协调"的。如果两个原推理理论可以整合为新的理论并可预测相应新合成实验任务的结果，则说这两个理论模型是"认知完全"的。

为了验证心智元逻辑理论，我们设计一组由文本 1 和文本 2 复合而成的文本 3，称为复合文本。

文本 3：

The premises given below are either all true or all false:

All the beads are wooden or metal;

The wooden beads are red;

The mental beads are green;

The square beads are not red.

Q1：Is it possible that the square beads are green?

Q2：Dose it necessarily follow that the square beads are green?

新设计的复合实验任务的结构很直接，就是将一套心智逻辑实验任务（文本 1）的诸前提嵌入心智模型实验任务（文本 2）的表层结构中。每个复合实验任务生成四个版本。版本 1 和 2 使用前提原始文本，并用 Q1 或 Q2；版本 3 和 4 使用前提原始文本的否定，并用 Q1 或 Q2。其中两个版本是控制任务，即被试表现预测与正确答案应该相符；另外两个版本是实验任务，由真理原则预测，被试表现与正确答案应该不符。这是一个具有相当规模的实验，个体测试了数百被试。实验结果发表在美国认知科学年会论文集上。[①] 但是，这个实验结果有问题。

我们注意到，四个任务版本中，两个本该是高正确率，在 90% 左右；另外两个本该是低正确率的误区推理，在 15%～20% 左右。可是在实验结果中，有两个版本的正确率在 55% 左右，这是无论心智逻辑理论，心智模型理论，还是二者的整合理论都无法解释的。这是完全没想到的。为了解释这个 55%，我们在费曼的《物理学教程》中找一种量子力学的计算方法。

① Yang, Y. and Bringsjord, S., "Some initial empirical justifications for mental metalogic: The case of reasoning with quantifiers and predicates", in R. Alterman, D. Kirsh (eds.), *The Proceedings of the Twenty-fifth Annual Conference of the Cognitive Science Society, 1275-1280*, Mahwah, NJ: Lawrence Erlbaum Associates, 2003.

简单说来，就是：90% 的二分之一加 20% 的二分之一等于 55%，费曼在书中说，这被称为量子力学第一算法，其实也是费曼路径积分的基本思路。为什么会是这样呢？这涉及认知并道与量子力学的联系。

某日你打出租车出门办事，半路交通堵塞。你着急问出租车师傅，怎么回事啊？师傅说，每天到这儿都这样，前面要并道了。并道就是两条道在前边要并成一条道。你说，并道的时候两边错开，一边过一辆车，也不至于就堵成这样啊。师傅说，要都这么做不就好了吗。殊不知，有人开车太慢，该走不走；有人开车太急，没轮到他却抢着走。事实上，人的心智思维也有不同的认知通道，在思考中也经常会出现认知并道拥堵。在心智世界中，有很多不同的人们习惯的认知通道，如心智逻辑句法通道和心智模型语义通路。以上正确率为 55% 左右的两个实验任务版本，需要交叉使用两条认知通道，在并道的过程中就会出现思维拥堵，亦称量子涨落，所以适用所谓的量子力学第一算法。如此柳暗花明，说明了理论物理的模型力量。应用理论物理模型研究推理的旅程不是起源于标新立异的意愿，而是基于在实验困境中如何突围求生的启示。

四、语言与感知

1. 客观数据与主观数据

在直陈文本中，我们看到，正如心智逻辑理论预测的，被试的语言行为表现出近乎完美的高正确率。可是，这并不说明，人们实际上是按照心智逻辑理论说的应用推理模式而解决文本 1 类推理问题的。在实验心理学，尤其在高阶认知如推理心理学实验中，有客观数据与主观数据的区别，而且两者要形成相互制约。比如，一个推理实验任务，做对做错是有标准答案的，所以正确率是一种客观数据。对一个推理实验任务，被试感知到的相对难度要靠被试自己报告，所以相对难度是一种主观数据，亦称为内省（introspective）数据。本节用两组数据分析来说明客观数据和主观数据是如何相互制约的。

先说心智逻辑实验。心智逻辑理论旨在观测人们什么能够做好，这叫预测基于人们语言能力的推理认知通道。所以心智逻辑实验就是根据心智逻辑理论提出的推理模式，系统地设计一套可以应用这些推理模式解决的实验任务。相应的，其预测是人们解决这些实验任务的正确率应该很高。实验结果甚至超出预期，正确率高达 97%，这是客观数据。可是，这样的客观数据并不能说明被试就一定是按照心智逻辑提出的推理模式解决问题的。人们实际上如何解决这些实验任务是纯心智活动，难以被直接观测。

这就需要主观数据的支持，具体方法是，在被试解决一个实验任务后，无论对错，都随即在测试纸上给出感知到的此题的相对难度，这样就可以用统计学的方法提供对心智逻辑的间接经验证据支持。可是，这样的主观数据同样需要客观数据支持。试想，假设正确率不高，把某题做错了，而报告此题相对难度很低，其可靠性就存疑了。这是客观数据与主观数据相互控制的例子之一。

在这个例子中，收集主观数据也有激励控制方法。试想为最佳被试设一个奖，叫作实验任务难度最佳感知奖。这感知是纯个人主观的，怎么算最佳呢？最佳就是最接近所有被试感知的平均值。怎样才能争取最接近均值呢？没有别的办法，只能假设其他被试都在做最大努力，而最佳被试更为努力敏感。

再说心智模型实验。心智模型理论主旨在观测人们什么做不好，这叫预测基于人们语言能力的推理认知误区。所以心智模型实验就是根据心智模型理论提出的不完整心智模型，设计出一套人们会陷入推理误区的实验任务。相应的，其预测人们解决这些实验任务的正确率很低，即错误率很高。实验结果同样正如预期，正确率低达 15%～20%。可是，这样高的错误率并不能完全说明被试就一定是按照心智模型理论构造有缺陷的心智模型而陷入误区推理的。被试出错率高有可能是题目太难或被试不理解实验任务，甚至可能是简单错误。误区不同于错误。错误一旦被指出或被意识到，被试可以马上明白而改正；而误区是由习惯性心智表达造成的，会反复出现。

这就需要使用主观数据的支持，具体方法是在被试解决一个实验任务后，无论对错，都随即在测试纸上给出解决此题时的信心度，这样就可以用统计学的方法提供对心智模型的间接经验证据支持，其细节解释超出本文范围。一个实验任务做错了，而被试却非常自信，这反映了一种误区。这是客观数据与主观数据相互控制的例子之二。

2. 感知难度与统计权重

在心智逻辑实验中，收集主观数据的具体方法是在被试每解决一个实验任务后，无论对错，都随即在测试纸上给出解决此题时感知到的相对难度，这样就可以用统计学的方法提供对心智模型的间接经验证据支持。心智谓词逻辑中有 10 个核心推理模式，表达人们常用而不出错的认知通道。这样，实验研究就是要检测这个 10- 参量模型。也就是说，要使用被试报告的对文本的主观感知难度的原始实验数据，通过数学中的最小二乘法亦即统计学中的线性回归为 10 个参量分别生成加权权重。这 10 个推理模式的权重生成后，即可用图表示出来（见图 1）。

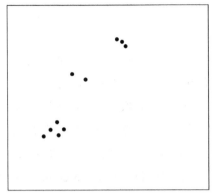

图1　心智逻辑推理模式的权重分布

资料来源：Yang Y., Braine, M. D. S., O'Brien, D. P., "Some empirical justifications of one mental predicate-logic model", in M.D.S. Braine & D. P. O'Brien (eds.), *Mental Logic*, Mahwah, NJ: Lawrence Erlbaum Associates, 1998, pp. 333-365.

　　使用推理模式权重就可以建立预测文本难度的理论模型。实验结果及其统计分析说明，理论模型预测难度与被试感知相对难度的相关性高达 0.93。跨样本可靠性统计检验保持相同的相关性水平。另外，心智逻辑理论认为推理模式呈现出的认知通道具有普遍性（universalness），即跨语言也成立。严格的中文平行比较实验结果证实，跨中英文可靠性分析的相关性保持在精确的 0.93 水平。这些结果为心智逻辑理论奠定了坚实的经验基础。

3. 感知三分律

　　不难注意到，上图中的 10 个权重分成了三堆。这个现象建议我们考虑将 10- 参量模型按堆改为 3- 参量模型（即将每堆中的几个推理模式计为一个模式），再重新校算权重。结果是，三个权重梯次分明，与理论模型预测的相关性不多不少，仍是 0.93；再做跨多样本稳定性分析，还是 0.93。这令人兴奋。再试双参量模型，结果丢失 0.1 相关性；又试单参量模型，则丢失 0.3 相关性。另试无参量模型，相关性完全不见了。这说明三参量模型是最合理的，称为感知三分律。

　　在日常生活中，人们有能力解决很多问题，同时人们还对问题难度的感知有相当但有限的灵敏度。在人们的能力范围之内，人们可以区分也只区分三个难易梯度，即容易、有些难和特别难，这就是三分律。三分律假设有其物理模型。在量子色动力学中，夸克具有代性，分为三代。第一代包括上夸克和下夸克，质量最轻。第二代包括粲夸克和奇夸克，质量稍重；

第三代包括顶夸克和底夸克，质量超重。这就是三分律的物理模型。而人类冲动也可分为稍有冲动、中度冲动、特别冲动。

三分律现象在现实生活中俯拾皆是，这就是三分律的普适性。

这里真正敏感的是，人们在其阅读理解能力范围内对语言文本相对难度的感知一般满足三分律，即分为容易、较难和很难三个档次。人们对语言文本的难易程度是很敏感的，并会产生不同的心理状态。例如，在标准教育考试中，人们对很难的阅读理解或逻辑推理题目会有畏惧紧张的心理，对于容易的题目会抱有庆幸疑惑的心理，而对于中等难度的题目会产生心理偏好。又如，在决策心理学愿景理论（prospect theory）中研究的框架效应（framing effect）和编辑效应，都说明不同文本会引发不同的心理偏好。这些都印证了维特根斯坦的思想，即语言游戏的背后是心理游戏。

4. 感知权重与心智模型

通过主观感知的相对难度生成推理模式权重，是心智逻辑理论的重要技术手段。而根据对文本的意义理解构造心智模型，是心智模型理论的核心技术方法。这两者之间有着奇妙的联系。下面是这个联系的说明。其中所列各项，第一行给出一个推理模式，并注明其经验权重。第二行是此推理模式的心智模型表达，其中数字标出如何计算心智模型中所用符号的个数。

1. $\forall x \ (Fx \wedge Gx) \ / \ Gx$ （权重 0.50）
$(f^1 \ [a]^2 \ g^3; \quad [a]^4 \ g^5)$

2. $\forall x Fx ; \forall x Gx \ / \ \forall x \ (Fx \wedge Gx)$ （权重 0.70）
$([a]^1 \ f^2 ; [a]^3 \ g^4 \ f^5 \ [a]^6 \ g^7)$

3. $\forall x \ (Fx \vee Gx) \ / \ \forall y \ (\neg Fy \rightarrow Gy)$ （权重 1.0）
$([a]^{1}_{g^2}{}^{f_2} ; [a]^{4 \cdot 5} ; \neg^6 f^7 ; [a]^{8 \cdot 9} \ g^{10})$.   Note. $[a]^* \subseteq [a]$

4. $\forall x \neg \ (Fx \wedge Gx) \ / \ \forall y \ (Fy \rightarrow \neg Gy)$ （权重 1.50）
$([a]^1_{f^2 g^3} ; [a]^{4 \neg_5 f_6} \neg^7 f^8 ; [a]^{9 \cdot 10} \ f^{11} ; \quad [a]^{9 \cdot 10} \ f^{11} ; [a]^{12 \cdot 13} \neg^{14} g^{15})$

5. $\forall x \ (Fx \vee Gx) ; \forall y(Fy \rightarrow Ry) ; \forall z \ (Gz \rightarrow Rz) \ / \ \forall x Rx$ （权重 1.50）
$([a]^{1}_{g^3}{}^{f_2} ; [a]^4 r^5 ; [[a]^{6 f_7}_{g_9}]^{r_8} ; [g]^{10} r^{11} ; [[a]^{12 f_{13}}_{g_{14}}] r^{15})$

6. $\forall y(Fy \rightarrow Ry) ; \forall z \ (Gz \rightarrow Sz) \ / \ \forall x \ (Rx \vee Sx)$ （权重 1.60）
$([a]^{1}_{g^3}{}^{f_2} ; [f]^4 r^5 ; [[a]^{6 f_7}_{g_9}]^{r_8} ; [g]^{10} s^{11} ; [[a]^{12 f_{12}}_{g_{14}}]^{r_{15}}_{s_{16}})$

7. $\forall x Fx \ / \ \vee_{y \in x} Fy$ （权重 0.50）
$([a]^1 \ f^2 ; [a]^{3 \cdot 4} \ f^5)$

8.1 Fa / $\exists xFx$ （权重 0.50）
8.2 $\forall_{y\in x}$ Fy / $\exists xFx$ （权重 0.50）
($[a]^{1\cdot 2}$ f^3 ; a^4 f^5)

9. $\forall xFx$; $\exists x\neg Fx$ / Incompatible （权重 0.50）
($[a]^1$ f^2 ; a^3 $\neg^4 f^5$) ; No combination

10. $\forall x$ （$Fx \lor Gx$）; $\exists x(\neg Fx \land \neg Gx)$ / Incompatible （权重 1.10）
($[a]^{1f_2}_{g^3}$; a^4 $\neg^5 f^6$; $[a]^7_{g^8}$; $a^9 \neg^{10} g^{11}$) ; No combination

我们发现，对于每一个推理模式，相应的心智模型中的符号数除以 10，所得恰恰等于此推理模式的权重。这是一个始料不及的发现。推理模式权重是通过大量实验与统计分析才获得的，现在却由其心智模型表达中所用的符号数直接给出。其中的道理目前尚未有合理的理论解释。作为一个哲学问询，被称为"权重谜题"。

5. 推理模式与心智模型的一致性

以上结果建议我们，心智模型的符号数应该与推理模式权重具有相同的理论预测能力。下面的表 1 和表 2 是统计分析结果。

表1 通过规则和10-参数模型和3-参数模型的心智模型进行权重

10-param.	1	9	2	8	7	3	10	4	5	6
Rule	0.54	0.54	0.61	0.62	0.67	0.90	1.02	1.46	1.47	1.50
Model	0.50	0.50	0.70	0.50	0.50	0.50	1.00	1.10	1.50	1.60

3-param.	(1, 9, 2, 7, 8)	(3, 10)	(4, 6, 6)
Rule	0.59	0.99	1.50
Model	0.54	1.05	1.53

表2 获得的总体平均难度等级、10-参数和3-参数模型预测难度等级以及3-心智模型预测的相关性

	Obtained	1-param.	3-param.
10-param rules	0.933		
3-param rules	0.926	0.994	
3-param models	0.927	0.993	0.998

资料来源：Yang Y., Braine, M. D. S., O'Brien, D. P., "Some empirical justifications of one mental predicate-logic model", in M.D.S. Braine & D. P. O'Brien (eds.), *Mental Logic*, Mahwah, NJ: Lawrence Erlbaum Associates, 1998, pp. 333-365.

这些结果说明，心智模型符号数也分为三个档次。以此作为模型参数得到的相关性系数，与心智逻辑理论得到的相关性系数，两者完美契合，丝毫不差。这说明，推理者对推理模式和对心智模型的感知强度是完全一致的。

五、自然文本逻辑分析

分析哲学的局域化方向可为其扩展广泛的应用领域。不难想象，标准教育考试是分析哲学的一个极佳的田野研究场域。美国研究生入学考试（Graduate Record Examination, GRE ）是美国标准教育考试之一，其中的阅读理解和逻辑推理题目都以自然语言（英语）表达。对 GRE 题目设计的一个基本要求是内容的自然性，即其语料满足常识性和一般性，其原始语料多取自公开媒介和出版物，如报刊书籍等。这样的文本称为自然文本。下面是一例 GRE 逻辑题。

The Lobster Problem（LP ）

Lobsters usually develop one smaller cutter claw and one large crusher claw. To show that exercise determines which claw becomes the crusher, researchers placed young lobsters in tanks and repeatedly promoted them to crab a probe with one craw, in each case always the same randomly selected craw. In most of lobsters the grabbing claw became the crusher. However, in a second similar experiment, when lobsters were promoted to use both craws equally for grabbing, most matured with two cutter claws, even though each claw was exercised as much as the crabbing claws had been in the first experiment.

Which of the following is best supported by the information above?

(A) Young lobsters usually excise one claw more than the other.

(B) Most lobsters raised in captivity will not develop a crusher claw.

(C) Excise is not determining factor in the development of crusher claws in lobsters.

(D) Cutter claws are more effective for grabbing than the crusher claws.

(E) Young lobsters that do not excise either claw will nevertheless usually develop one crusher one cutter claw.

此题的正确答案是（A）。在有限字数的条件下，GRE 文本被认为是内容凝聚度很高的知识表达形式。很多知识片段都可以编辑为 GRE 文本形式。其相对难度由两部分组成，即文本的表层结构与深层结构。就表层结构而言，例如，除最佳答案（即正确答案）外，另有一个甚至两个次佳答案，则题目会变难。所谓深层结构，多指文本中的逻辑结构。关于 LP 的经验研究，请见脚注。[①]

　　研究者对 LP 做过不同层次的逻辑分析，包括经典逻辑专家系统、心智逻辑理论、心智模型理论和心智元逻辑理论。具体内容请见文献。[②]从测量的角度说，LP 是一个难度较高的敏感文本，具有较高的个体差异区别能力，即在 GRE 高分区对个体考生的理解能力有很强的区别度。由于 GRE 是一个高利害选优型考试，这种高区别度是对题目文本的必要要求。

六、文本分析的统计方法

1. 文本的是 / 否类测量

　　分析哲学的局域化离不开经验研究与相应统计方法。逻辑分析是分析哲学的核心技术。逻辑分析必有真假可言。所以，当一个文本被编辑成 GRE 文本后，其答案总有正确与不正确可分。也就是说，人们的文本分析行为有对错之别。用测量理论的话说，正确答案被称为检验函数（testing function）的支撑点（supporting point）。给出一个 GRE 文本，预设一个正确答案，然后提供一个任意答案（可能对，可能错），让被试判断是或否，这被称为 GRE 文本实验中的评估任务。这正如冯·诺伊曼在《量子力学的数学基础》一书中指出的，量子力学中的实验观测都可被归结为一种"是 / 否"类度量（YES/NO measurement）。[③]在罗杰·彭罗斯的《通往实在之路：宇宙法则的完全指南》一书中，亦有专节发挥介绍。[④]简而言之，设有一个粒子激发器，再有一个粒子捕捉器叫作是门。激发器激发一个粒子，捕捉器收到了，就说被激发粒子入了是门；如果捕捉器没有收到，不说粒子没被激发，而是说被激发粒子入了否门。这如同在 GRE 文本实验中的评估任务，做对了相当于进入是门；做错了，不说没好好做，

---

① Yang, Y., Johnson-Laird, P. N., "Mental models and logical reasoning problems in the GRE", *Journal of Experimental Psychology: Applied* 7, 2001 (4), pp. 308-316.

② Yang, Y., Bringsjord, S., Bello, P., "Mental possible world mechanism: A new method for analyzing logical reasoning problems on the GRE", *Journal of Experimental and Theoretical Artificial Intelligence* 18, 2006 (2), pp. 157-168.

③〔美〕侯士达：《哥德尔、埃舍尔、巴赫：集异璧之大成》，严勇、刘皓明、莫大伟译，商务印书馆，1997 年。

④〔英〕罗杰·彭罗斯：《通向实在之路：宇宙法则的完全指南》，王文浩译，湖南科学技术出版社，2008 年。

而是说进入否门。对这样的是／否类观测，其数学刻画为狄拉克 δ 函数，这里为方便计算，称之为狄拉克函数。

$$\delta(x) = \begin{cases} \infty, x = x_0 \\ 0, x \neq x_0 \end{cases}$$

$$\int_{-\infty}^{\infty} \delta(x)\mathrm{d}x = 1$$

这个函数由两个公式组成。第一个公式是说，被激发粒子进入是门（捕捉器，正确答案或被预测的未来事件），函数值为无穷大；被激发粒子进入否门（没捕捉到，题做错了或预测不准），函数值为零。第二个公式以第一个公式为被积函数的积分，其值等于一个常数。这里，第二个公式告诉我们，无论粒子进入是门还是否门，这个粒子都已经被激发出来了。用哲学语言说，狄拉克函数的第一个公式可为其认识论支撑，而第二个公式为其本体论承诺。狄拉克函数几乎完美地刻画了是／否类观测。根据数学分布理论，以原狄拉克函数中的第二公式即积分公式作为出发点，作出本体论承诺。又以原第一公式作为被积函数，称为测试函数，给出认识论路径；要求这个测试函数至少存在一个支撑点。这个支撑点，就是被原来量子观测捕捉器捕捉到的激发粒子，也就是此处各文本的正确答案。

2. 文本测量的模型化

文本测量可以用狄拉克括号形式（Dirac bra-ket formalism）模型化这里，bra 表示左括号 $\langle \phi |$，ket 表示右括号 $|\phi\rangle$。令 $|\phi\rangle$ 表示欲观测的现象，$\langle\varphi|$ 表示观测此现象的实验，A_i 表示此实验使用的一系列实验任务（即实验刺激）。以标准教育考试为例，考生能力是一种难以直接观测的现象 ϕ，所以只能给一个考试 φ，用一道道试题 A_i 作为刺激，ϕ 会给出一个个答案作为反应。这样，因变量 ϕ 成为自变量 φ 的函数，记为 $\phi(\varphi)$，称为波函数。这样，狄拉克括号形式 $\langle \phi | A_i | \phi \rangle$ 即为波函数语言的句法。

标准教育考试 GRE 的文本测试分为两个步骤。第一步是测量一文本的相对难度。令 $\phi = \{A_i\}$ 为一个随机选取的考生样本，φ 是一个 GRE 文本，其相对难度不可直接观测。将 φ 作为刺激，每个考生 A_i 会给出一个个答案作为反应。这样，因变量 ϕ 成为文本 φ 的函数，记为 $\phi(\varphi)$，称为波函数。这样，狄拉克括号形式 $\langle \varphi | A_i | \phi \rangle$ 即为波函数语言的句法。这个测量的结果为两个数，一个答案正确的考生数，称为"是数"，另一个为答案错误的考生数，称为"否数"。这个结果有一个哥本哈根学派的概率诠释。波函数的任意两个实函数值可以表达为一个复数，表示一种可能性。这个复数的模方称为波函数的振幅，也就是其概率，通称玻恩

概率。这个概率表示此 GRE 文本的相对难度，也就是人们正确分析这个文本的概率。用狄拉克的话说，可能性的平方等于概率。这个概率诠释点出了波函数的意义，称为波函数的振幅语义学（亦称复数语义学）。我们看到，波函数的狄拉克句法与哥本哈根振幅语义学，构成了波函数语言的双腿结构。注意，这里的考生样本是随机选取的，我们可以随机选取另一个考生样本，并重复下去，就会得到一系列玻恩概率，称之为玻恩系综。

第二步，选定一套分别通过第一步测量的 GRE 文本 $\phi=\{A_i\}$，其中每个文本携有自己预设的玻恩概率。现在，随机选取一个考生 φ。每个文本 A_i 作为刺激，考生 φ 都会反馈一个是或否的答案。测量结果是一对数，即答案正确的是数和答案错误的否数。注意，这样得到的玻恩概率会是一种条件概率。同理，可以重复随机选取其他考生，所得到的条件概率系列称为贝叶斯系综。

3. 随机样本化与样本空间

从统计学的角度看，狄拉克 δ- 函数中的分段函数提供了一个二值样本空间。对于任意一个具体的量子是 / 否类实验操作，其结果只有两个可能性，或是或否。所以其样本空间是二值的，记为 $S=[Y, N]$。对于任意一个有限样本，实验结果会提供一个确定的是数 a 和一个确定的否数 b。两者满足大小对偶关系，即一种特殊的强弱对偶。一般地，令 F 为任意是 / 否类实验，A 为任意选定的有限样本，显然我们有 $F_s(A)=(a,b)$。

对于任意给定的样本数据 (a,b)，我们总可以将其复数化为 $(a+bi)$，其模方即称为样本玻恩概率，记为 P。注意，这里的复数化体现了量子实验中的不确定性，其中被认为掺有不可避免的实验者观测的局限性，狄拉克称之为观测干扰度。例如，在推理心理学实验中，实验者只能直接观测到被试将一道推理题做对做错，而无法直接观测被试解题的心智过程（可以间接观测到）。在这个意义下，虚数 i 揭示两层意思：观测者（I）和观测所得信息（information）。如无特别说明，概率 P 即指样本玻恩概率。

一个具体的实验样本，一般有两个要素组分，其一是实验任务（experimental task），其二是操作次数（sample size）。不同的领域有不同的样本特征。在物理学中，实验任务可以指具体的实验装置和操作，实验次数是指重复具体操作的次数。在心理学中，实验任务可以指一套推理题或一套 GRE 试题，试验次数是指被试或考生的人数。一个有效样本的实验次数要满足统计学要求的统计力度（statistical power）。记一个有效样本为 $A=A(x, y)$，其中 x 为实验任务，y 为操作次数。

物理学和心理学都属于经验科学，就都以实验为基础并以观测为基本手段。在任何意义下，我们都不可能观测总体，而只能观测样本。所以，从统计学的角度说，样本化具有概念优现的地位。考虑一个系统，其是 / 否类实验观测了一系列随机选取的样本，每个样本产生一个玻恩概率。这些概率的集合形成一个配分函数。

玻恩概率系综提供了系统动力学的基本要素。一个样本的统计表达是一个复数，其指数形式提供了动力学相位，对应一个唯一的玻恩概率。这样，每两个样本之间就存在一个相位差，对应两个玻恩概率的乘积。这说明，样本空间 $S = [Y, N]$ 是转动的，属于 U(1) 对称群。事实上，二维样本空间 $S = [Y, N]$ 还可视为同位旋空间，满足 SU(2) 对称性。

如上所述，我们说，每个样本相位表现了系统波函数的一个状态。样本之间的相位差说明样本空间具有自旋。以是数为零或否数为零作为两个基态，其他状态即可表示为两个基态的叠加态。在这个意义下，样本空间成为一个动力学系统相空间，又称相宇。大致按照吉布斯的说法，一个样本即可称为一个相点（phase point）。

在样本相宇的两个基态之间的各种叠加态表现了同时进入是门和否门的犹豫状态。犹豫状态可被视为双缝实验中出现相干条纹的来源。我们说，在必须同时进入是门和否门时，自然是犹豫的。所以，波函数表现的是自然的犹豫波。

4. 随机统计模型

统计学是实验的语言。在本节中，我们旨在为是 / 否类实验构造一个统计学意义下的随机模型。此模型包括以下六个定义。

定义一：设 $\mathfrak{M}$ 为一介是 / 否类实验系统。令 $M = \{m_i\}$ 为 $\mathfrak{M}$ 的一集具体实验任务。我们引入实验任务的操作集 $\Omega = \{w_i\}$。Ω 是一个可数无穷集，其测度为零。我们在 Ω 上引入一个变量 x_i 遍历 Ω 中所有操作。

定义二：在 $\mathfrak{M}$ 中定义一个二值样本空间 $S = [Y, N]$。每个操作在此样本空间取值，或是（Y）或否（N）。

定义三：考虑 Ω 的幂集 $P(\Omega)$ 因为 Ω 是一个可数无穷集，显然 $P(\Omega)$ 是一个连续统。我们定义 $P(\Omega)$ 的任意非零元素 R（R 是 Ω 的一个非空子集，为一个实验样本）。一个有效样本要求其中操作数满足统计力度（statistical power）。随机选取一系列样本称为随机样本化（stochastic sampling）。我们引入样本变量 x^j 使其遍历 $P(\Omega)$ 中所有可能的样本。

定义四：对于任意给定的样本 x^j，定义样本内中间变量 x^j_i，使得其遍历所给定样本中的所有操作。

定义五：一个随机选取的样本是可测的。由于这是一个是 / 否类实验，定义其概率密度为此样本的玻恩概率。根据彭罗斯的解释，这意味着，在一个随机样本中，出现这样一对是数和否数的概率是多少。

定义六：对于一个随机选取的样本系列，相应的玻恩概率集合称为其配分函数，亦称实验统计的玻恩系综。

如上定义的随机玻恩系综反映了实验的过程性结构，其概率密度函数是连续的，但不是光滑的。所以其测度是勒贝格可积的，并由朗之万方程刻画。我们还观察到，在玻恩系综中，既反映实验特征的样本间是 / 否数涨落，又反映了随机样本间的概率密度涨落。称前者为是 / 否类实验的句法涨落，后者为玻恩系综的语义涨落。在量子是 / 否类实验中，从每个样本中获得的原始数据是一对是数和否数，而我们要做的第一步统计处理就是将其构造成一个复数，称为复数化步骤。从这个复数出发，有两个方向可走。其中一个是句法方向，考虑这个复数的指数形式，从而得到动力学相位。另一个是语义方向，即取其模方得到玻恩振幅概率。这个区分句法和语义的语言双腿结构是数理逻辑的常规处理。这种处理不仅使得叙述的结构性更为清晰，还为建立两者之间的元理论留下讨论空间。

七、无主义认知哲学

我们发现，在语言哲学和分析哲学的语境下做哲学问讯与哲学回复，维特根斯坦的段落陈述方式非常有效也恰到好处。何以如此？这本身就是一个语言哲学的谜题。下面是五种段落式哲学思考。

1. 无主义认知哲学

认知哲学追寻人们各种可能的认知路径，包括哲学家的认知路径。用规范场论的概念说，认知哲学具有局域性，即将个体差异作为基本变量。由于人们的认知路径的丰富性、涌现性与简并性，认知哲学的形而上学是无主义化的。我们的印象是，主义概念在哲学史中有时具有误导作用。语言哲学文献常用怀疑主义指称中期维特根斯坦哲学。但《论确实性》告诉我们晚期维特根斯坦的思想变化。书中认为，怀疑一切不是一种怀疑。人们通过各种经历建立了很多主观确定性。这些变化折射出维特根斯坦曲折的哲学路径，而不是某种不变的主义。

2. 已知与未知的一元论

认知哲学不认可区分"可知与不可知"的二元论哲学路径。认知哲学选择"已知与未知"

的一元论哲学路径，并对这条一元论路径的演化过程保持强烈的兴趣。认知哲学特别关注在已知与未知之间的边界如何向前移动。

3. 逻辑主义批判

逻辑分析既是分析哲学的传统又是分析哲学的主流，但同时是其局限。语言文本的意义有时是清晰的，有时是模糊的。意义不仅是逻辑的真假，还包括很多目前逻辑未达的领域，如直觉和欣赏等价值衡量。分析哲学有必要超越亚里士多德传统并突破弗雷格范式，以免陷入逻辑孤岛。

4. 无我物理主义批判

笔者同意某哲学家所言：无我，还谈什么哲学。

科学理论不仅是演绎的，更是归纳的。从一些观测到的事件归纳出科学假设是发展科学理论的重要方法。假设一个领域有三个现象层次。在第一个层次归纳出的科学假设，在第二个层次会出现效力递减。层次越高，递减越快。这被称为归纳边际递减原理。

目前对心智现象和神经与脑的关系的研究取得了很多进展。根据这些进展可以归纳出一个科学假设。称这些进展为第一层假设。将第一层假设对尚未观测到但可能出现的第二层现象做预测或构造某种理论，此假设的归纳效力会出现边际递减。现象层次越高，此假设的归纳效力的边际递减越快。对心智现象和神经与脑的关系问题，无我物理主义用低层归纳假设对尚未观测到的可能高层关系做断言，并做出主义性概念处理，其失误就在于违反了归纳边际递减原理。

认知哲学以为，观测与认知到哪儿，话就说到哪儿；观测与认知了多少，就说多少话。哲学家可以有自己的信念，但不宜由信念而主义。因为，哲学思辨不能替代科学论证。

5. 语言与意识

分析哲学以语言为领域，其意义由意识而伴生。就我们目前的认知而言，人类意识尚无法用语言，包括自然语言、符号语言、数学语言甚或是宗教语言完全定义。什么是人类意识？这是一个人们长期追问的哲学问询，而目前我们并没有清晰的回复。在各种知识领域中，可以也有必要为利用意识概念给出某种工作定义，这没有问题。由塔斯基不可定义性定理推之，人类意识在短时间内是无法被完全定义的。所以，现在给出的各种意识定义或说法虽对理解人类意识不无帮助，却不是对人类意识的完整定义。

　　研究语言表达与语言行为的意义是分析哲学的要义。意义之问也是意识之问。当一个婴儿第一次叫妈妈，其意义就逼近了其意识。这种逼近程度有任何大语言模型能达到吗？对于人工智能和大语言模型来说，意义与意识的关系是一个敏感的课题。要想理解意义，就要了解意识。所以，人工智能学家迫切为机器赋予某种意识，以便为大语言模型的语言行为找到意义。我们称各种人工定义的机器意识为反意识（相当于反粒子）。在这个语境下，将类人意识用为人类意识，是误用，虽然有可能是有用的误导。

　　意识之问，是人类关于自身的终极之问。何处是尽头？语言与语言行为的意义之问是回答意识之问的高效路径。因此，分析哲学任重道远。

6. 知识与行为之异同

　　一个存在的知识，或一个别人的知识，未必是你的知识。你要拥有这个知识，要通过一个认知过程，称为知识习得。在西方认识论中，有一个长期的传统，认为知识习得有三个要求：求真、求信和求证。三求俱成才算是知道一个知识。三者缺一就会被认为不知道这个知识。这个传统叫作知识论柏拉图传统。对于一个知识，只有两种基本状态，知道或者不知道。半懂不懂，似懂非懂，这些状态都是两种基本状态的叠加态。

　　维特根斯坦对语言哲学和分析哲学的显著贡献之一是把语言行为引入理论分析。他考察了人们在各种游戏中的行为。这里的游戏是有规则的，一个游戏意味着一组规则。游戏者行为可分为三种基本状态。第一种，行为正确，即遵守游戏规则。第二种，行为不正确，即违反游戏规则。其实，人类的很大一部分行为都可归为第三状态，即行为既非正确亦非不正确，既非遵守了规则亦非违反了规则。行为一般是可以直接观测的，所以行为状态叫作"特征态"，观测的结果叫作特征值，特征值都是实数。

　　语言行为也有不可直接观测的情形。三个朋友聊天儿。其中一位中间出去接了个电话。这时屋里两人继续谈事。过了好一会儿，打电话的那位回来，发现接不上话茬儿了，不知打电话的这会工夫屋里两人都聊了些什么，就只能发问和猜测。这种情况被著名英国物理学家格林叫作量子涨落。语言交流中有许多言外之意，会造成语言游戏中的量子涨落。语言知识的两种特征态和语言行为的三种特征态所构成的 2 乘 3 矩阵，应该就是分析哲学的达·芬奇密码。

八、一般讨论

　　维特根斯坦后期提出，要深入分析语言游戏，就需要理解其背后的心理游戏。遗憾的是，维特根斯坦对此着墨不多。那么，语言游戏与其背后的心理游戏是怎样的关系？又该怎么研究呢？这可被称为维氏游戏谜题。本文以推理心理学为分析路径，初步解开了这个谜题。传统的主流分析哲学主要是以逻辑学作为分析文本意义的工具。这叫作全局性分析，不考虑个体差异。本文以推理心理学作为研究工具分析文本的认知意义，考虑到个体差异。这被称为局域性分析。为此，本文介绍了直陈文本与心智逻辑理论，模态文本与心智模型理论，以及复合文本与心智元逻辑理论。这些人工文本分析都无法替代对自然文本的分析。我们特别选取一个在标准教育考试 GRE 中使用的自然文本作为例子，并为如何做多层次语言分析提供了参考文献。这些层次包括标准逻辑、人工智能专家系统、心智逻辑、心智模型和心智元逻辑。文中还提供了关于自然文本实验研究的文献。

基于对哲学规范结构[①]的理解，我们区分了哲学的全局层面与局域层面。哲学的全局层面可以是完全先验的，但局域层面不可避免地要涉及经验研究。分析哲学的局域化研究涉及心理学和认知科学，本文为提到的几种文本分析提供了经验数据及统计结果。这也是一种分析哲学的方法论探讨。经典的统计方法有很大局限性，文中介绍了随机样本化模型及其对是／否类文本的处理方法。

分析哲学离不开讨论其形而上学的本体论承诺和认识论支撑。分析哲学的局域化方案选择的哲学路径是无主义认知哲学，承诺已知与未知的连续一元论。研究语言表达与语言行为的意义是分析哲学的要义。意义之问也是意识之问。如前所说，一个婴儿第一次叫妈妈时，其意义就逼近了其意识。这种语言的意义意识未必是最高级的、最美的、有对错可言的，甚或未必是最有效率的，但它一定是人类物种独特的、难以复制的，应该还是可分析的。分析哲学的生命力正在于此。

参考文献：

杨英锐：《哲学邂逅统计学的认知规范结构》，《认知科学》2023 年第 1 期。

杨英锐：《语言与语言行为的整合结构及其心理化路径——心理生命与理论物理之二》，《科学·经济·社会》2022 年第 3 期。

Ludwig Wittgenstein, *On Certainty,* HarperCollins Publishers, 1972.

杨英锐：《高阶认知研究的内容、方法和意义》，《人民论坛学术前沿》2023 年第 11 期。

O'Brien, D. P., Braine, M. D. S., & Yang, Y., "Propositional reasoning by mental models? Simple

---

① 杨英锐：《哲学邂逅统计学的认知规范结构》，《认知科学》2023 年第 1 期。

to refute in principle and in practice", *Psychological Review* 101, 1994(4), pp. 711-724.

Yang Y., Braine, M. D. S., O'Brien, D. P., "Some empirical justifications of one mental predicate-logic model", in M.D.S. Braine & D. P. O'Brien(eds.), *Mental Logic*, Mahwah, NJ: Lawrence Erlbaum Associates, 1998, pp. 333-365.

Yang, Y. Johnson-Laird, "Illusions in quantified reasoning: How to make impossible seem possible, and vice versa", *Memory & Cognition* 28, 2000 (3), pp. 452-465.

Yang, Y. and Johnson-Laird, P. N., "How to eliminate illusions in quantified reasoning", *Memory & Cognition* 28, 2000 (6), pp. 1050-1059.

Philp N. Johnson-Laird, *Mental Models: Towards a Cognitive Science of Language, Inference, and Consciousness*, Cambridge, MA.: Harvard University Press, 1983.

Yang, Y. and Bringsjord, S., "Some initial empirical justifications for mental metalogic: The case of reasoning with quantifiers and predicates", in R. Alterman, D. Kirsh (eds.), *The Proceedings of the Twenty-fifth Annual Conference of the Cognitive Science Society, 1275-1280*, Mahwah, NJ: Lawrence Erlbaum Associates, 2003.

Yang, Y., Johnson-Laird, P. N., "Mental models and logical reasoning problems in the GRE", *Journal of Experimental Psychology: Applied* 7, 2001 (4), pp. 308-316.

Yang, Y., Bringsjord, S., Bello, P., "Mental possible world mechanism: A new method for analyzing logical reasoning problems on the GRE", *Journal of Experimental and Theoretical Artificial Intelligence* 18, 2006 (2), pp. 157-168.

〔美〕侯士达：《哥德尔、埃舍尔、巴赫：集异壁之大成》，严勇、刘皓明、莫大伟译，商务印书馆，1997年。

〔英〕罗杰·彭罗斯：《通向实在之路：宇宙法则的完全指南》，王文浩译，湖南科学技术出版社，2008年。

Localization of Analytical Philosophy and Cognitive Science: A Path through Psychology of Reasoning

YANG Yingrui

Department of Cognitive Science, Rensselaer Polytechnic Institute Troy

Abstract: This paper aims to propose a new approach to localization of analytical philosophy and outline its research scheme. Wittgenstein, in his later period, suggested that to deeply analyze language games, one must understand the underlying psychological games, termed Wittgensteinian game conjecture. Using psychology of reasoning as an analytical path, this paper preliminarily unravels this puzzle. Traditional mainstream analytical philosophy primarily uses logic as a tool to analyze the meaning of texts, which is known as global analysis, disregarding individual differences. This paper, however, uses psychology of reasoning to analyze the cognitive meaning of texts, taking into account individual differences. This is termed localized analysis. To this end, the paper introduces direct statement texts and mental logic theory, modal texts and mental models theory, and compound texts and mental meta-logic theory. These artificial text analyses cannot replace the analysis of natural texts. We choose a natural text used in the standard educational test GRE as an example and provided references for how to conduct multi-level language analysis. These levels include standard logic, artificial intelligence expert systems, mental logic, mental models, and mental meta-logic. The paper also provides references for empirical research on natural texts. Based on an understanding of the gauge structure of philosophy, we distinguish between the global and local levels of philosophy. The global level of philosophy can be entirely a priori, but the local level inevitably involves empirical research. The localization research of analytical philosophy involves psychology and cognitive science, and this paper provides empirical data and statistical results for the mentioned text analyses. This also refers to a methodological discussion in analytical philosophy. Classical statistical methods have significant limitations, and the paper introduces a random sampling model and their methods for handling the YES/NO type texts. Analytical philosophy cannot be discussed without its metaphysical ontological commitments and epistemological support. The chosen philosophical path for the localized scheme of analytical philosophy is named a non-doctrinism cognitive philosophy, committing to a continuous monism of the known and the unknown.

Keywords: analytical philosophy; localization; psychology of reasoning; cognitive philosophy; random sampling; text analysis; language and language behavior; gauge structure; Yes/No type measurement.

【语言哲学】

达米特的证实主义与"过去"的实在性

◎ 周志荣

中南财经政法大学哲学院

摘 要: 达米特的证实主义基于反实在论的立场,将一个陈述的"真"定义为"得到现实的证实"。根据该定义,由于在事件发生之后无法再对其做出直接的观察,过去时陈述因为无法得到现实的证实所以都不是真的。这就造成了证实主义与真值关联性之间的不一致,进而导致"过去"的实在性问题。达米特通过引入"可能的证实"概念对证实主义进行了修正。这种修正能够避免证实主义与真值关联性的冲突。同时为了阻止修正理论滑向实在论,达米特还为"可能的证实"概念增加了"集体性"的限制条件。该限制条件不仅确定了"可能的证实"概念的适用限度,而且也使"过去"的实在性受到很大局限。修正理论只能赋予"过去"极其有限的实在性。这表明达米特的修正理论是失败的。

关键词: 证实主义;反实在论;真;意义;"过去"

达米特在 20 世纪 70 年代基于反实在论的立场拒斥了实在论的真概念,并借助"证明"以及更为一般的"证实"对真概念做出了证实主义的阐释。他将一个陈述的"真"定义为对该陈述的"现实的证实",即对某种证实的"实际持有"、证实的"现实存在"或"已经得到证明"。① 根据该定义,过去时陈述将由于无法得到现实的证实而缺乏真实性,这也意味着它们陈述的"过去"不是实的。这种反直观的推论无疑对证实主义理论的合理性构成了威胁。直到 20 世纪初,达米特才对其原来的理论做出修正,他试图通过引入"可能的证实"概念来解决过去时陈述的真实性问题,进而为"过去"的实在性提供合理说明。然而有学者指出,这种修正存在倒向实在论立场的风险。本文要考察的问题是:(1)达米特对证实主义的修正是否能够维护其理论的反实在论立场?(2)这种修正是否能够解决"过去"的实在性问题?本文给出的回答是:达米特的修正理论可以避免反实在论立场面临的挑战,但是仍然无法对

---

① Michael Dummett, "The Philosophical Basis of Intuitionistic Logic", in his *Truth and Other Enigmas*, Cambridge: Harvard University Press, 1975, pp. 242-243.

"过去"的实在性做出完全的说明。

一、证实主义与"过去"的实在性问题

达米特的证实主义首先是一种意义理论，然后才是一种真理论：后者是前者的一种自然的推论。作为一种意义理论，证实主义坚持"意义即使用"的原则，主张理解一种陈述或知道一个陈述的意义就在于知道如何正确地使用它。与意义密切相关的两个使用方面分别是：对一个陈述做出断定和由该断定进行推论，其中构成一个陈述之意义的东西就是断定它的条件。换言之，如果一个说话者知道了一个陈述的意义，他就应该知道在何种条件下对该陈述做出断定。断定本身是一种认知行为，对一个陈述的断定依赖于说话者对该陈述的"真"的确认，而说话者对一个陈述的理解则取决于他知道如何确认该陈述为真。既然一个陈述的意义被进一步归结为确认其为真的方式，而确立一个数学陈述为真的方式就是对它做出证明或持有对它的证明，于是可推出证实主义意义理论的核心主张：一个数学陈述的意义解释为作为对它的证明的东西。达米特的证实主义的意义理论与戴维森的真之理论语义学的根本区别在于，前者以认知性的"真之确认"概念或证明概念为基础，而后者是以实在论的真概念为基础的。

证实主义的意义观直接导致了这种理论只能接受一种反实在论的、认知性的真概念。作为一种真之理论，证实主义的核心原则可以简单而明确地表达为：一个数学陈述 A 是真的，当且仅当存在对 A 的证明。其中，作为 A 的"真之条件"的证明应该被理解为"现实存在着"或"被实际持有"。确切地说，一个数学陈述的"真"就等于对它的"现实的证明"。[①] 证明概念主要被用于解释数学陈述的真概念。为了说明日常语言中的经验陈述的"真"，达米特将证明替换为更为证实以及较弱的证成（justification）这样的"一般化的概念"（为方便论述，下文主要使用"证实"这个概念）。[②] 相应地，"证实主义"也可以被一般化为"证成主义"[③]。证

---

① Michael Dummett, "The Philosophical Basis of Intuitionistic Logic", in his *Truth and Other Enigmas*, Cambridge: Harvard University Press, 1975, p. 243.

② Michael Dummett, "What is a Theory of Meaning? (II)", in Gareth Evans & John McDowell (eds.), *Truth and Meaning: Essays in Semantics*, Oxford: Clarendon Press, 1976, p.114.

③ 由于"证实"以及"证成"概念不仅可以用于数学或逻辑陈述的严格的证实情形，还被用于那些具备充分理由使得一个断定得到辩护的情形，达米特后期主要使用"证成主义"（justificationism）来代替在意义理论的构造上较为严格的"证实主义"。（Michael Dummett, *Truth and the Past*, New York: Columbia University Press, 2004.）为避免因不同术语的使用而造成理解上的混乱，在没有必要做出区分的前提下，本文将只谈及"证实"和"证实主义"。另外，"justification"这个词在知识论的领域中也被翻译为"辩护"。

实主义对"真"的定义因而可被重述为：

（VT）一个陈述是真的，当且仅当现实存在着对它的证实。

证实的"现实存在"意味着如果"现在"无法为一个陈述提供证实，那么它就不是真的（当然，它也未必是假的，因为在反实在论者看来，它也可能是不可判定的）。达米特曾经指出有三类不可断定的陈述：针对无穷论域的量化式陈述、虚拟条件式陈述、过去时陈述。[①] 这三类陈述本来是达米特用来驳斥真之理论语义学的：这些陈述的真之条件是否得到满足往往是说话者无法判定的，因此说话者将由于无法确认这类陈述的真实性而不能对其做出正确的断定或否定。这意味着，这类陈述不仅没有真值，也没有清晰的意义。在这三类陈述中，达米特对过去时陈述尤为关注，因为他很早就已发现，过去时陈述的真实性问题对于证实主义自身来说同样是个难题。

这个难题是由证实主义的真之定义和真值关联性原则之间的冲突造成的。根据真值关联性原则，如果一个现在时陈述 S 在过去某个时刻是真的，那么它对应的过去时陈述 S^p 在现在的时刻也是真的。但是，根据定义（VT），由于一个事件的发生已经结束，我们就无法对相应的过去时陈述提供现实的证实，因为对一个过去时陈述 S^p 的现实证实与对相应现在时陈述 S 的现实证实一样，都依赖于对它们描述的事件的直接观察。确立过去时陈述的"真"似乎只能依赖于过去的事件在"现在"留下的痕迹（比如记忆、记录、遗迹等证据），但是这种现实的间接证实并不能为我们重现对事件的直接观察。更为极端的情形是，过去发生的事件所留下的痕迹在现在可能会彻底消失。这同样会导致我们无法对过去时陈述进行现实的证实。过去时陈述由于无法得到现实的证实而在"现在"不是真的，即使与它相对应的现在时陈述在事件发生的时刻曾得到过现实的证实而是真的。于是就产生了矛盾。

达米特很早就意识到："反实在论者如果认可真值关联性的存在，就无法避免不一致性。"[②] 因此，在坚持真值关联性原则的前提下，我们可以得到一种反直观的结论：过去时陈述要么不可判定，要么只能依赖于"现在"而得到判定。这意味着"过去"的实在性陷入了危机："过去"要么不是实在的，要么其实在性必须依赖于"现在"。总之，根据证实主义，

[①] Michael Dummett, "What is a Theory of Meaning? (II)", in Gareth Evans & John McDowell (eds.), *Truth and Meaning: Essays in Semantics*, Oxford: Clarendon Press, 1976, p. 81; "Truth from the Constructive Standpoint", *Theoria*, 1998, vol.64, p. 132; *Truth and the Past*, New York: Columbia University Press, 2004, p. 69.

[②] Michael Dummett, "The Reality of the Past", *Proceedings of the Aristotelian Society*, 1968, vol. 69, p. 251.

"过去"无法获得完全独立的实在性。达米特承认,他在坚持证实主义立场的同时也遭受到了"过去"的实在性问题的困扰:"我长期为如何调和'过去'的实在性与那种观点(即证实主义)而感到苦恼。"① 显然,达米特并不相信"过去"是不实在的,也不认为除了基于"现在"的证据,过去时陈述的真实性就不能得到判定。② 因此,他试图通过修正证实主义的真之定义,以消除证实主义与真值关联性原则之间的不一致性,进而维护"过去"的实在性。

二、达米特对证实主义的修正与辩护

达米特对证实主义的修正本身并不复杂,就是扩展了"证实"概念的含义。"现实性"不再是"证实"的唯一含义,因为"证实"被区分为两种类型:现实的和可能的。证实主义的真之定义于是也被修正为:

(VT*)一个陈述是真的,当且仅当存在着对它的现实证实或可能证实。

根据该定义,要确立一个过去时陈述的"真"只要获得一种可能的证实即可,而诉诸某种现实的证实(这是无法实现的)则不再是必要的条件。

然而,要为这种修正的合理性提供辩护却并不容易。达米特的辩护其实谈不上有力,因为他仅仅提供了一个类比论证。他试图借助关于外地的陈述的证实来说明关于"过去"的陈述的证实。在他看来,这两类陈述的证实情形是相似的:对说话者而言,无论"过去"还是外地,都不是他现在能够亲历的。因此,这两种陈述都将证实主义置于"相同的尴尬境地"。③ 驳斥证实主义对关于外地陈述的证实的说明似乎更容易被人们接受,因为如果认为"其他地方本身都不存在,它们仅仅依存于它们对我们现在所在地产生的影响之中",那么这个观点肯定"没有任何吸引力"。④ 在关于外地陈述的证实问题上,证实主义提供的"唯我论"解答确实让人难以接受。

达米特认为"可能的证实"是人们在理解关于外地的陈述时的自然选择。为了论证这一

---

① Michael Dummett, *Truth and the Past*, New York: Columbia University Press, 2004, p. 45.
② Jeremy Butterfield, "On Time chez Dummett", *European Journal of Analytic Philosophy*, 2012, vol. 8, pp. 94-95.
③ Michael Dummett, *Truth and the Past*, New York: Columbia University Press, 2004, p. 47.
④ Ibid., p. 52.

点，他特意考察了儿童的认知发展进程。理解他人对于世界上发生的事件的陈述，将他人的观察范围拓展为自己的观察范围，是儿童认知世界、构建自己世界观的重要途径。"在儿童智力发展的早期阶段，如果要解释关于其他地方发生的事件的陈述，对于儿童而言，很自然地是借助去那个地方并且做出所需的观察。"当然，这并不需要儿童实际去那个地点做出观察，儿童也不会因为无法亲自去那个地点而不能理解关于外地的陈述，因为"这么做的可能性就给出了这种陈述的内容。"①达米特由此推论说，儿童理解关于外地的陈述的关键就在于他知道证实该陈述的可能方式：如果他被置于那个地点，他就能够直接观察到事件的发生。

关于"过去"的陈述的证实与此相似。达米特论证说，理解一个过去时陈述，同样在于理解这样一个反事实条件句：假如说话者或观察者被置于恰当的时间和地点，他就"能够"直接观察到事件的发生。②换言之，一个过去时陈述的真实性并不需要借助在过去那个时刻做出的现实证实来确立，一种假设性的、可能的证实即对事件的发生做出的"可能观察"足以确立它是真的。③修正理论对"真"做出的新定义（VT*）似乎确实能够解决过去时陈述的真实性问题，因为即使过去事件的发生已经结束，说话者因而无法对事件的发生做出现实的观察，也不妨碍我们对它做出一种可能的证实。这意味着，修正理论通过引入"可能的证实"概念避免了如下情况的出现：当一个现在时陈述 S 在过去某个时刻为真时令它对应的过去时陈述 S^p 在现在的时刻为假。如果任意过去时陈述在"现在"都可以得到可能的证实，因而都是真的，那么证实主义与真值关联性原则自然就是一致的。

但是，如果修正理论承认所有过去时陈述都是可判定的，无疑就承认了过去时陈述的"可能的证实"以及它们的"真"是超越认知的。这将意味着达米特放弃了反实在论的立场。这当然不是达米特想要接受的后果，因为对达米特而言，反实在论是其证实主义理论的基础。为了避免使修正理论倒向实在论，达米特对"可能的证实"概念进行了限定。问题在于，这种限定也产生了非常严重的负面影响：修正理论不能再赋予"过去"以完全的实在性。

三、作为集体行动的证实

达米特本人并不否认修正理论隐藏着滑向实在论立场的风险。他曾坦言说：反实在论对过去时陈述的观点"与我们关于'过去'的天然的实在论相冲突"，因此，"我们要拒绝关于

① Michael Dummett, *Truth and the Past*, New York: Columbia University Press, 2004, p. 47.
② Ibid., p. 49, 51, 60, 62.
③ Michael Dummett, "The Justificationist's Response to a Realist", *Mind*, 2005, vol. 114, p. 678.

'过去'的反实在论观点"，而修正理论对关于外地事件以及关于"过去"的陈述的说明迫使证实主义"一定程度地朝向了实在论"，"与实在论的观点相似"。① 除了达米特自己，其他不少学者也发现了这个问题。既然过去发生的事件已经结束，甚至它的痕迹也会彻底从实在中消失，即对它的间接证实都不复存在，证实主义者却可以借助"可能的证实"断言相应的过去时陈述是确定为真的，这无疑表明了这个过去发生的事件其实并没有"彻底从实在中消失，而仍然是它的一部分"，但从证实主义的立场而言，"这种断言没有任何意义"。因为当间接证实都不复存在时，所谓的"可能的证实""就是一种实在论的假设"。② 换言之，达米特的修正理论不得不假设过去发生的事件（尤其那些在现在没有留下任何痕迹的事件）具有独立的实在性，修正理论要"允许'过去'作为独立于其在现在的痕迹的一种实在"，这种假设显然"并不蕴涵关于'过去'的反实在论"。③ 这些批评的要点是：修正理论承认过去时陈述可以独立于说话者的认知，甚至独立于证实本身而为真。

达米特对证实主义的修正并非没有底线，而他的底线就是"不要放弃证实主义的一般原则"，即基于"证实"来解释陈述的"真"和"意义"，并且他相信只要"仍然能够大体上主张这种意义概念"，那么修正方案就"没有导致向实在论彻底投降"。④ 为了阻止倒向实在论立场，达米特选择对"可能的证实"概念进行限定，关键的操作就是将"证实"解释为一种集体性的行动。

借助儿童对关于外地陈述的理解，达米特试图说明，儿童学会一种语言不仅要会说自己观察到的东西，还要学会理解别人告诉他的东西，换言之，他要学会"将别人的话当作对自己的观察的扩展"，要学会"接受别人的证实"。⑤ 这一点同样可以推广至关于过去时陈述的理解。因此，达米特的回答是证实主义考虑的"证实"并不是个体的行动，而是"集体的行动"。⑥ 如果将这里的"作为集体行动的证实"（或简称为"集体的证实"）理解为证实行动是由某种超越个体的集体实体做出的或者是"通过我们的集体活动而得到证实"，⑦ 那就误解了达

① Michael Dummett, *Truth and the Past*, New York: Columbia University Press, 2004, p. 57.
② Luca Moretti, "Dummett and the Problem of the Vanishing Past", *Linguistic and Philosophical Investigations*, 2008, vol. 7, p. 46.
③ Sanford Shieh, "The Anti-Realist's Past", *History and Theory*, 2008, vol. 47, p. 275.
④ Michael Dummett, *Truth and the Past*, New York: Columbia University Press, 2004, p. 59.
⑤ Ibid., p. 42.
⑥ Ibid., p. 41, p. 52, p. 67.
⑦ 俞颖杰：《达米特论"过去"》，《自然辩证法研究》2009 年第 8 期，第 16 页；《论"达米特纲领"中的证明概念》，《哲学动态》2013 年第 5 期，第 103 页。

米特的观点。证实行动仍然是由某个个体或某些个体做出的，而且达米特指出证实的集体性想要强调的是：一个个体所做的证实应该被其他个体承认；如果一个个体确认了某个陈述是真的，那么其他个体应该也接受这种确认。

按照达米特的论述，证实行动的集体性或集体的证实是通过如下方式来实现的：某个个体对事件做了现实的、直接的观察，他可以使用集体可理解的语言来描述其观察，并将这种知识或信息作为直接证据传递给其他个体，因此基于个体观察得到的证据就能够借助公共的语言而成为集体可使用的直接证据。这里包含了两个要求：（1）证实的存在要求。在共同体中至少存在某个个体对事件做出了现实的观察，这保证了在过去某个时刻，实际存在着证实现在时陈述 S 为真的直接证据。（2）证据的传递要求。描述直接观察的知识或信息作为直接证据要借助公共语言传递给共同体中的其他成员，从而使得所谓的"现实的、直接的证实"可以被个体用以作为构造"可能的证实"的基础（可以说，语言的公共性使得"我们"真正具有了集体性的意义）。达米特认为："不仅与（证实主义）相一致而且对它而言本质的东西是：不是把直接证据……看作一个个体主观持有的东西，而是将它看作某种原则上可以被集体意义上的我们使用的东西。"[1] 达米特还指出，即使已故的人也可以通过他们遗留下来的文字、著作、艺术作品以及理论等等与现在的人交流，因为"已故的人依然是我用'我们'指称的这个共同体的成员"。[2] 也就是说，古人获得的直接证据也能够借助公共的语言流传下来，供今人用以构造可能的证实。证实的集体性使得关于外地和"过去"的陈述的可能证实变得可行，因为在"我们"这个共同体中，总会有人出现在相应时间和地点并对事件的发生做出了直接观察，而且这种观察借助语言的媒介能够被其他个体使用。

回到前文的讨论，不难发现，证实的集体性特征为真值关联性原则的合理性提供了支持。如果一个现在时陈述 S 在过去某个时刻被共同体中的某个个体现实地直接证实并且这种证实借助公共的语言传递给其他个体（包括现在的个体），那么相应的过去时陈述 S^p 因而就能基于流传下来的证据而被现在的某个个体可能地证实。基于修正理论的真之定义（VT^*），S 与 S^p 的真值关联性就借助证实的集体性建立起来了。这表明，证实的集体性使得证实主义与真值关联性原则具有了一致性。

① Michael Dummett, *Truth and the Past*, New York: Columbia University Press, 2004, p. 65.
② Ibid., p. 68.

四、"可能的证实"的限度与"过去"的有限实在性

达米特对"可能的证实"概念增加的限制条件阻止了证实主义倒向实在论，其要点在于，借助证实的集体性，将共同体中的某个个体现在所做的可能证实建立在其他个体过去所做的现实证实的基础之上。这种限制确实能够避免导致过去时陈述的"真"超越对它的证实，从而保证真概念仍然是认知性的。这里需要注意的是，修正理论与真值关联性原则的一致性是有前提的，那就是我们只能对该原则做反实在论的理解。但是，从实在论的角度看，要与真值关联性原则相一致，必须要排除所有符合"现在时陈述 S 过去为真、相应的过去时陈述 S^p 现在不为真的"的情形，其中包含三种情形：

（1）S 在过去得到了现实的证实而为真并且该证实流传至今，而 S^p 却因现在无法得到现实的证实而不为真。

（2）S 在过去时刻从未得到过现实的证实但在实在论的意义上是真的，而 S^p 因现在无法得到现实的证实而不是真的；

（3）S 在过去得到过现实的证实因而无论在实在论还是在反实在论的意义上都是真的，但其证实方法并没有被现在的说话者确认，而 S^p 因现在无法得到现实的证实而不是真的；

修正理论显然可以直接排除情形（1），当然它也可以排除（2），那是因为它不承认任何没有得到过现实证实的 S 是真的，由此它也不会接受 S^p 是真的，即使它可以借助过去时间遗留下来的线索或证据得到间接的证实。但是在实在论的立场上，这种间接的证实足以让我们相信 S 在过去是真的。修正理论无法排除（3），因为虽然 S 在过去得到了现实的证实而是真的，但由于这种证实没有流传至今，S^p 现在仍然不能得到可能的证实。如果修正理论不能对（2）和（3）做出合理的回应，我们就不能说它与真值关联性原则是一致的。修正理论能够做出的回应只能是拒绝承认 S 在过去是真的（无论居于何种立场）。但这种回应明显是反直观的。尤其当 S^p 在现在可以借助已发送的事件遗留下来的证据进行间接的证实时，我们更有理由相信 S 在过去是真的。根据上述情形（2）和（3），我们可以提出以下两种反例，其中涉及的"过去"在直观上都是实在的，但修正理论大概不会承认这种实在性：

反例 -I："未被认识的'过去'"。这指这样一类事件：它们或者在久远到"我们"的共同体产生之前的某个时刻发生或者在"我们"活动范围之外的地点发生，但是这些事件在现

在留下了痕迹。比如，一颗小行星撞击了地球，现在我们可以观察到撞击造成的陨石坑、散落的陨石碎片等等。当然在过去，"我们"这个共同体中没有任何个体能够对这样的事件做出现实的直接观察。实在论者会承认关于这个事件的现在时陈述（即"一颗小行星正在撞击地球"）在该事件发生的过去时刻 t 就是真的，而相应的过去时陈述（即"一颗小行星在过去时刻 t 撞击了地球"）则在现在是真的。即便是一般的证实主义者，也不否认该过去时陈述可以借助它遗留在现在的痕迹来进行间接地证实。但在修正理论中，"可能的证实"并不适用于这样的过去时陈述。

有一种观点认为："集体概念下的直接证据不能包括包含那些现在没有痕迹或记录的证据"，否则"这就不能被看作是一种反实在论"。[1] 这个观点是对的，只是没有什么重要性，因为如果一个过去事件从来就没有被任何个体直接观察过，也没有留下任何痕迹（遗迹、记录或回忆等等），"我们"就根本不可能对它做出陈述，"我们"甚至不可能提及这样的事件，它与"我们"彻底无关。无论是一般的证实主义还是修正理论都不会考虑这种情形下的证实问题，讨论这种问题是毫无意义的。值得我们考虑的情形必须要满足这样的前提："我们"能够对事件做出陈述。因此，如果要考察"可能的证实"的限度，值得考虑的恰恰是那些在现在留下痕迹的事件，基于对现有痕迹的观察，"我们"才能对这些事件做出过去时的陈述，进而才需要考虑相应的过去时陈述能否被证实的问题。如果过去发生的事件留来下的是记录并且记录了某个体在过去对该事件的直接证实，那么按照修正理论的观点，相应的过去时陈述就能被现在的、了解该记录的个体可能地证实；如果记录并不包含过去的直接证实，过去事件留下的仅仅是痕迹（比如小行星撞击地球后留下的陨石坑和陨石碎片等等），相应的过去时陈述就不能得到可能的证实，因为在这种情形下，"我们"中没有任何一个个体对事件做出过现实的证实，或者即使其他个体对事件做出过现实的证实，这样的证实也没有流传下来，总之"可能的证实"无法借助于证实的集体性而获得可行性。

反例-II："被遗忘的'过去'"。这是这样一类事件：虽然它们在过去的发生被某个个体观察到，但由于种种原因，他的"现实的证实"并没有留下任何记录或者留下的记录仅仅提及了而非描述了这个证实，即没有通过公共的语言传递给其他个体因而不能被其他个体使用。例如，H 每次走出家门都习惯于观察自己是先迈左脚还是先迈右脚，因此每次他都可以现实地证实，他出门先迈的是左脚（或右脚）。但如果他并没有留下任何直接的证据以供其他个体

① Yuval Dolev, "Antirealism, Presentism and Bivalence", *International Journal of Philosophical Studies*, 2010, vol. 18, p. 79.

使用，其他个体在以后时刻是否仍然能够可能地证实"H上一次出门先迈的是左脚"或"H上一次出门先迈的是右脚"？显然不能，因为"证据传递条件"在这里没有得到满足，H的每次证实都不具有集体性。科学史同样存在这样的情形，由于记载一个科学发现、发明或定理证明过程的资料遗失，后人只能知道过去存在这样的发现、发明或证明，但并不知道具体的过程。修正理论并不会接受这种"过去"，除非现在可以对相关的定理重新做出现实的证明。但在经验领域，这样的过去时陈述在现在是无法得到可能的证实的。

普特南曾指责说，"达米特所做的仅仅是假设存在这样一种能力提及或考虑其他人生活中的事件，但现在活着的人中没有谁拥有任何证实或否证的方式"，这种假设"实际上只有实在论者才有资格做"。[1] 他还指出，如果儿童在学习过去时陈述时仅仅被告知与它相应的现在时候陈述过去确实被某人证实了，而不让他知道它是如何被证实的，这就与证实主义的原则不相容，因为这并不足以令儿童有能力通过对陈述的证实或否证来表明他对该陈述的理解。普特南的质疑恰恰说明了为何修正理论要将反例-Ⅱ涉及的一类过去时陈述排除在"可能的证实"范畴之外。反例-Ⅱ能够说明的恰恰是，某个个体在过去所做的现实证实完全可能没有传递给其他个体，也可能传递的信息仅仅是提及这个证实的只言片语而非对证实的完全描述，无论哪种情形，这种证实都不是集体性的，因而都不能为现在的个体构造"可能的证实"提供基础。

上述两个反例表明，证实的集体性特征规定了"可能的证实"的限度，同时也规定了"过去"的实在性的限度。如果只有在过去的现实证实的基础上被可能地证实，过去时陈述才是真的，它描述的过去事件才真正发生过，那段"过去"因而才是实在的，那么以上两个反例中的"过去"事件在修正理论看来就都不具有实在性，因为描述这些"过去"事件的过去时陈述都无法得到可能的证实。但它们还是有区别的：只有从实在论的立场上看，被遗忘的"过去"才是实在的；而无论是实在论者还是一般的证实主义者都不愿意否认未被认识的"过去"的实在性。对于未被认识的"过去"的探索是人类追求知识进步的重要途径，"过去存在过恐龙""地球曾被小行星撞击过"等等都是人类基于现有的证据所获得的关于自身及其生存的环境的演变的知识。如果这些被表达为过去时陈述的知识或信息都因无法获得"可能的证实"而被判定为不是真的，那么我们不仅需要宣称很大一部分历史研究都无意义，甚至还要彻底放弃证实主义者或反实在论者自己建立起来的"世界"或"实在"观念。

[1] Hilary Putnam, "Between Dolev and Dummett: Some Comments on 'Antirealism, Presentism and Bivalence'", *International Journal of Philosophical Studies*, 2010, vol. 18, p. 94.

结论

达米特通过引入"可能的证实"概念修正了证实主义的真之定义，从而避免了证实主义与真值关联性之间的冲突。他还为证实概念添加了"集体性"的限制条件，成功地阻止了证实主义倒向实在论。这个限制条件不仅规定了"可能的证实"概念的适用限度，而且也使"过去"的实在性受到严重的局限。修正理论只能赋予"过去"极其有限的实在性。就此而言，达米特的修正方案是失败的，它并没有彻底解决"过去"的实在性问题，反而暴露了证实主义面临的两难困境：要么接受"过去"的有限的实在性，要么接受一种弱的实在论立场。

Dummett's Verificationism and the Reality of the Past

ZHOU Zhirong

School of Philosophy, Zhongnan University of Economics and Law

Abstract: According to Dummett's verificationism, truth of a statement is defined as "being actually verified" or "actual verification", which implies an anti-realistic standpoint. Following the definition, a statement with past tense is not true, because the event described by this statement cannot be observed directly again after it occurred. This makes an inconsistency between verificationism and truth-value links, hence leads to the question against the reality of the past. To deal with these problems, Dummett modified verificationism by introducing a concept of possible verification. At the same time, Dummett put one more condition of collectivity on the possible verification in case that verificationism slips to realism. The condition not only determines the applicability of the possible verification, but also imposes a serious limitation on the reality of the past. The modified theory only ensures the past a very limited reality. It is shown that Dummett's modification of verificationism doesn't succeed.

Keywords: verificationism; anti-realism; truth; meaning; the past

弗雷格视角下的"白马非马"

◎ 赵国良

华侨大学哲学与社会发展学院

摘　要："白马非马"是中国哲学中的一个经典问题，目前对其的探讨依然众说纷纭，究其原因是没有系统地按照逻辑的原则并通过分析的方法对其解读而导致的误解。本文首先解读"白马非马"的问题以及过去论证的局限性。其次，在弗雷格的视角中，运用区分概念与对象的原则，在命题"白马非马"可能被理解的各种情况下对该命题进行逻辑分析，并在弗雷格关于两个概念是否可逆的关系上提出新的逻辑类型。再次对公孙龙"白马非马"的论证进行分析，根据主词与谓词、是与否定的不同情况分类讨论。最后得出结论：只有当将"白马"与"马"都理解为概念词，并且将"是"字理解为可逆关系时，命题"白马非马"才是正确的。当"白马"与"马"都理解为专名，且将否定理解为否定整个命题的情况下，命题"白马非马"则在不同的语境下有真有假。其他情况则可以认为命题"白马非马"是一个假命题。

关键词：分析哲学；现代逻辑；弗雷格；白马非马

　　"白马非马"是最早由名家公孙龙提出的一个传统的中国哲学问题，时至今日，人们对它的讨论仍然热度不减。近年来，郭桥、孔漫春对"白马非马"进行了合理性的分析与论证，[①]而江向东、杨武金等人则发文表示白马论在根本上是诡辩。[②]

　　这些学者的讨论基于中国哲学的名实理论以及传统逻辑对问题进行分析论证，本文则另辟蹊径，运用西方哲学中分析哲学的方法对传统中国哲学的问题进行分析，来寻找一个较为清晰的结论。本文的分析基于现代逻辑创始人弗雷格的概念与对象相区分的理论，这一原则

---

　　① 郭桥、孔漫春：《诡辩抑或误解？——"白马非马"及其合理性论证》，《逻辑学研究》2015 年第 3 期，第 15～32 页。

　　② 江向东：《〈公孙龙子·白马论〉新诠》，《哲学研究》2015 年第 12 期，第 41～47 页。杨武金：《从批判性思维的观点看公孙龙"白马论"》，《江淮论坛》2018 年第 4 期，第 96～100 页。

将原本模糊的主谓格式的命题清晰地分为三类，进而分情况对"白马非马"问题进行清晰的讨论分析。

一、"白马非马"问题

"白马非马"是春秋战国时期名家公孙龙提出的一个命题，命题阐明了并非白马是马。很明显，此命题一开始违反了人们的常识，因为按照常识的理解，对主词与谓词关系的一种标准理解就是属加种差。白马作为一个小类（种），应当属于马这个大类（属），但公孙龙却从个别与一般、颜色与形态等方面做出了五个论证，企图证明并非白马是马。而白马究竟是不是马的论证就成了"白马非马"问题的核心。迄今为止，仍有许多研究中国哲学的学者对其进行合理性的论证或反驳。笔者认为命题"白马非马"是一个主谓结构的否定命题，因此"白马非马"问题应当是讨论主词与谓词关系的逻辑学问题。既然"白马非马"是一个逻辑学问题，我们就应当将其代入到现代逻辑中，运用一阶谓词逻辑系统来进行讨论，而不能仅仅停留在亚里士多德的传统逻辑或者是中国古代将名实分隔开的逻辑当中，否则就会造成歧义与误解，尤其是在没有冠词的汉语语境当中。在传统逻辑当中，当我们说"白马"的时候，究竟是作为一个个别对象的"那匹白马"，还是作为一个概念的抽象名词"白马"，抑或是作为某一个不特指的"一匹白马"？因此，单单说"白马"或"马"是无法明确主词和谓词的具体内容的。同样，在我们讨论"是"的时候，其含义应当被理解为"属于"、"包含于"还是"等同于"也是存在歧义的。而由此造成的歧义也就顺理成章地成为了原本可能并不是问题的问题。相比之下，现代逻辑的优势就在于建立起一套人工语言从而摆脱了自然语言语法的束缚，能够清晰地刻画个体、谓词与量词，并且能够清楚地区别性质与关系。①

二、弗雷格关于对象与概念的区分

要讨论现代逻辑，就不得不提到一阶谓词逻辑系统的创始人：弗雷格（G. Frege, 1848—1925），著名的分析哲学家与逻辑学家。他不仅开创了一阶谓词演算系统，②而且他的许多思想至今仍然是分析哲学最基本的观点，因此他也被誉为分析哲学之父。弗雷格在《算数基础》

① 王路：《逻辑的观念》，商务印书馆，2000年。
② 王路：《走进分析哲学》，中国人民大学出版社，2009年。

的序言中强调了三个原则：要把主观的和客观的、逻辑的和心理的东西严格区分开来；绝不孤立地考察一个词的意谓，要把它放在句子当中（语境原则）；要时刻牢记概念与对象的区别。① 这些重要的逻辑学原则直至今天依然适用，接下来我们就阐述弗雷格关于对象与概念的区分。

在《论概念与对象》一文中，弗雷格对概念与对象的区分是从数学中函数与自变元的理论扩展而得来的，弗雷格认为符号有含义与意谓之分。主词意谓的对象对应自变元，而谓词所意谓的概念则对应函数。自变元是完整的，而函数是不完整的，谓词对应的函数带有空位，由对应自变元的主词对谓词中的空位进行补充，使得整个句子完整。② 主词的意谓是对象，对象是具体的、个别的，因此主词的位置上是一个表达具体对象的专名。谓词的意谓则是概念，是带有空位的其值总为真的函数，而概念是抽象的、一般的，句子中谓词的位置上应当是一个概念词，即通名。为了严格区分对象与概念，弗雷格将冠词作为区分二者的重要标志。弗雷格认为，只有带定冠词"the"的名词、指示代词或专名才能表示一个对象。而不定冠词a或复数不带冠词只能表示概念词。此外，弗雷格还区分了系词"是"的两种使用方式：一种是可以将"是"理解为等式的可逆关系，而另一种则是不可逆关系。③ 在理解为可逆关系的"是"的命题中，句子的真正谓词实际上应当是"（ ）与（ ）是等同的"，其句子的含义则是两个专名意谓同一个东西。主词的意谓是对象，谓词的意谓是概念，对象是具体的，而概念是一个其值总为真的函数，由对象补充概念组成完整的句子，句子的含义是思想，而句子的意谓是真值。④ 这样，弗雷格就严格地把对象和概念相区分开来了。

弗雷格把主词、谓词同专名与概念词的位置关系分为三种类型。1. 主词的位置上是一个专名，谓词的位置上是一个概念词，如弗雷格是一个哲学家。2. 主词的位置上是一个专名，谓词的位置上也是一个专名，如鲁迅是周树人。3. 主词的位置上是一个概念词，谓词的位置上也是一个概念词，如马是哺乳动物。类型1就是主词补充了谓词的空位从而构成了一个其意谓是真的句子。类型2我们在上面交代过，其谓词应当改写为"（ ）与（ ）是等同的"，表示两个专名（符号）的意谓相同，其关系是可逆的。而弗雷格认为类型3表达的是：凡是处于主词意谓的概念之下的对象都处于谓词多意谓的概念之下。这是一个全称判断，用上面的

① E. N., Review of The Foundations of Arithmetic. A Logico-Mathematical Enquiry into the Concept of Number, by G. Frege & J. L. Austin, *The Journal of Philosophy* 48, 1951(10): 342.〔德〕G. 弗雷格：《算术基础》，王路译，商务印书馆，1998，第9页。
② G. Frege, P. T. Geach, M. Black, "On Concept and Object", *Theoria* 60, 1951(238): 168-180.
③ 王路：《弗雷格思想研究》，社会科学文献出版社，1996年，第90页。
④ R. Buhr, M. Dummett, G. Frege, "Philosophy of Language", *Language* 59, 1973(1): 236.

例子来说，就是所有处于马这个概念之下的对象都处于哺乳动物这个概念之下。如果我们用符号来表示：

类型 1：$F(a)$；

类型 2：$a=b$；

类型 3：$\forall x(F(x) \rightarrow G(x))$。

"白马非马"是先秦名家的论题，也是中国哲学中的著名论题，在《公孙龙子》中，公孙龙认为白马不是马，并给出了一系列的论证。在分析哲学的方法逐渐成为哲学主流的今天，我们将分析哲学的方法与这个经典论题结合，来论证"白马非马"这个命题是否成立。接下来，我们先运用弗雷格关于对象与概念的区分来分析"白马非马"的逻辑，然后再探讨公孙龙对"白马非马"的命题论证是否成立，最后得出结论，运用分析哲学的方法解决"白马非马"的问题。

三、弗雷格视角下对"白马非马"的分析

在进入讨论之前，首先面对的一个问题就是冠词的问题。冠词是弗雷格区分意谓对象的专名和意谓概念的概念词的重要特征，但是由于汉语中没有像英语或德语中一样的冠词体系，我们就无法通过冠词来判断位于主词位置之上的究竟是一个专名还是一个概念词。在这里，我们先不考虑否定词"非"，对于"白马是马"这个命题，我们进行分类讨论：

当主词"白马"作为一个专名时，"白马"的意谓是对象，谓词部分的"马"则是概念词，"马"的意谓是概念，这种形式就是前文中讨论的类型 1。其应当表达的是："作为对象的这匹具体的白马（the white horse）处于马这个概念之下。"用逻辑符号来表示，即：$F(a)$。

当主词部分的"白马"作为一个专名而谓词部分的"马"也作为专名时，"马"的意谓是概念，这种形式是前文中讨论的类型 2。其应当表达的是："作为对象的这匹具体的白马（the white horse）与作为对象的那匹具体的马（the horse）是同一匹马。"用逻辑符号来表示，即：$R(a,b)$。

当主词"白马"作为一个概念词时，"白马"的意谓则是一个概念。这种形式对应前文中讨论的类型 3。因此，它应当表达的是："处于白马这个概念之下的所有对象都处于马的概念之下。"用现代逻辑符号表示，即：$\forall x(F(x) \rightarrow G(x))$。当然，这里的概念词"白马"与概念词"马"是不可逆的关系。

此外，还要注意的是邢滔滔在《〈白马论〉一解》中提到，可以将"白马非马"中的

"马"与"白马"同时理解为带有不定冠词"a"的任意某一个"马"或"白马",而"白马非马"就被理解为:"任意一匹白马并非任意一匹马";或者"并非任意一匹白马是任意一匹马"。首先,我们先对主词进行讨论,在弗雷格看来,不定冠词加概念词作主词命题与全称命题是完全等同的。[①] 在现代逻辑中,同样默认了"任意"与"所有"都代表了全称量词,并且在符号化的时候它们也是等价的,例如"任意一个自然数都是实数"的含义等同于"所有自然数都是实数",符号化都是$\forall x F(x)$;"任意"与"所有"的区别也仅仅在于"任意"强调的是无论是哪一个对象都能得到相同的结论,而"所有"则强调无论有多少个对象都能得到相同的结论。因此,邢滔滔还是没有跳出传统逻辑中自然语言语法的束缚,在人工语言的命题中,主词的位置上如果是"任意一个某某",那么就等同于主词是"所有某某",在弗雷格的语言哲学中主词就应当被理解为所有"某某"概念下的对象。接下来我们对谓词进行分析,刚刚我们已经讨论过,"任意"等同于"所有",进而在弗雷格的语言哲学中等同于该概念下的所有对象,既然是对象,我们就可以得出结论:命题"任意一匹白马并非任意一匹马"或者"并非任意一匹白马是任意一匹马"实际上就是上述的第二种情况,因为主词与谓词的位置上实际上都表示对象,因此该句子真正的谓词应当是"( )与( )是等同的"。第二种情况表示为$R(a,b)$,但这里的 a 与 b 是全称判断,因此应当修改一下,表示为:$\forall x(F(x) \leftrightarrow G(x))$。关于两个概念之间可逆与不可逆的关系,具体会在下文展开。

接下来我们需要面对的另一个问题是句子的否定,我们将这个否定分为两种情况来加以讨论:其一,我们认为否定的对谓词"马"的否定,因此"白马非马"的谓词就变成了"不包含马元素的集合",即$\neg G(a)$。弗雷格认为,否定句是复合句,是由简单句加上否定词构成的。[②] 我们将白马的两种理解——作为专名与作为概念词——分别改写为人工语言。当"白马"作为一个专名而"马"作为概念词时,用逻辑符号表示为$\neg G(a)$,a 表示具体的白马。当"白马"与"马"都作为专名时,"马"作为主词是不能被否定的,这个命题就是无意义的。当"白马"作为一个概念词时:$\forall x(F(x) \rightarrow \neg G(x))$。从常识中我们可以做出判断,在"白马"作为专名的情况下,作为对象的"白马"当然处于"马"这个概念之下,$G(a)$为真,因此,$\neg G(a)$必定为假。也就是说,"白马"是"马"的意谓就是真,而"白马非马"的意谓为假。在"白马"作为概念词的情况下,命题"白马非马"表达的则是所有处于"白马"之下的对象都不处于"马"这个概念之下。这当然是荒谬的。因此我们得出结论,在否定谓词的情况

---

① 邢滔滔:《〈白马论〉一解》,《科学文化评论》2006 年第 5 期,第 33 ~ 51 页。
② 王路:《弗雷格思想研究》,社会科学文献出版社,1996 年,第 183 页。

下，无论"白马"是意谓对象的专名还是意谓概念的概念词，命题"白马非马"都是错误的。

否定的第二种理解则是对整个句子的否定，也就是并非白马是马，我们还是将白马理解为专名与概念词的两种情况分开。当主词"白马"表示专名而谓词"马"表示概念词时，将其用逻辑符号改写：$\neg G(a)$。其中，a 为白马，我们发现这与上一种情况相同，因此这个命题依然是假的。当"白马"与"马"都表示对象的时候，用逻辑符号表示为$\neg R(a,b)$。其中，a 为具体的一匹白马，而 b 为具体的一匹马，其含义为并非这匹白马是那匹马（这两个对象是不同的），此命题根据不同的语境会有不同的真值。例如，一个人首先遇到了一匹白马，过了一段时间之后又遇到了一匹长得很像第一次遇到的白马，此时如果第一次与第二次遇到的马是同一匹马，我们就会认为"并非这匹白马就是那匹马"是错误的，而命题"白马非马"是错误的；而如果两次遇到的马是不同的，我们就会认为"并非这匹白马是那匹马"是正确的，因此，命题"白马非马"就是正确的。当我们将白马理解为概念词时，用逻辑符号来表示则是：$\forall x \neg (F(x) \to G(x))$。我们认为，白马概念之下的所有对象当然都必然包含于马这个概念之下，因此这个命题为真，它的否定则必然就为假。

此时虽然我们认定，在类型 1 与类型 3 中，命题"白马非马"都应当是一个假命题，在类型 2 的理解中，命题"白马非马"可真可假。但是需要注意的是，这仅仅是在弗雷格视角下的所有情况，我们需要思考是否还存在别的可能可以使得这个命题拥有不同的真值呢？我们认为答案是肯定的，因为我们还没有讨论在将"白马"与"马"都理解为概念词时对系动词"是"字的理解。弗雷格自己也提出系动词"是"字的理解可以分为两种[①]：可逆的与不可逆的。后者认为系动词"是"可以理解为"属于"，也就是作为对象的主词从属于作为概念的谓词之下，此时系动词"是"是不可逆的关系，用逻辑符号表示为"$\to$"；而前者则是将系动词"是"理解为"等同于"，是可逆的关系，认为主词与谓词是等同的。但是弗雷格仅仅讨论了主词与谓词位置上的词都作为对象的情况，并没有讨论主词与谓词位置上的词都作为概念词的情况。

不过在讨论这个问题之前，我们先分析一下公孙龙对"白马非马"问题的分析是否成立，因为公孙龙有提到过类似的理解。因此我们先从公孙龙的论证开始着手讨论。

---

① G. Frege, P. T. Geach, M. Black, "On Concept and Object", *Theoria* 60, 1951(238): 168-180.

四、对公孙龙对"白马非马"论证的分析

公孙龙对"白马非马"的论证如下：

论证一：马者，所以命形也；白者，所以命色也；命色者非命形也，故曰：白马非马。

论证二：求马，黄、黑马皆可致；求白马，黄、黑马不可致。

论证三：以马之有色为非马，天下非有无色之马也；天下无马，可乎？曰：马固有色，故有白马；使马无色，有马如（而）已耳，安取白马？故白者非马也。白马者，马与白也；马与白，马也（耶）？故曰：白马非马也。

论证四：马未与白为马，白未与马为白；合马与白，复名白马。是相与以不相与为名，未可；故曰白马非马，未可。曰：以有白马为有马，谓有白马为有黄马，可乎？曰：未可。曰：以有马为异有黄马，是异黄马于马也；异黄马于马，是以黄马为非马；以黄马为非马而以白马为有马，此飞者入池而棺椁异处，此天下之悖言乱辞也。

论证五：有白马不可谓无马者，离白之谓也；不离者，有白马不可谓有马也。故所以为有马者，独以马为有马耳，非有白马为有马；故其为有马也，不可以谓马马。曰：白者，不定所白，忘之而可也；白马者，言白定所白也；定所白者，非白也。马者，无去取于色，故黄、黑马皆所以应；白马者，有去取于色，黄、黑马皆所色去，故唯白马独可以应耳。无去者非有去也，故曰：白马非马。[①]

我们认为公孙龙的第一个论证只能说明概念"（　）是白的"与概念"（　）是马"是不同的，也就是说，处于概念"（　）是白的"下的所有对象与处于概念"（　）是马"下的所有对象并不是等同的，但是这并不能说明概念词"白马"与概念词"马"的关系，因为概念词"白"与概念词"白马"首先就是完全不同的，因此，公孙龙的第一个论证是无效的。

对于公孙龙的第二个论证是想要论证，处于概念词"马"下的对象中包含了处于概念词"黄马"或概念词"黑马"下的对象，而处于概念词"白马"下的对象并不包括处于概念词"黄马"或概念词"黑马"之下的对象，因此，概念词"马"与概念词"白马"是不同的。公孙龙在这里的论证是没有问题的，关键是我们应当如何看待"是"与"非"的含义。前面我们提到，"是"有两种含义：可逆的与不可逆的。在弗雷格表述的类型3中，对"是"的理解并没有区分可逆与不可逆，例子"马是哺乳动物"中，概念词"马"与概念词"哺乳动物"就是不可逆的关系。命题"马是哺乳动物"为真，但命题"哺乳动物是马"却为假。这

[①] 谭业谦译注《公孙龙子译注》，中华书局，1997年，第25页。

与把"是"理解为可逆关系的命题不同。例如，命题"土豆是马铃薯"为真，并且"马铃薯是土豆"也为真；概念词"土豆"与概念词"马铃薯"的关系就是可逆的，弗雷格并没有严格对其进行区分。因此，为了区分可逆与不可逆的关系，我们在类型 3 的基础上提出类型 4：主词的位置上是概念词，谓词的位置上也是概念词。但类型 3 与类型 4 的区别则是类型 3 中的"是"被理解为不可逆的，而类型 4 中的"是"则被理解为可逆的。类型 4 用符号表示为：$\forall x(F(x) \leftrightarrow G(x))$。

当我们认为它可逆的时候，就默认了"是"的含义就是"等同于"，此命题实际上是对关系的判断，理解为"所有处在概念词'白马'下的对象与所有在概念词'马'之下的对象是等同的"；如果例解为类型 4，那这个命题显然就是假的了，因为处于概念词"白马"之下的对象仅仅是处于概念词"马"之下的对象的一部分。既然类型 4 的命题"白马是马"我们认为是错误的，那么我们就必然会认为命题"白马非马"是正确的表达。用符号表示为：$\neg\forall x(F(x) \leftrightarrow G(x))$，其中，$F(x)$ 表示 x 是白马，$G(x)$ 表示 x 是马。

对于第三个论证，公孙龙认为，概念词"白马"是"白"与"马"的结合，此处多加了一个限定，因此"白马"与"马"是不同的，所以自然而然地得出"白马非马"的结论。但是这个论证是有问题的，仅仅加上一个限定词我们根本无法判断处于两个概念词之下的对象是否相同，在这里我们举一个反例即可：我们说，概念词"熊猫"与概念词"黑白相间的熊猫"，处于它们之下的对象就是等同的，因此熊猫就是黑白相间的熊猫。所以仅仅加上一个限定词我们不能判断两个概念词陈述之间为何种关系，因此也就不能说加上一个概念词之后处于其概念词之下的对象就一定会发生变化，因此这个论证就不能够成立。

对于第四个论证来说，公孙龙的论证过程如下：首先，假设承认白马是马，然后根据黄马不是白马得出结论：黄马不是马，类比得白马不是马。这种论证就明显违背了逻辑学的基本原则，错误地运用了系动词"是"的含义，将所有的系动词"是"都理解为了可逆的"等同于"，但实际上，我们说白马是马中的"是"并不是可逆的关系，而是不可逆的。就类似于因为苏格拉底是哲学家所以哲学家就是苏格拉底。因此，公孙龙的第四个论证是无效的。对于这个论证，还可以理解为将"白"与"马"结合在一起取了交集。在这里我们要对其进行反驳：对于由两个字或多个字组合而成的名词来说，我们用四种反例来说明为什么不能简单地把字拆分开取交集。首先，在"熊猫"这个例子中，当我们确定"熊猫"的外延的时候，并不是从所有的熊中寻找猫或者在所有的猫中寻找熊来确定这个概念下辖的对象。其次，即使第一个词是一个类似定语带有描述含义的词，也同样不能将其认为就是把字分开取交集，例如并非所有蓝色的鲸就是蓝鲸，几乎所有的鲸都是蓝色的，而蓝鲸是须鲸科里面所特有的一个种；同样，也并非大的熊猫都是大熊猫，大熊猫与小熊猫也是不同的两种动物，即使是刚出生的年龄和体型都很小的大熊猫依旧是大熊猫，无论多大的小熊猫依然是小熊猫。这样的例子还有很多，在这里就不多赘述。因此，一个名词必须被当作不可拆分的整体来对待，将其拆分取交集是不具备普遍性的。正如弗雷格语境原则说的那样，绝不孤立地考察一个词的含义，应当放在语境中理解。

第五个论证和第二个论证大同小异，都是在说处于"马"这个概念词之下的对象中包含了处于"黄马""黑马""白马"概念词之下的对象，而处于概念词"白马"之下的对象则不包含处于概念词"黄马"与"黑马"之下的对象，因此，概念词"白马"与概念词"马"是不同的，这里其实也是在说，如果将系动词"是"看作可逆的"等同于"，那么处于概念词"白马"之下的对象不等同于处于概念词"马"之下的对象就是正确的。用逻辑符号来表示则与第二个论证相同：$\neg \forall x(F(x) \leftrightarrow G(x))$，其中，$F(x)$ 表示 x 是白马，$G(x)$ 表示 x 是马。

综上所述，公孙龙的第一个、第三个与第四个论证都是无效的，是不成立的，而第二个与第五个论证则是利用对系动词"是"字的歧义来解释的。如果我们将系动词理解为可逆的"等同于"，那么命题"白马非马"就是正确的，而如果我们将系动词"是"理解为不可逆的"包含"或"属于"，那么命题"白马非马"就是错误的。因此，"白马非马"的问题还是由于自然语言存在的歧义造成的，如果能够严格按照现代逻辑的规则，运用符号语言就能够消除这类命题存在的问题。

结论

公孙龙正确的论点集中在："白马"这个概念与"马"这个概念是不同的，或者说，这两个概念的关系是不可逆的。而由于文言文当中是可以有多种方式解释的，我们只能将其分类讨论，只有在类型 4 中，当"白马"与"马"都作为概念词并且将"是"字理解为可逆关系时，命题"白马非马"才是正确的。在弗雷格看来，应当严格区分概念与对象，因此，我们可以认为两个概念的等同与两个对象的等同是不同的，两个对象的等同用逻辑符号来表达即 $a=b$，它们的谓词是"（ ）与（ ）是等同的"；而"两个概念是等同的"的含义则是每个处在概念 F 之下的对象都处于概念 G 之下，且每个处在概念 G 之下的对象也都处于概念 F 之下，它们是二阶关系，用逻辑符号表示则是：$\forall x(F(x) \leftrightarrow G(x))$。在这里，我们也可以认为，两个概念的外延是相同的，如有心脏的动物都是有肾脏的，因为这两个概念所下属的对象都是相同的。因此，在这种情况下，我们认为命题"白马非马"是一个真命题。

在类型 2 中，将"白马"与"马"都理解为专名，并且将否定理解为对整个命题的否定时，命题"白马非马"在不同的语境下是可真可假的。因为这仅仅是在讨论两个对象是否是同一个对象。而在类型 1 与类型 3 中，无论否定被理解为对句子的否定还是对谓词的否定，"白马"是作为一个专名还是一个概念词时，这个命题都是错误的。由此可见，只有通过分析哲学的方法、现代逻辑的原则与严谨的符号语言才可以帮助我们将命题"白马非马"这个问题清晰地分析出来。这也说明了研究中国哲学是需要逻辑与分析的，如果没有一套很好的逻辑系统来对语言进行分析，就很难解决语言的歧义，从而得出一个明确的结论。

参考文献:

郭桥、孔漫春:《诡辩抑或误解？——"白马非马"及其合理性论证》,《逻辑学研究》2015 年第 3 期，第 15 ～ 32 页。

江向东:《〈公孙龙子·白马论〉新诠》,《哲学研究》2015 年第 12 期，第 41 ～ 47 页。

杨武金:《从批判性思维的观点看公孙龙"白马论"》,《江淮论坛》2018 年第 4 期，第 96 ～ 100 页。

王路:《逻辑的观念》，商务印书馆，2000 年。

王路:《走进分析哲学》，中国人民大学出版社，2009 年。

E. N., Review of The Foundations of Arithmetic. A Logico-Mathematical Enquiry into the Concept of Number, by G. Frege & J. L. Austin, *The Journal of Philosophy* 48, 1951(10): 342.

Frege G., Geach PT, Black M., "On Concept and Object", *Theoria* 60, 1951(238): 168-180.

〔德〕G. 弗雷格:《算术基础》，王路译，商务印书馆，1998，第 9 页。

王路:《弗雷格思想研究》，社会科学文献出版 s 社，1996 年。

Buhr R., Dummett M., Frege, "Philosophy of Language", *Language* 59, 1973(1): 236.

邢滔滔:《〈白马论〉一解》,《科学文化评论》2006 年第 5 期，第 33 ～ 51 页。

谭业谦译注《公孙龙子译注》，中华书局，1997 年，第 25 页。

"White Horse is Not a Horse" in Frege's Perpective

ZHAO Guoliang

School of Philosophy and Social Development, Huaqiao University

Abstract: "White horse is not a horse" is a classic question in Chinese philosophy. There are still different opinions on its discussion. The reason is that there is no systematic interpretation of it according to logical principles and through analytical methods, which leads to misunderstandings. This article explains the problem of "white horse is not a horse" and the limitations of past arguments at first. Secondly, from Frege's perspective, the principle of distinguishing concepts and objects is used to logically analyze the various situations in which the proposition "a white horse is not a horse" may be understood, and I will propose new logical types on the relationship based on Frege's question about whether the two concepts are reversible. Gongsun Long's "white horse is not a horse" argument is analyzed again, and discussed according to the different situations of subject and predicate, the positive and the negative. Finally, I will conclude that the proposition "white horse is not a horse" is correct only when "white horse" and "horse" are both understood as concept words, and the word "is" is understood as a reversible relationship. When both "white horse" and "horse" are understood as proper names, and negation is understood as negating the entire proposition, the proposition "white horse is not a horse" may be true or false in different contexts. In other cases, it can be considered that the proposition "the white horse is not a horse" is a false proposition.

Keywords: analytic philosophy; modern logic; Frege; a white horse is not a horse

【心灵哲学】

多重类型物理主义
——兼论非还原物理主义的虚弱性 ①*

◎ 格哈德·普雷尔 (Gerhard Preyer)、欧文·罗格勒 (Erwin Rogler) 著

胡思扬、岑吉玉 译 陆丁、王晓阳 校

摘 要： 金在权（Jaegwon Kim）用一生的作品向我们展示了非还原物理主义不是一个心灵哲学中的可选项。但是，他同样意识到了一些不能由物理主义解决的心灵主义问题。这些问题首要考虑的是现象意识，因为现象意识抗拒自然化。在心灵哲学中，这涉及了"心理在物理的世界中是何位置"这一非常根本的问题。

金在权对心灵哲学的贡献正是在于，展示出了非还原物理主义是自相矛盾的，而作为现象出现的质性经验不能被物理地解释。但是金在权想要同时当一个物理主义者和功能主义者，他将此描述为"物理主义，或某个足以被称作物理主义的立场"。金在权的功劳还包括将非还原物理主义展现为英国涌现论的一个变种。但这引出了一个非常根本的问题，即这是一个能将心理经验系统化的可靠研究纲领吗？还是说，我们需要另一个研究纲领才能将心理经验系统化？

关键词： 非还原物理主义；现象意识；功能主义；涌现论

---

① * 本文原文为 *Physicalism, or something near enough In Memory of Jaegwon Kim*, Edited by Terry Horgan and Brian McLaughlin, *ProtoSociology* Vol. 39, 2022, pp. 51-86。这篇论文是普雷尔和罗格勒发表的文章的（稍有修改的）英译版；感谢马拉斯和约翰逊对本文充实有益的评论，其评论对于我们研究的最终版本有很大帮助。

本文的中译过程中，我们与作者普雷尔教授就表达与理解方面的问题有多次邮件沟通，力求翻译尽量准确。中译版与英文版的不同之处均在文中注明。感谢陆丁博士和王晓阳博士对译文的细致校正，感谢江怡教授对译文的最后审校。文中难免仍有疏漏之处，还望读者不吝批评指正。——译者注

引言

1. 初始情况

从 20 世纪 70 年代早期起，还原主义在心灵哲学中就不再具有吸引力。还原主义只是被起于 20 世纪 90 年代早期的"新浪潮"物理主义给复兴了。不过，心灵哲学对 20 世纪 50 年代类型同一理论的抛弃并没有导向一种新的二元论；物理主义仍将被保留。功能主义和戴维森（Donald Davidson）的无规律一元论（anomalous monism）都是如此。在这个方面，认为物理主义和非还原的物理主义能相容的进路被采用了。其基本的本体论预设是物理主义一元论，即在时空中存在的都是物理的，例见久利克（van Gulick），亦见戴维森。但是关于心理和物理属性的属性二元论也被断言了，即心理属性不是被物理属性通过如桥接律或分析或规律的随附性（supervenience）引起的。

对理论的还原主义进路的拒斥能被追溯至如心理学、社会学和经济学这些特殊科学不能被还原为物理学这一问题的延续。较早期的物理主义者会借鉴 20 世纪 70 年代晚期的取消主义。其发端是普特南（Hilary Putnam）对斯马特（John Jamieson Carswell Smart）和费格尔（Herbert Feigl）的物理主义，戴维森的无规律一元论[①]，以及福多（Jerry Alan Fodor）的思维语言的批判。同样需要提及的还有如蒯因（Willard Van Orman Quine）对"将意向性作为科学探究的对象"这一点的拒斥。在此方面，非还原物理主义者就不同了，因为他们承认特殊科学的自治（autonomy）。不过，按戴维森的观点，心理不是因果上重要的。这与取消主义有接近之处，而不同于副现象主义。由上述简略描述，我们能看到属性的相关性。

为了使金在权的问题足够清晰，让我们再次回忆作为涌现论的非还原物理主义假设，这一物理主义：

1. 是物理一元论的，即，所有具体的个别事物都是物理的。

2. 是反还原主义的，即，心理属性不能还原成物理属性。

3. 假设了物理实现，即，心理属性是物理地实现的，也就是说，如果一个有机体或系统例示了一个心理属性 M，一个物理属性 P 必须是 M 的实现者。

4. 上述 3 条又蕴含了心理实在论，即，心理属性是对象和事件的真实属性，而不仅是有用的虚构。

---

① 关于戴维森对无规律一元论的解释，参见 Preyer，Rogler 2020，64-74。

金在权强调非还原物理主义类似于因果涌现论[1]。涌现理论家们主张，基本条件不能解释涌现属性。按金在权所言，在此有对还原和解释的不同观念。[2] 在此，物理主义的基础是高层属性的充分条件。不过，按摩根所言，其也是必要条件。因为对摩根而言，没有 B 就没有 C，且没有 A 就没有 B（没有生命就没有心理，没有物理基础就没有生命）。这导向了金在权在心灵哲学中的主要问题。

2. 金在权的问题

金在权讨论了如下问题："一个物理主义者能够无矛盾地拒绝物理主义吗？"与此相关的是金在权对"非还原的物理主义神话"的谈论。从金在权的观点看，对于物理主义者而言，非还原物理主义恰不是理论建构的可取进路。物理主义者有两个理论选项，物理主义或取消主义。如果由心理向物理的还原不成功，那么心理的事物就不属于需要被承认的物理本体论的范围。如果有人同时还认为取消主义不够令人信服，那么剩下的选项就只有某种版本的二元论了。由此方面看，存在的选项有"二元论"、"物理主义"和"取消主义"。我们可以跟随金在权的解释和论证，来确认一个自 20 世纪 70 年代以来心灵哲学内的基础问题。

这一部分的讨论会将读者引向"非还原物理主义神话"的基础问题。一旦读者意识到了这一问题，就能对这一虚假的理论选项免疫了。我们将仔细考察金在权的论证和他提供的解决方式，而这就将我们领向了金在权的功能主义和他的三个研究纲领。

在此之后值得考察的是马拉斯（Ausonio Marras）的彻底拯救物理主义的主张。其思路是消除多重实现论证（金在权的局部还原）。马拉斯的科学哲学策略是，通过以不涉及桥接律的方式解释物理主义从而拯救物理主义。他还在譬如该解决策略有否拯救物理主义这一问题等方面反对杰克逊，[3] 以及杰克逊和查尔莫斯的相关观点[4]。

最后，我们将讨论金在权对随附因果性的拯救，他的朝向多类型的物理主义的进路以及对现象意识和心理因果的假定。这将会把我们引向如下问题：

---

[1] C. Lloyd Morgan, "Causation and Causality", in *Emergent Evolution,* London: Williams and Norgate, 1923, pp. 274-301; Samuel Alexander, *Space, Time and Deity*, Macmillan, Toronto, 1920.

[2] Kim Jaegwon, *Supervenience and Mind: Selected Philosophical Essays*, Cambridge: Cambridge University Press, 1993, p. 347, fn 21.

[3] Frank Jackson, "What Mary didn't know", *The Journal of Philosophy,* Vol. 83, No. 5, 1986, pp. 291–295.

[4] David J. Chalmers, Frank Jackson, "Conceptual analysis and reductive explanation", *Philosophical Review*, Vol. 110, 2001, pp. 315-360.

物理主义不是全部真理，但它足够接近真理，而足够接近的，应当就是足够好的。[①]

金在权的这一立场有正确地安置关于现象意识及其本体论的问题吗？

为显明非还原物理主义的神话的问题，我们可以先首先处理物理主义和反物理主义这两个选项。这就指向了反对非还原物理主义的直接论证，金在权反对心理因果的论证，以及他的解决方式(1.(a)-(c))。由此又会引出金在权的功能主义观念，他的三个研究纲领[②]，以及对下向因果的批评(2.(a)-(e))。有物理主义者思想的哲学家们想要拯救物理主义，并辩护物理主义以抵抗杰克逊和查尔莫斯等人的反对，这是不足为奇的。其中如马拉斯的意见也需得到处理。在此的问题是，意识是个逃脱了还原律的属性。这也与随附因果性相关(3.(a), (b))。这些讨论将把我们引回对随附因果性的分析，也引向金在权的多类型的物理主义。由此有金在权本人强调过的如下问题：在心灵哲学中，人们只能要么当物理主义者，要么当二元论者(4.(a), (b))。我们在(5.)将讨论马拉斯和约翰逊（Ingvar Johanssen）对金在权的研究贡献出的富有成果的评论。

值得强调的是，金在权使我们注意到了心灵哲学中不相矛盾的诸选项，以及任意单个选项都有其代价。我们应当自问，为特定选项付出的代价是否过高？收获是否太少？这将是心灵哲学中的一个常规的考虑角度。

一、非还原物理主义的神话

（一）物理主义的诸选项和多重实现

1. 理论的诸选项

按普特南的观点，每一个心理的和功能的事件类型都能多重地被物理实现、例示和落实。其实现基于有机体的物理 - 生物本质。在心理的和物理的类型间的一一映射是不太可能的。福多的一般性的反还原主义论证说明，还原假设了，通过合适的、作为等价关系（双条件式）的桥接律，被还原的理论中的规律能从基础理论中推导出来。在此情况下，被还原理论的词库与作为基础理论的还原理论的词库是"强连接"的。这里的两个理论选项是：

---

① Kim Jaegwon, *Physicalism or Something Near Enough*, Princeton: Princeton University Press, 2005, p. 174.
② Marian David, "Kim's functionalism", *Philosophical Perspectives* 11, 1997, pp. 133-148.

（1）被还原理论中的规律能由基础理论推出。

（2）其能作为基础规律被添加入基础理论的词库。在此情况下基础理论被扩张了。

由此而来的替代选项是：

（a）同时进行了规律的还原和术语的还原。

（b）仅有概念的还原。后者对于卡尔纳普（Rudolf Carnap）意义上的物理主义是必要的。

反还原论者质疑心理谓词和神经谓词的"强连接性"：特定物理谓词的析取会与一个心理谓词在外延上等价吗？普特南并没有严肃地处理该问题。[①] 然而，他似乎做出了如下假设：一个可实现的物理状态对于被实现的心理状态至少在规律上是充分的。如果没有这个假设，"析取解法"也会是不可能的。在此，应有形如"$P_i \rightarrow M$"的规律。普特南的评论表明，双条件式是关于特定物种或结构的。由此，"$S_i \rightarrow (M \leftrightarrow P_i)$"成立。$S_i$指定了物理状态$P_i$，后者对 M 充分且必要。在时间相关的情况下也是如此，"物种或结构中的任意一个有机体在时间 t 具有特定的心理属性 ↔ 其处于特定的物理状态"。这些是特定于物种而言的双条件规律。不过，将它们与生物物种联系起来到头来可能是走得太远了。在此方面，陈述的有效性必须被限制到与更具体的种群（结构）和时间点相关。无论如何，最根本的是对于每一种心理状态都有一个这类的双条件式。大多数持有多重实现论点的哲学家可能都采用这一假设，其对于物理实现的概念而言是本质性的。

物种特定的条件式规律是还原主义式的规律，但其不允许对心理的统一的或全局的还原，而仅允许局部或物种特定的还原，如对人类心理的还原。即使如此，这也是个"在完全意义上"的还原。按金在权的观点，局部还原对于所有的科学门类来说都是典型情况。这也对在神经生物学、物理心理学和认知神经科学的领域内实际发生了什么的问题给出了一个可能的图景。多重实现没有什么有重要意义的反还原论后果，其只是与全局局部还原不同。心理和物理属性的同一化是还原论类型物理主义的坚实核心。这些同一关系由桥接律表达。

---

① Putnam, H., "Psychological predicates", in W. H. Capitan and D. Merill (eds.), *Art, mind, and religion*, Pittburg: Pittburg University Press, 1967, pp. 37-48; "The nature of mental states", in Hilary Putnam, *Mind, language and reality Philosophical papers* II (2 Vol.), Cambridge: Cambridge University Press, 1975, pp. 429-440.

2. 随附性与非还原实在论

随附性是作为一种协变关系（covariance relation）而被概念化的。其不是一种在相继关系（succession relations）意义上的因果关系。协变关系是必要条件式。与之相反，原因的例示（instantiation）假设了充分条件式。随附性的假设是对一种非还原的物理主义的构想，这是部分学者之间的一个共识。人们假设，随附属性依赖于或取决于基础属性。这在（譬如）戴维森的看法中是成立的，尽管戴维森拒绝心理 - 物理规律。随附性应当表达非还原性和依赖性。全局随附尤其如此，物理上不可分辨的世界也在心理上不可分辨。这也就是说，这是在根据世界间的，而非全部世界中的同样个体间的等同或不等同来对世界进行比较。当一组属性以同样的方式分布于两个世界中的对象上时，这两个世界就无法通过这组属性被区分。

为考虑基于随附关系的物理主义的合法性问题，我们应首先勾勒出不同的随附关系。① 全局（规律全局）随附、局部随附、弱（弱全局）随附、强随附和分析的随附性之间各有区别。② 只有分析的强随附才足以建立起物理主义，③ 但这将是一种令心理状态没有独立实在，而只是神经状态的波动的取消主义。值得一提的是，所有心理状态都有必要的物理条件，而无充分的物理条件。众所周知，心灵哲学无法预测脑科学研究的成果。不过，一般而言的科学结果都常是无法预测的。随附式的理解包括以下蕴含关系：严格随附蕴含局部随附和弱随附，而局部随附蕴含全局随附。④

全局随附并不要求心 - 物规律的成立。这与心理到物理的规律上的不可还原性是兼容的。全局随附也允许世界 1 与世界 2 在物理层面有极低程度的区别，但在心理层面有极大不同。通过以世界间的相似性而非无区别性来设定全局随附性，就可以消除这个麻烦。

假定全局随附成立，这仍将允许当前世界内的两个物理上不可分辨的有机体在心理层面完全不同。这也显示了全局随附就不是一种依赖关系。而如果我们不将全局随附设定为一种局部依赖关系，则它就没有什么经验性的内容。依随附性本身而言，也很难为其找到什么经

---

① Franz Von Kutschera, *Philosophie des Geistes*, Paderborn: Mentis, 2009, p. 141-165. Preyer, G., E. Rogler, "Teil II Multipler typen-physikalismus Gebrechen des nicht-reduktiven Physikalismzus", in G. Preyer, E. Rogler, *Philosophie des Mentalen Supervenienz, Reduktiver, nicht-reduktiver Physikalismus und mentale Kausalität*, Frankfurt a. M.: Humanities Online, 2020 third edition, pp. 142-166.

② 对此的一个定义可参看 Franz Von Kutschera, *Philosophie des Geistes*, Paderborn: Mentis, 2009, p. 141-165. Preyer, G., E. Rogler, "Teil II Multipler typen-physikalismus Gebrechen des nicht-reduktiven Physikalismzus", in G. Preyer, E. Rogler, *Philosophie des Mentalen Supervenienz, Reduktiver, nicht-reduktiver Physikalismus und mentale Kausalität*, Frankfurt a. M.: Humanities Online, 2020 third edition, pp. 142-166.

③ Franz Von Kutschera, *Philosophie des Geistes*, Paderborn: Mentis, 2009, p. 138.

④ Franz Von Kutschera, *Philosophie des Geistes*, Paderborn: Mentis, 2009, p. 144.

验性的证据。局部依赖和相关联关系能解释全局随附。如果不是这样，则它就会是一个无法解释的形而上学事实。这里的依赖性需要心—物规律"$S_{ii} \rightarrow (M \leftrightarrow P_i)$"，而这一规律又还带有着不受欢迎的还原论的危险。

（二）反对非还原的直接论证

1. 作为被承认事体的心理

非还原物理主义不是取消主义的某个版本。心理的东西在事体（entity）[①] 的领域内被承认。然而问题是，这里涉及的是什么事体呢？

（1）如果我们对事件作粗粒度的解读（如蒯因和戴维森），则非还原物理主义必须假设：有如同"有疼痛"这样的，带有心理属性的事件。但是如果心理的非取消主义不仅是个琐碎的说明，则心理属性必须要有因果力，这会使其是有因果上有效的属性。

（2）如果我们假设心理事件导致物理事件，则所有的事件都有对应的物理属性。但这也意味着，我们显然已假设了效力更强的设定：事件 a 因为其心理属性而导致了事件 b。

（3）进一步的假设是，物理世界的因果封闭是需要被预先假定的。有物理主义者都意识到了这一点。若非如此，则以最根基的角度看来就没有关于物理世界的完整的物理理论。（在量子物理中，我们无法作此预先假定，否则将深刻影响关于物理世界结构的科学理论。）如上假设所得的必然推论是，当一个事件 a 据其心理属性导致了物理事件 b，根据（3），事件 b 必须有一物理的原因 c。问题是，心理的和物理的这两个原因之间是什么关系呢？

2. 对原因的解释

应当区分以下的解释：

（1）原因 a 和原因 c 都是部分原因。它们一起构成 b 的充足原因。这一点与（3）（物理世界的因果封闭）不兼容，因为这种情况下，a 只是完整的（充足的）原因的一个必要部分。

（2）a 和 c 都是 b 的充足原因。于是，在此就有了因果过度决定。在 c 不在场时，a 能够导致 b。按金在权的观点，这是个荒谬的假设。而且，在此情况下,（3）（物理世界的因果封闭）也会被违反。

由此，"解释的因果排他性"问题就出现了。如果我们有（3）（物理世界的因果封闭），心理原因又如何还能是可能的呢？在同一个解释之内，一个充足原因看上去会排除其他的

[①] 在当代形而上学的术语中，entity 一词为所有存在物的通称。而 substance 指实体，即能独立存在，且为不能独立存在的事件（如属性）提供支撑的一类事体。为区分故，我们将 entity 通译为事体，用以区分 substance（实体）。——译者注

充足原因。另一个出现的问题是，"为什么心理的原因不就是物理的原因呢？"这一同一使我们的形而上学更为简单，也能消除上述的问题。一个类似的例子是"水 =H₂O"，其也消除了一些困扰人的问题。当"欢快 = 神经元状态"是一个状态的类型时，其情况就与此类似。由这方面看来，人们可以推论属性间的同一。但这一理论选项对于非还原物理主义而言不可接受。属性间的同一是还原论的类型物理主义的坚实内核。这类同一将会是典型的桥接律，它会对逻辑 - 分析的、形而上学的和自然律约束的可能世界都成立。这一成立将依赖于对"$N\forall x(S_i x \to (Mx \leftrightarrow P_i x))$"中必然性的解释。戴维森[1]和普特南分别通过心理无规律主义和多重实现论证排除了这一选项。按金在权的观点，除去同一方案外，剩下的解法就只有因果关系方案，即将宏观事件视为基于被随附的微观过程之上的"随附的因果关系"，如下图。

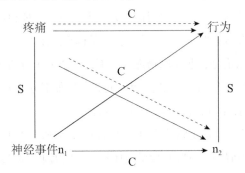

C = 因果性，S = 随附。

一般说来：

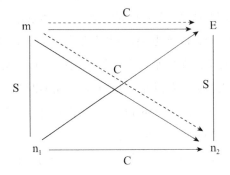

---

① Donald Davidson, "Mental events", in Donald Davidson, *Essays on Actions and Events*, Oxford: Oxford University Press, 1980, pp. 207-225.

m = 心理事件，E = （行为）事件

心理事件（行为）事件

3. 代性的解决策略

金在权的解决策略主张，心理事件依赖于其所随附于的物理属性的因果能力。这将要求何种类型的随附呢？若我们假设心理事件的因果依赖于物理属性，则这将要求强随附和心 - 物规律。这将导致至少在结构相关的（局部的）层面的还原。金在权对随附因果性是否是一个可接受的选项，这一点不太确定。如果非还原的物理主义者承认（3）（物理世界的因果封闭），那么，这要么需要放弃非还原论，要么需要拒绝心 - 物因果关系。

心灵哲学中的两个选项，一个是取消论，另一个是假设心理和物理两个领域都有因果自治的二元论。物理主义者不能拒斥（3）（物理世界的因果封闭），因为这会导向笛卡儿式的交互主义。金在权得出的结论是，非还原物理主义不是一个无矛盾的立场。由此看来，仅有的选择就是取消论和心灵哲学版本的二元论。我们可以再以如下方式突出这个问题：

a. 我们认可实现原则，由此就有对心理因果的许可；

b. 我们坚持心理现象，特别是感受质的自身的地位，而放弃因果力。

但这会不会是一个虚假的二分呢？如果在拯救"心理因果"的过程中丢掉了"心理"，那这个拯救还有什么意义呢？ ①

无可否认的是，从心灵哲学的问题情景看来，物理主义面临两个问题，即物理世界中的心理因果问题和不可被还原至物理状态的现象意识的问题。现象经验不会离开它们自己的领域。金在权的随附 / 排他性论证假设了在物理世界中心理的因果只能在心理状态能被还原至物理状态的设定下成立。在问题情景中的指称问题是，这一还原究竟有否真正成功。这也就是在考虑主观与客观之间的界限，以及其本体论和在非物理的心理领域和物理领域之间的二元论问题。鉴于非物理的心理无法在物理世界中导致结果，这种二元论在科学哲学中已经不再被接受了。由此看来，对大多数学者而言，他们也就不能再拒绝本体论上的物理主义了。金在权的另一个特别贡献是，为了这两个还原解释的指称问题的后续问题而对这两个问题再次进行了分析，参见金在权于 2005 年出版的著作。②

金在权对以物理 / 神经命题对心理命题做出的还原解释的三个版本做了进一步的评估：

---

① Kim Jaegwon, *Supervenience and Mind: Selected Philosophical Essays*, Cambridge: Cambridge University Press, 1993, p. 362.

② Kim Jaegwon, *Physicalism or Something Near Enough*, Princeton: Princeton University Press, 2005.

（1）从物理到心理的推导有心理 - 神经的相关关系作为辅助前提（桥接律还原 ①）。

（2）在心理的和物理 / 行为的属性间有在以物理术语对心理属性作功能性还原 / 定义这个意义上的概念关联。

（3）可以对从心理到物理的同一还原给出后天必然的心理—神经同一作为附加前提。

问题在于，这里的（1）是否能导出还原的解释，以及（2）和（3）是否允许一个能弥合"解释鸿沟"的还原解释 ②。金在权的论证使我们不拒斥现象状态的行为标志，如微笑、抽搐、扭动、抖动和面部扭曲，但拒斥不是物理世界中的对象的内在属性。无论如何，对金在权而言，这一拒斥不是个"重大损失"。他的结论是，"物理主义不是全部的真理，但它足够接近真理"。这一点将在本文的最后被讨论。

（三）金在权的论证

1. 心理属性的因果例示示例

金在权从对因果性的规律观念开始，该观念声称"一个心理属性 M 的例示导致了 N 的例示《有这样一个因果律，根据该因果律，M 的例示是 N 的例示的充分条件。"他区分了三类例示：

（1）N 是一个心理属性（同阶的因果）；

（2）N 是一个物理属性（下向因果）；

（3）N 是一个高阶属性，如社会属性（上向因果）。

金在权声称，他已经通过论证展示了，（1）只有在（2）可能时才可能。同样的论证也将蕴含（3）只有在（2）可能时才可能，如果我们假设"$M_k \rightarrow M^*$"，则 M^* 是物理地实现的，而 P^* 则 M^* 的实现基。③ 而 M^* 为什么会出现呢？对此有两个相互独立的回答：

（1）M^* 会出现，是因为 M^* 是由 M 导致的。

（2）M^* 会出现，是因为 P^* 物理地实现了 M^*，且 P^* 有出现。

然而，我们需要消除在这两者之间的差异。此处的情况与两个相互独立的原因，都与被主张是同一事件的充足原因相类似。这种情况需要被消除，是因为其不可能出现。

---

① Ernest Nagel, *The Structure of Science. Problems in the Logic of Explanation*, New York: Harcourt, Brace & World Inc.,1961.

② David J. Chalmers, *The Conscious Mind*, Oxford: Oxford University Press, 1996. Joseph Levine, "Materialism and Qualia: The Explanatory Gap"，*Pacific Philosophical Quarterly,* Vol. 64, 1983, pp. 354-361.

③ Kim Jaegwon, *Supervenience and Mind: Selected Philosophical Essays*, Cambridge: Cambridge University Press, 1993, p. 351.

M 和 P^* 在一起构成了 M^* 的充分条件，这与"M^* 由 P^* 实现"相矛盾。因为 P^* 按此需要本身就构成 M^* 的充分条件。M 本身对于 M^* 就是充分的，且 M^* 被 M 和 P^* 过度决定。这与"如果没有 P^* 则 M^* 也不会成立"相矛盾。由此"$M_k \to M^*$"是成问题的。[1]

按金在权的主张，假定"$M_k \to M^*$"，则消除上述矛盾的唯一可能就是"$M_k \to M^*$"通过"$M_k \to P^*$"而存在。而这对于涌现论和非还原物理主义而言都是为真的。这二者都承诺"因果实现原则"。

2. 因果实现

金在权假定了**因果实现原则**（Causal realization principle）：

• 如果 S 的例示是通过 Q 实现的，则任何导致 S 的例示原因必须也是一个导致 Q 的例示的原因。[2]

人们在日常生活中经常使用这一原则。例如，在对沟通和传心术的解释里，"$M_k \to M^*$"的（传心术式的）直接因果会被认为是非科学的。在此方面，涌现论者和非还原的物理主义者都必须承认下向因果"$M_k \to P^*$"。一个回避选项是，认定 M 是由作为一功能关系的"$P, P^k \to P^*$"而实现的。这是与随附因果关系进行比较，金在权是同意这一点的。但这一选项对于涌现论哲学家和非还原的物理主义者不适用。该选项将 M 的因果力还原到了其实现基 P 上。由此可以说，P 导致了全部的因果作用，而"$M_k \to P^*$"和"$M_k \to M^*$"只能被归为派生的。M 本身没有不可还原的因果力。这与 M 是一不可还原的属性这个论题不兼容。在此方面涌现论者和非还原的物理主义者必须假定下向因果，以及同阶因果（在许多情况下）仅仅在"跨阶因果"的例子里可能。

3. 金在权的解决方式

非还原物理主义同时主张：心理由物理决定，且心理属性必须有以一种新颖的方式在心理—生物基础上行动的新的因果力。

出发点是"$M_k \to P^*$"这一假设，这一假设就是说 M 的例示是 P^* 的例示的原因。由此，物理实现的论题的成立方式是，M 由 P（实现基）实现，且 P 对于 M 是充分的。因为 M 对 P^*

---

① Kim Jaegwon, *Supervenience and Mind: Selected Philosophical Essays*, Cambridge: Cambridge University Press, 1993, p. 359.

② Kim Jaegwon, *Supervenience and Mind: Selected Philosophical Essays*, Cambridge: Cambridge University Press, 1993, p. 352.

是充分的，所以 P 对 P* 也是充分的。

有什么原因能使"$P_k \to P^*$"且"M 是个副现象"这一主张无效呢？根据金在权的观点，没有这样的原因。因为 P 和 M 是同时的，而 P* 在时间上较晚，所以有"$P_k \to P^*$"的规律。因为时间差异，M 在"$P_k \to P^*$"中不能是个因果中间环节。所以，按金在权的观点，不能对 M 指派任何独立的因果角色：

（1）必须采取简单性原则。如果 P 导致了 P*，为什么它没有也导致 M 呢？

（2）"因果解释排他性"的问题之后还导向这一问题："如果 P 是 P* 的充足物理原因，M 怎么能也是 P* 的充足原因呢？"在此被考虑的是因果决定的问题。而这一问题无法由非还原物理主义解决。

金在权假定，所有的因果关系都是在物理层面落实的。高阶的因果属性是派生的，因而是虚构的。这只比非还原物理主义接受的随附性论题说得稍多一点。[①] 由此又需要进一步分析的问题是因果继承原则：

如果 M 是在由 P 实现的基础上例示的，则"M 的例示的因果力 =P 或 P 的子集的因果力"成立。

非还原物理主义必须拒绝这一原则。因为非还原物理主义主张：高阶因果力是确定的，但其既不等同于也不能被还原为低阶的因果力。金在权强调，非还原物理主义者应当给出解释下向因果的其他原则。如果找不到这样的原则，那么他们就该对其所谈论的实现给出不同于现在说法的说明。

金在权得出的结论是，非还原物理主义像笛卡儿式二元论那样违背了物理世界因果封闭的原则。大多数涌现论者会认可这一点，但非还原物理主义者无法接受。因为，由这一点可以推出对不可还原的因果力（生机论，隐德来希）的许可，由此对世界的完整的理论就不能是我们所接受的物理学的理论了。而基础理论将会与笛卡儿式的心物理论类似。所以，有理由认为对排他性问题和因果封闭问题的唯一解决方式就是某种版本的还原论，该还原论将允许通过物理基础的因果效力取消独立的心理因果效力。但这又会是对心理现象的自治状态的拒绝。由此看来，理论上的终点应该是多重实现和非还原论吗？金在权对此的回答是否定的，他认为，答案是多重实现角度上的局部还原和还原的形而上学。

---

① Kim Jaegwon, *Supervenience and Mind: Selected Philosophical Essays*, Cambridge: Cambridge University Press, 1993, p. 355.

二、金在权的功能主义

（一）重新解释

金在权的进路如今已经得到了很好的研究。功能主义并没有承诺物理主义。然而，硬核功能主义并非如此。硬核功能主义假设：

（1）"心理状态 = 功能状态"（心理和物理的同一）。

（2）心理状态通过物理状态而被实现。

（3）其并不主张严格的物理主义，而是在广泛的意义上谈论物理主义。[①]

金在权反对所有这三点：

对于（1），他否认硬核功能主义的这种与功能状态同一的心理状态。

对于（2），金在权承认的是与物理状态同一的心理状态："心理状态 = 一阶物理状态"（心理和物理的同一）。

对于（3），金在权提倡对心理状态采取一种严格版本的功能主义。金在权主张物理主义的、拒绝心理功能状态的存在的功能主义。在他看来，不存在功能状态，只有功能概念。[②]

戴维强调，金在权取消了严格功能主义所宣称的与功能状态同一的心理状态。[③] 例如，疼痛和信念的一般性观念仅仅是我们的观念。因此，它们并没有反映自然中的属性（状态），它们只是被限制在有机体的类型，例如一个物种之中。精确地确定这些限制是科学的任务。物种（结构）的特定状态，例如人类和猴子的疼痛，同一于一阶物理状态。在这方面，物种特定的心理状态不是多重实现的。每一个物种特定的心理状态都实现了一个不受限制的心理状态术语。由于物种特定的同一性，一阶物理状态是一个不受限制的概念，例如，"人的疼痛 = 大脑状态"实现了疼痛的概念。心理状态术语本身是多重实现的。与其说是"有疼痛"的全局还原，不如说是物种特定的疼痛状态的许多局部还原。

金在权承认不受限制的心理术语。但是它们和限制在一个特定的类上的心理状态没有相同的地位。前者是自然类，也是（在外的）客观的状态，而后者则是主观的概括、属性、状态和物种。金在权对概念采取了一种"认知旨趣进路"（epistemic interest approach）。一个正常的经验是，概念经常未能反映它们声称要分类的状态和属性。在这方面，对客观认知和概念

[①] David J. Chalmers, *The Conscious Mind*, Oxford: Oxford University Press, 1996, p. 136.

[②] Marian David, "Kim's functionalism", *Philosophical Perspectives,* Vol. 11, 1997, p. 136.

[③] Marian David, "Kim's functionalism", *Philosophical Perspectives,* Vol. 11, 1997, p. 137.

形成的普遍怀疑是我们所熟悉的①。但也有要求将概念的客观部分与主观建构分开。不受限制的心理概念倒是由主观成分决定的。相比之下，物种的特定术语则更为客观。它们指称（代表）自然类。

对功能主义来说，一个大问题是：心理谓词，例如对友谊的经验，并不是只有通过理论才能获得其意义的概念。人们反而需要强调，心理状态是直接被经验到的。即使我们不知道关于感觉（经验）的因果作用理论的系统化（theoretical systematization），这也是真的。对这一点，冯·库切拉（von Kutschera）已有强调。②

（二）金在权的三个研究纲领

戴维区分了金在权功能主义的三个研究纲领。③

（1）最早的功能主义者误解了多重实现性。必须对他们的论证进行重新解释。多重实现性适用于心理概念而非心理状态。

（2）金在权没有进一步刻画不受限制的心理术语和定义它们的功能术语之间的等价关系。在断言"概念 M"和"具有一阶属性的概念"之间的同一性时，戴维对金在权是否假设了严格同一性持开放态度。同样不清楚的是，金在权所认为的概念是什么？是意义，观念，弗雷格含义，还是谓词的同义词类？而同义假设肯定太强了。

一个需要被指出的问题是，不受限制的术语，比如"疼痛"，可以有不同的指称，而不会产生歧义。但"疼痛"这个术语是否指称某物呢？还有，"疼痛"这个术语是否决定了所有充当疼痛角色的状态的类？可是这个类或相应的功能属性对金来说显然是不存在的。

（3）什么是拥有，或理解并应用一个概念？根据戴维的说法，金在权在此陷入了两难。

（a）拥有一个概念是否类似于拥有一个不受限制的概念，因此不是一个真正的心理状态，而本身只是一个在各种一阶物理状态中实现的概念？

此外，一个无穷倒退在此强行出现了。"拥有术语 B*= 某个术语 B"。"拥有术语 B= 一个新的术语 C"。"C= 对拥有观念 A 的观念拥有的观念，等等"。戴维没有注意到的是，其实不必认为这种倒退有构成什么问题。因为，从某个地方（比如 D）开始，所有进一步的术语都

---

① 此处英文原文为 "we are familiar with a general doubt or objective cognition and concept formation"，即"我们对客观的认知和概念形成，以及一个普遍怀疑都是熟悉的"。经与作者邮件沟通，我们确定句中的"or"应改为"of"。——译者注

② Franz Von Kutschera, *Philosophie des Geistes*, Paderborn: Mentis, 2009, p. 149.

③ Marian David, "Kim's functionalism", *Philosophical Perspectives,* Vol. 11, 1997, pp. 138-140.

没有了意义。

（b）对概念 A 的拥有不是一个概念，而是一个真实的"心理状态＝真实的功能状态"。有什么论证 X 辩护了这一点吗？为什么论证 X 不能同样应用于不受限制的疼痛？但如果不受限制的疼痛是一个真正的状态，那么金在权的功能主义就要受到质疑。在此金在权不能避不承认（a）。如果我们面对无穷倒退，有些术语就不能在金在权的功能主义的物理主义上进行解释。它们是"二元论的遗留"。

根据金在权的观点，[1]以下两事并不冲突：定义非受限制的术语"疼痛"，和确定非受限制的常识心理学（folk-psychological）术语"疼痛"。

戴维之前接受将常识心理学术语"疼痛"等同于功能的常识心理学术语"疼痛"的看法。[2]然而，在她看来，这两个术语并非同义的。那么问题来了，什么是"概念等价"呢？然而，相对于同一性假设，戴维的同一性概念并没有得到澄清。同一性指的是相同的类或属性吗？但如果在金在权的意义上没有不受限制的类和对应的功能属性，那么就无法对第二个问题进行回答。

（三）结构的同质性

让我们回到金在权的功能主义问题。心理的因果效力被拥有这些心理状态的有机体的结构所决定。这些结构是产生物理事件的心理状态 s $(P_1, P_2, ... P_n)$ 的物理实现者的原因。这些结构不是，也不能是异质的（heterogeneous）。它们的共同特征是，对属于这些结构 $(ST_1, ST_2 ... ST_n)$ 之一的每个有机体，它们都决定了其要产生相同的因果作用。这些结构统一了决定它们的功能角色。这就统一了心理状态的因果力。

如果我们假设这些结构 $(ST_1, ST_2...)$ 不是异质的。那么可以推测出，可以实现由这些结构所决定的统一功能角色的这些物理属性 $(P_1, P_2 ...)$ 也不是异质的。然而，根据金在权的说法，这些同质的析取属性或结构也是真实的属性或结构$(M \leftrightarrow P_1, P_2 ... \vee P_n)$（M＝心理状态）。这最终导向了金在权的局部还原，而大多数的功能主义者坚持，物理上异质的属性可以（物理地）实现相同的功能状态或功能角色，这些功能状态或功能角色在完全不同的自然类中决定了这些属性。这一点将我们引向了马拉斯的反对意见。

---

[1] Hall, R. J., "Review of Philosophy of Mind, by J. Kim", *Philosophy*, Vol. 72, Issue 280, 1997, pp. 317-320.

[2] Marian David, "Kim's functionalism", *Philosophical Perspectives*, Vol. 11, 1997, p. 140.

三、拯救物理主义

（一）桥接律的地位

1. 意识的不可还原性

让我们来看看非还原的现象意识问题。部分学者，如莱文[①]、杰克逊[②]、查尔莫斯[③]和金在权[④]，声称要确立以下这一点：心理属性不能先天地（a priori）由物理属性解释[⑤]。在"水 = H₂O"和心理 - 物理属性的同一之间存在着本质的区别，因为这两个领域之间的桥接律（参见内格尔[⑥]）是不可推导的。金在权的功能的还原模型（局部还原）是意识的不可还原论证的代表。他在对内格尔还原的桥接律的批判中指出，桥接律本身不能被解释。如果 M 和 P 是内在性质，并且连接的桥接律是偶然的，那么心理与物理性质的同一就是不可能的。如果 M 和 P 有只属于它们自身的内在性质，并且连接的桥接律是偶然的，那么属性的同一是不可能的。马拉斯是想要无条件地拯救物理主义的学者之一。[⑦]他需要驱散被看作是属性还原的主要障碍（金在权的局部还原）的多重实现论证。马拉斯以受限制的桥接律，即"S→（M↔P）"［S= 有机体的结构类型，M= 心理谓词，P= 物理（神经）谓词］的形式，反对金在权的局部还原，并与内格尔不受限制的双条件桥接律以及"内格尔没有根据科学理论解释桥接律本身的论证"形成对比。[⑧]他反对金在权的主张，即金在权对还原的理论功能模型（theoretical functional model of reduction）提供了一种基于心理属性和基础物理属性同一的心理属性的物理实现方法。在马拉斯的解释下，金在权是放弃功能主义转而选择了物理

[①] Joseph Levine, "Materialism and Qualia: The Explanatory Gap", *Pacific Philosophical Quarterly,* Vol. 64, 1983, pp. 354-361.

[②] Frank Jackson, "What Mary didn't know", *The Journal of Philosophy*, Vol. 83, No. 5. 1986, pp. 291-295.

[③] David J. Chalmers, *The Conscious Mind*, Oxford: Oxford University Press, 1996.

[④] Hall, R. J., "Review of Philosophy of Mind, by J. Kim", *Philosophy*, Vol. 72, Issue 280, 1997, pp. 317-320.

[⑤] 此处英文原文为 "physical properties cannot be explained a priori by physical properties"，即"心理属性不能先天地由物理属性解释"。经与作者沟通，句中的前一处"physical properties"，应为"mental properties"。——译者注

[⑥] Ernest Nagel, *The Structure of Science. Problems in the Logic of Explanation*, New York: Harcourt, Brace & World Inc.,1961.

[⑦] Ausonio Marras, "Consciousness and reduction", *British Journal for the Philosophy of Science,* Vol. 56, 2005.

[⑧] Ausonio Marras, "Consciousness and reduction", *British Journal for the Philosophy of Science,* Vol. 56, 2005, pp. 339-342; "Jaegwon Kim, Mind in a Physical World: An Essay on the Mind-Body Problem and Mental Causation", *Canadian Journal of Philosophy*, Vol. 30, No. 1, 2000, pp. 137-160.

主义。

　　马拉斯同意查尔莫斯、杰克逊、金在权、莱文和劳尔的一些观点，[1] 例如，意识概念不是功能概念。这也使这些进路与刘易斯的不同。[2] 马拉斯的策略是将现象意识归为概念意识。现象概念是现象的、指示性的（demonstrative）、识别概念（recognitional concept）[3]。它们以一种严格的方式指谓（denote）内在主观状态。除非术语和属性混为一谈，否则这与严格指示状态（rigidly designated states）被归为功能状态的假设是一致的。在这方面，从马拉斯和其他学者所赞成的观点来看，"解释鸿沟"[4] 事实上是"概念的鸿沟"[5]。这就是许多物理主义者为了揭开现象状态的神秘面纱而采取的做法，因为没有物理主义者愿意以奇怪的事体（entities）来扩展他的本体论。他的观点也与此相当一致。

　　2. 没有桥接律的解释

　　没有桥接律的解释是一种拯救物理主义的策略。马拉斯的问题是，从物理真理直接地，也就是不带桥接律地推出心理真理是不可能的。在马拉斯看来，对于所有的还原来说，这一问题都以一种类似的方式存在着。但关于心理和物理状态的同一而不是平行主义的论证是什么呢？马拉斯的论证表明，大量需要还原的理论的规律与需要还原的基本理论的规律是同构的。也应该记住的是，心理和物理间的各种同一关系不能被认为最终定论；因为它们总是可以因为经验上的原因而被放弃。[6] 但如下问题该如何处理呢：与将心理属性还原为锥体细胞的活动相比，在将水还原为 H_2O 时，概念上同样也有不能弥补的鸿沟。[7] 这两者之间没有差别。对此提出的反对意见是，不同层次的事体之间的同一是先天的，只是事实上不可知。然而，

<hr>

　　[1] Frank Jackson, "What Mary didn't know", *The Journal of Philosophy*, Vol. 83, No. 5. 1986, pp. 291-295; Kim Jaegwon, *Philosophy of Mind*, Boulder: Westview Press, 2011; Brian Loar, *Mind and Meaning*, Oxford: Oxford University Press, 1981.

　　[2] David K. Lewis, "An Argument for the Identity Theory", *The Journal of Philosophy,* Vol. 63, No. 1, 1966, pp. 17-25.

　　[3] 此处英文原文为"'recognitial' concepts"。经与作者沟通，确定句中的"recognitial"应改为"recognitional"，即劳尔所言的识别概念（recognitional concepts）。——译者注

　　[4] Joseph Levine, "Materialism and Qualia: The Explanatory Gap", *Pacific Philosophical Quarterly*, Vol. 64, 1983, pp. 354-361.

　　[5] Ausonio Marras, "Consciousness and reduction", *British Journal for the Philosophy of Science,* Vol. 56, 2005, pp. 347-348.

　　[6] Ausonio Marras, "Consciousness and reduction", *British Journal for the Philosophy of Science,* Vol. 56, 2005, fn 24.

　　[7] Ausonio Marras, "Consciousness and reduction", *British Journal for the Philosophy of Science,* Vol. 56, 2005, p. 350.

从基本的角度来看，只要我们知道所有的物理事实，它们就是可知的：这是关于更高层次事实的先天演绎。因此，知道所有物理事实的拉普拉斯妖可以推导出，对每一个功能属性存在哪些物理的"角色扮演者"（role fillers）。

3. 建议的解决方案

马拉斯在这方面给出的考虑是：我们能否从这样的假设开始，即对于每一功能属性 M_i，我们都知道它指称的所有功能规律，这些规律形式是 "$G_k(M_1 ... M_2 ... M_n)$"（G= 规律，k= 常项），以及所有形如 "$G_k{}^*(P_1 ... P_2 ... P_n)$" 的物理规律。每一个 L_k 规律都有一个对应的 Lk^* 规律作为同构的图像。在这种情况下，如果没有桥接律，我们就不能从 Lk^* 规律中先天地推出 L_k 规律，也不能从 Lk^* 规律中推出桥接律。它们只是一些假说，因此是在经验上未被决定的，也因此并非完全确定。[①] 他在这个系统化的过程中假设，随着指称到 M_i 和 p_i 的 L_k 规律和 Lk^* 规律越来越一致，归纳证实的范围（inductive confirmation）也逐渐增强。然而，只要术语 M 和 P 属于概念上独立的领域，就仍然存在物理规律的桥接律的不可还原性。因此，这里只存在概念鸿沟，但没有解释鸿沟。马拉斯的结论是，一旦我们归纳出理论的同一性，那么 C 纤维激活是疼痛经验便不再是个谜。同样，根据帕皮纽的观点，同一性并不要求解释。[②] 但根据马拉斯的观点，它们确实需要通过实用主义的论证来辩护。布洛克和斯托纳克也主张通过被归纳地证明（justified）的同一性来消除解释鸿沟。[③]

（二）对查尔莫斯和杰克逊的反对

1. 解释鸿沟

根据查尔莫斯和杰克逊的观点，解释鸿沟不能通过后天同一性来弥补。因此，生理－物理（Physio-physical）同一性承担着与心物规律一样的角色。它们是从大脑过程和意识之间的事实性常规（factual regularities）推导出来的，其目的是使这些常规系统化。这些同一性不用被解释，它们在认识论上是基础性的（原始的），即不可推导的。因此，对心理的还原解释会失败。

根据马拉斯的说法，查尔莫斯和杰克逊的方法是站不住脚的。心物同一性并不是不可解

---

① Ausonio Marras, "Consciousness and reduction", *British Journal for the Philosophy of Science,* Vol. 56, 2005, p. 351.

② David Papineau, *Philosophical Naturalism,* Cambridge, Mass., USA: Blackwell, 1993.

③ N. Block and R. Stalnaker. "Conceptual analysis, dualism, and the explanatory gap", *Philosophical Review* 108, 1999, pp. 1-45.

释的：作为桥接律和理论事体，它们支持和解释了成功的还原。[1] 或者，它们支持和解释了在物理和心理状态（例如前理论概念如疼痛经验）之间的第一步固定还原（nail reduction，如通过固定描述词的指称所进行的固定）。而这一固定的第二步意味着，满足这个概念作用的是这一概念的指称。[2] 这受到了大卫·马利特·阿姆斯特朗（David Malet Armstrong）和大卫·刘易斯（David Lewis）的分析的功能主义的启发。

这些都没有以桥接律为中介。而马拉斯拒绝了这种流行的内格尔还原的观点。情况恰好相反，还原支持了桥接律。因此，还原并不依赖于在先的（antecedent）和不可解释的桥接律。从马拉斯的观点来看，这一点对于桥接律和一般理论上的同一性来说都是真的。

针对这一点，查尔莫斯和杰克逊反对理论上的同一性（比如类似"水=H_2O"的心物同一性假设）要从完全已知的微观物理事实中推导出来。例如从基础理论中先天地推导出"DNA→同一性：基因=DNA"[3]的桥接律。[4]心物桥接规律是个例外，因为它们是认识论上基础的（原始的）。根据查尔莫斯的观点，虽然意向性概念（命题态度）是可以功能化的，但现象意识却不是。[5]

2. 马拉斯的批评

马拉斯反对认为还原意识（感受质）的问题本质上和关于意向性状态的问题是相同的观点。[6] 对此，他给出了两个理由：

（1）按马拉斯的说法，与许多哲学家所想的相反，信念（belief）的概念不是功能性概念，尽管信念和其他状态有因果关系。对于信念来说，其意向性内容是本质的。而意向性内容的概念不是功能性概念。[7] 意识（感受质）的还原并不比意向性状态的还原更成问题。

（2）米拉斯假设属性的还原取决于理论的还原。因此心理（学）的领域不能分离为独立

---

[1] Ausonio Marras, "Consciousness and reduction", *British Journal for the Philosophy of Science,* Vol. 56, 2005, pp. 351-352.

[2] Joseph Levine, "Materialism and Qualia: The Explanatory Gap", *Pacific Philosophical Quarterly,* Vol. 64, 1983, pp. 354-361.

[3] 此处英文原文为"THEN → identity: genes = DNA"。经与作者沟通，确定其应为"DNA → identity：genes = DNA"。——译者注

[4] David J. Chalmers, *The Conscious Mind*, Oxford: Oxford University Press, 1996.

[5] David J. Chalmers, *The Conscious Mind*, Oxford: Oxford University Press, 1996.

[6] Ausonio Marras, "Consciousness and reduction", *British Journal for the Philosophy of Science,* Vol. 56, 2005, p. 352.

[7] 此处英文原文中前两处对"信念"用词为"conviction"，后半段转而谈论"belief"。经与作者沟通，确定原文中三处"信念""统一用"belief"。——译者注

的领域。有一些普遍性和原则适用于全部这些领域。它们把意向性状态和感受质与情感联系起来。然而，这一点与下面的内容没有进一步的相关性。

多重实现（Multi-realization）通常被认为是属性还原（金在权的局部还原）的主要障碍。这是某种类型同一。在马拉斯看来，局部还原没有公正地对待功能层面上原则和理论的普遍性。即使是在同一结构类型内，乃至同一个个体的不同时间，甚至更严格约束下，多重实现都是特设性的构造。而这在理论上并不令人感兴趣。这就是为什么多重实现在心理特征中是一种选择，对于意向性和现象性的类型也是如此。现象状态，例如疼痛，能被内省地固定为指称对象。① 然而，这种视角指称的固定，并不排除从客观视角相同的属性作为具有不同实现方式的功能（作用）属性来指称的可能。这也是威廉·莱昂斯强调的，② 而且对大卫·刘易斯而言，视角指称就是功能主义。多重实现只是"多对一"映射，即同态（homomorphic）映射。它不需要双条件的桥接律。

3. 内在心理特征（Intrinsic mental characteristics）

马拉斯接着问道："在多重实现中，C 纤维激活感觉疼痛，这是否很神秘？"他的答案是否定的。这个陈述只要求 C 纤维激活和疼痛的殊型同一（token identity）。心理特征是否仅以这种弱的形式还原至生理特征，还是说其能通过双条件句的同一性以更强的形式被还原？这是个经验的问题，而不是如刘易斯假设的那样能先天地被决定。

这仍不能拯救物理主义。我们可以顺应马拉斯并接受心物规律。但这并不能为物理主义辩护，而且也与心灵哲学的二元论立场兼容。另一点是现象状态的指称固定问题，即，出于与上不同的目的从客观的立场将现象状态固定为具有不同决定性的心理状态的功能角色。在这一方面，马拉斯是错误的，因为他没有把与状态主体相关（subject-related）的归属和与这些状态的客体相关（object-related attribution）的归属区分开来。"我处于疼痛之中"和"我离月亮有x公里"具有不同的认识论地位（这种区分可以追溯到维特根斯坦）。③ 第一类归属（在

---

① Brian Loar, *Mind and Meaning*, Oxford: Oxford University Press, 1981. William Lyons, "Intentionality and modern philosophical psychology I. The modern reduction of intentionality", *Philosophical Psychology*, Vol. 3, 1990, pp. 247-269; "Intentionality and modern philosophical psychology II. The return to representation", *Philosophical Psychology*, Vol. 4, No. 1, 1991, pp. 83-102.

② William Lyons, "Intentionality and modern philosophical psychology I. The modern reduction of intentionality", *Philosophical Psychology*, Vol. 3, 1990, pp. 247-269; "Intentionality and modern philosophical psychology II. The return to representation", *Philosophical Psychology*, Vol. 4, No. 1, 1991, pp. 83-102.

③ Sydney Shoemaker, *The First Person Perspective and Other Essays*, New York: Cambridge University Press, 1996; F. Jackson, "What Mary didn't know", *The Journal of Philosophy*, Vol. 83, No. 5. 1986, pp. 291-295.

很大程度上）是免于错误的，第二类归属则容易出错。马拉斯把金在权重新解释为物理主义者。这没有错。但我们应该说，金在权是"一个想成为物理主义者的人"，因为根据金在权的观点，现象意识不能被物理化。

问题是，没有意向性的经验的内在心理属性是否存在。例如，布洛克主张一种准功能主义的感受质实在论（quasi-functionalist qualia-realism）：一个经验的意向性内容要从功能上加以描述。一个经验具有"红色"的意向性内容，也就是说，它扮演着正确的功能角色，并由正确（正常）条件下的红色对象导致产生。在这种情况下的功能作用是广义上的作用，输入和输出涉及世界上的真实事物。狭义的作用在皮肤上就已经结束了。然而，经验的质性内容不能从功能上加以描述。这就是为什么布洛克说的是准功能。从这个角度来看必须考虑的是，两个功能不同的经验可以有相同的感受质内容；或者它们可以在功能上相同，即可以有相同的意向性内容，而具有不同的感受质内容。[①]然而，这还是另一个问题。

四、拯救随附因果性

（一）随附性和心理因果性

1. 随附因果性

金在权仍然认为，随附因果性依然是一个非常有吸引力的解释心理因果的立场。[②]他认为，随附因果性的批评者并没有完全驳倒这种进路。宏观事件之间被假设和识别出的因果关系要由微观事件之间的因果关系来解释。这是世界上所有事实都随附于对应的微观事实这个一般性假设的一个特例。

---

① Ned Block, "Qualia", in Richard L. Gregory (ed.), *Oxford Companion to the Mind,* Oxford: Oxford University Press, 1998.

② Kim Jaegwon, *Supervenience and Mind: Selected Philosophical Essays*, Cambridge: Cambridge University Press, 1993.

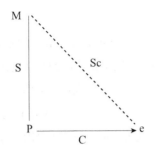

S= 随附性，Sc= 随附因果性，C= 物理因果，e= 物理事件，M_1，Sc，M_2 与之类似

资料来源：Kim Jaegwon, *Supervenience and Mind: Selected Philosophical Essays*, Cambridge: Cambridge University Press, 1993, p. 358.

在"随附因果性"的解释中，M 随附于 P 且"$P_k \rightarrow e$"，副现象论者接受了这一点。[1] 然而严格来说，M 和 P 之间的副现象关系并非随附性关系。在"S（M，P）"中，M 和 P 这两个实例（instances）是同时发生的。"ep（M，P）"是一种因果关系，因此 P 略早于 M。然而，在金在权看来，这种差异无关紧要。[2] 与此同时，他不太确定这是否只是技术上的差异。他的理由是，即使随附性的观念对副现象论者来说是可用的，他们也更愿意使用因果概念而不是随附性概念。对于副现象论者来说，这种差异可能并不相关。[3] 副现象论者或许真正表明的只是，心理因果是随附因果性。然而，金在权在《监督与心灵：哲学论文集选集》第 9 章中展示出了心理因果和其他任何一种因果关系一样"稳健"（robust）且值得尊重。无论如何，副现象论和随附因果性之间没有多大区别。如辛西娅·麦克唐纳（Cynthia MacDonald）和格雷厄姆·麦克唐纳（Graham MacDonald）等批评者认为，如果副现象论可以和随附因果性的假设共存，那么这只是名义上的因果关系。[4]

---

① Kim Jaegwon, *Supervenience and Mind: Selected Philosophical Essays*, Cambridge: Cambridge University Press, 1993, p. 359.

② Kim Jaegwon, *Supervenience and Mind: Selected Philosophical Essays*, Cambridge: Cambridge University Press, 1993, the sixth chapter.

③ Kim Jaegwon, *Supervenience and Mind: Selected Philosophical Essays*, Cambridge: Cambridge University Press, 1993, p. 360.

④ Cynthia MacDonald, Graham MacDonald, "Mental causes and explanation of action", in I. Stevenson, R. Squires, J. Haldame (eds.), *Mind, causation, and action*, Oxford: Oxford University Press, 1986, pp. 35-48.

2. 随附性的强度

但是随附因果性是否强健到足以能保证心理因果的真实性？[①] 显然，每个物理主义者都必须断言，心理因果依赖于物理因果。因果排除问题是从物理世界的因果封闭假设中产生的。因此，心理属性没法在物理事件的因果关系中发挥任何作用，除非它们被还原为和物理属性同一。然而这种还原现在很少被哲学家所接受。如果 A 是 B 的充分原因，那么（和 A 同时发生的）C 不会导致 B，这无论如何都是成立的。只要不是因果过度决定，这就是正确的。

对于心理因果问题，金在权在《监督与心灵：哲学论文集选集》第 6 章中的随附因果性还不是一个令人满意的解决方案。[②]

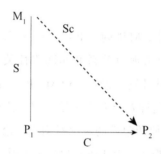

资料来源：Kim Jaegwon, *Supervenience and Mind: Selected Philosophical Essays*, Cambridge: Cambridge University Press, 1993, p. 361.

如果 P_1 是 P_2 的充分原因，那么还有什么因果上的工作留给 M 呢？只要 M_1 是和 P_1 不同的属性，那么 P_2 就有两个原因。然而，M_1 的因果作用是神秘的，因为随附因果性似乎与副现象论密切相关。如果"$M_1=P$"，那么排除问题就会得到解决，因为 M_1 将作为 P_1 的"原因竞争者"而被放弃。

问题是，在心理随附于物理和两者的同一之间是否还有着其他什么？加布里埃尔·西格尔（Gabriel Segal）和埃利奥特·索伯（Elliott Sober）认为，随附性太弱了，无法解释 M 的因果效力。[③]我们需要的是整分论（mereological）的随附性，即整体属性随附于其部分的属性

① Kim Jaegwon, *Supervenience and Mind: Selected Philosophical Essays*, Cambridge: Cambridge University Press, 1993, p. 359.

② Kim Jaegwon, *Supervenience and Mind: Selected Philosophical Essays*, Cambridge: Cambridge University Press, 1993.

③ Gabriel Segal, Elliott Sober, "The causal efficacy of content", *Philosophical Studies*, Vol. 63, 1991, pp. 1-30.

和关系。^①金在权没有深入探讨这个问题，但值得一提的是，哪部分表征或有权表征整体，这一直都是个谜。

（二）多重类型物理主义

1. 物理实现

从金在权的观点来看，心理属性的物理实现是一种更有希望的进路。它表明了：如果一个实例 M 被一个实例 P 所实现，那么这两者就没有因果作用方面的竞争。心理属性的多重实现表明不同的物理实现者具有不同的心理效力（mental powers）。"M= 各自实现者的因果力"的这种各自的因果力自然地适用于实例化 M 的因果力。由此 M 的实例化就是"M= 实现物理属性P_i的个体的实例化"^②。如果我们这样假设，那么就不会存留"除P_i之外的实现者"。这就是"物理实现"和"二元论者也能接受的物理的相关关系"（physical correlation）之间的差异。二元论者也可能接受自治的心理属性对物理属性的依赖。然而，对于二元论来说，心理属性要被归为一层属性。就属性的被实现而言，它们是外在的和关系性的，这也就是说它们是二层属性。由此，在金在权看来，排除问题有一个简单的解决方案。不是把 M 和 P_1，P_2……同一起来，而是要将 M 析取地等同于 P_1，P_2……一个实例 M 和一个实例 P_i 是同一的，因此是一个事件，而非两个事件。这就是金在权所谓的多类型物理主义。但这需要根据标准的"属性例示说明"（Standard Property Exemplification Account）来对事件的定义进行修改。^③这一点不会被涌现论者接受，因为对他们来说，心理属性不是像功能主义者假设的那样是低层属性的实现。反对功能主义的感受质缺席论证（The Absent Qualia Argument）也可以在此一提。

2. 心理因果性造成的后果（Consequence for mental causality）

总的来说，金在权承认，我们恰恰面临着如下选择：

（1）我们接受实现的教条，并因此拯救心理因果；

（2）我们坚持心理，尤其是感受质的自治地位，并放弃心理的因果力。

但这可能会变成个虚假的选择。如果因此失去了心理，那么拯救心理因果（1）又有什么

---

① 关于这一点可参见 Kim Jaegwon, *Supervenience and Mind: Selected Philosophical Essays*, Cambridge: Cambridge University Press, 1993, pp. 113-117, 123-128。

② Kim Jaegwon, *Supervenience and Mind: Selected Philosophical Essays*, Cambridge: Cambridge University Press, 1993, p. 363, 364.

③ Kim Jaegwon, *Supervenience and Mind: Selected Philosophical Essays*, Cambridge: Cambridge University Press, 1993, p. 5.

用？如果在这过程中丢失了因果，那么拯救心理的自治性（2）又有什么用呢？[①]回过头来看，在这方面，金在权的最后结论是：

> 心理属性是可还原为物理的吗？是的，也不是：意向 / 认知属性是可还原的，但是意识的质性特征（qualitative properties of consciousness）或者说"感受质"不可还原。在说前者的因果效力时，我们是在拯救认知和能动性（agency）。此外，我们并没有完全丢失感觉经验：感受质的相似性和差异性可以被保存。我们不能保存的是它们的内在的质——黄色看起来的这个样子、氨气闻起来的那个样子等等事实。但我说，这并没有多少损失，当我们思考这个问题时，我们早该预料到这一点了。
>
> 可以说，我的立场是一个"些微缺陷的物理主义"（a slightly defective physicalism-physicalism manqué but not by much）。我相信，这就是我们所能拥有的物理主义，而且作为一般的世界观，物理主义没有可靠的替代方案。物理主义不是全部真理，但它足够接近真理。而足够接近的，应当就是足够好的。[②]

其实，特里·霍根（Terry Horgan）的观点并不难理解。他在 2017 年托伦（波兰）的哥白尼大学的一次会议上对金在权的"足够接近"进行评论，问道："'足够接近'真的足够吗？"霍根对此的答案是否定的。他不同意金在权在布洛克意义上的、在认知意识和现象意识之间做出的完全析取，转而追寻一个关于现象意向性（phenomenal intentionality）的研究纲领。在这一点上，霍根与尤赖亚·克里格尔 (Uriah Kriegel) 的做法相同。[③] 我们对这一点不得不补充的问题是，关于现象意识残余（the residuum of phenomenal consciousness）的证据是否足以将心理置于其环境之中？还是说，在内部和外部、意识和环境之间的界限要有不同的划分，以至于心理并不是其环境或"作为物理世界的自然"的一部分？在现阶段对心理和物理属性之间关系的分析中，我们面临着这样一个问题：心理属性和物理属性之间的分析性关系（analytical relations）是不能被展示出来（demonstrated）的，如逻辑蕴涵关系。库切拉也强调了这一点。[④]

---

① Kim Jaegwon, *Supervenience and Mind: Selected Philosophical Essays*, Cambridge: Cambridge University Press, 1993, p. 367.

② Kim Jaegwon, *Physicalism or Something Near Enough*, Princeton: Princeton University Press, 2005, p. 174.

③ Uriah Kriegel, *The Varieties of Consciousness*, Oxford: Oxford University Press, 2015.

④ Franz Von Kutschera, *Philosophie des Geistes*, Paderborn: Mentis, 2009, p. 150.

参考文献:

Block, N., "Qualia", in Richard L. Gregory (ed.), *Oxford Companion to the Mind,* Oxford University Press, 1998.

Block, N. and R. Stalnaker. "Conceptual analysis, dualism, and the explanatory gap", *Philosophical Review* 108, 1999, pp. 1-45.

Chalmers, D., *The Conscious Mind*, Oxford: Oxford University Press, 1996.

David, M., "Kim's functionalism", *Philosophical Perspectives*, Vol. 11, 1997, pp.133-148.

Davidson, D., "Mental events", in Donald Davidson, *Essays on Actions and Events*, Oxford: Oxford University Press, 1980, pp. 207-225.

Hall, R. J., "Review of Philosophy of Mind, by J. Kim", *Philosophy*, Vol. 72, Issue 280, 1997, pp. 317-320.

Jackson, F., "What Mary didn't know", *The Journal of Philosophy*, Vol. 83, No. 5, 1986, pp. 291-295.

——David J. Chalmers and Frank Jackson, "Conceptual analysis and reductive explanation", *Philosophical Review,* Vol. 110, 2001, pp. 315-360.

Kim, J., *Supervenience and Mind: Selected Philosophical Essays*, Cambridge: Cambridge University Press, 1993.

—— *Physicalism or Something Near Enough*, Princeton: Princeton University Press, 2005.

—— *Philosophy of Mind* , Boulder: Westview Press, 2011, the third edition.

Kriegel, U, *The Varieties of Consciousness*, Oxford: Oxford University Press, 2015.

Levine, Joseph, "Materialism and Qualia: The Explanatory Gap", *Pacific Philosophical Quarterly,* Vol. 64, 1983, pp. 354-361.

Lewis, D., "An Argument for Identity Theory", *The Journal of Philosophy,* Vol. 63, No. 1, 1966, pp. 17-25. Rep. The same, *Philosophical papers*. Vol. 1 (2 vols.), New York: Oxford University Press.

Loar, B., *Mind and Meaning*, Oxford: Oxford University Press, 1981.

Lyons, W. E., "Intentionality and modern philosophical psychology I. The modern reduction of intentionality", *Philosophical Psychology*, Vol. 3, 1990, pp. 247-269; "Intentionality and modern philosophical psychology II. The return to representation", *Philosophical Psychology*, Vol. 4, 1991, pp. 83-102.

Macdonald, C., G. Macdonald, "Mental Causes and Explanation of Action", in I. Stevenson, R. Squires, J. Haldame (eds.), *Mind, causation, and action*, Oxford: Oxford University Press, 1986, pp. 35-48.

Marras, A., "Jaegwon Kim, Mind in a Physical World: An Essay on the Mind-Body Problem and Mental Causation", *Canadian Journal of Philosophy*, Vol. 30, No. 1, 2000, pp. 137-160.

—— "Consciousness and reduction", *British Journal for the Philosophy of Science*, Vol. 56, 2005, pp. 335-361.

Nagel, Ernest, *The Structure of Science. Problems in the Logic of Explanation*, New York: Harcourt, Brace & World Inc., 1961.

Papineau, David, *Philosophical Naturalism*, Cambridge, Mass., USA: Blackwell, 1993.

Preyer, G. and F. Siebelt edited and introduced, *Reality and Humean supervenience Essays on the philosophy of David Lewis*, Lanham: Rowman & Littlefield, 2001.

Preyer, G., E. Rogler, "Teil II Multipler typen-physikalismus Gebrechen des nicht-reduktiven Physikalismzus", in G. Preyer, E. Rogler, *Philosophie des Mentalen Supervenienz, Reduktiver, nicht-reduktiver Physikalismus und mentale Kausalität*, Frankfurt a. M.: Humanities Online, 2020 third edition, pp. 142-166.

Preyer, G., Materialismus, phänomenales bewusstsein und eigenspychische basis William G. Lycans Theorie der mentalen repräsentation und des phänomenalen externalismus, 2022.

Putnam, H., "Psychological predicates", in W. H. Capitan and D. Merill (eds.), *Art, mind, and religion*, Pittburg: Pittburg University Press, 1967, pp. 37-48.

—— "The nature of mental states", in Hilary Putnam, *Mind, language and reality Philosophical papers* II (2 Vol.), Cambridge: Cambridge University Press, 1975, pp. 429-440.

Rogler, Erwin, "David Lewis' Philosophy of Mind", in G. Preyer, E. Rogler, *Philosophie des Mentalen. Supervenienz, reduktiver, nicht-reduktiver Physikalismus und mentale Kausalität*, Frankfurt a. M.: Humanities Online, 2020, third edition, pp. 162-193.

Shoemaker, Sydney, *The First Person Perspective and Other Essays*, New York: Cambridge University Press, 1996.

Von Kutschera, F., *Philosophie des Geistes*, Paderborn: Mentis, 2009.

维特根斯坦论他心的"构成性的不确定性"

◎ 李之涵

清华大学哲学系

摘　要：他心不确定性在日常生活中极为常见。对该现象的哲学反思产生了两种典型立场——怀疑论者由此推出我们永远无法确定地获知他心，"科学主义"者则认为它是应被取缔的常识心理学的缺陷。维特根斯坦对该话题留下的笔记极具价值，但尚未被学界充分发掘。他认为，不确定性构成了他心语言游戏的本质成分，它是常识心理学区分于科学的独特特征，消除它（"科学主义"）或过度放大它（怀疑论）都扭曲了常识心理学的实际样貌。并且他心不确定性不是怀疑论的导火索，而是与他心的确定性兼容。他心不确定性是相关概念和语言游戏的特性，澄清它才能摆正它在日常生活中的实际位置。

关键词：维特根斯坦；他心问题；不确定性；常识心理学；怀疑论

一、导论

根据常识，我们一方面常常能知道他人心中的所思所感，另一方面又时常感到他人琢磨不透。我们通常觉得关于他人心灵的不确定性在日常生活中极为常见，对此稍加反思，不难得出以下这些可能性：他人可能处于某种心灵状态，但并没有表露出来；他人的行为过于奇怪以至于无法解读；他人可能故意通过假装来误导我们；不同语言或文化中的不同表达方式使我们误解了他人；一些心灵状态过于复杂、微妙，以至于难以用概念把握；等等。

后期维特根斯坦（尤其是后《哲学研究》时期，也有人称其为"第三维特根斯坦"[①]）对他心不确定性做了深入的探讨。他没有试图消除这种不确定性，而是大胆地表示，我们对他心具有构成性的、本质的、客观的不确定性：

[①] Moyal-Sharrock (2004).

"他感到疼痛"这一归属的不确定性可被称为构成性的。（RPP I 141[1]；我的强调[2]）

"别人是否处于……［某种心理状态中］"的不确定性，是所有这些语言游戏的一种（本质的）特性。（LW I 877[3]；后一个是我的强调）

"客观的不确定性"是内在于这种游戏的本质中的一种不明确性。（LW I 888；我的强调）

他的意思是，他心的不确定性并不是外在的，而是构成了此类语言游戏的一部分；它不是此类语言游戏的偶然属性，而是本质特征；它不是一种主观的存疑态度，而是客观地存在于我们的语言游戏中。

他心不确定性除了具有**构成性**之外，还具有一个重要特征：**独特性**。维氏认为这种不确定性是关于他心的语言游戏（或"常识心理学"）特有的。这种不确定性标志了常识心理学和科学的根本区别，使得常识心理学概念和科学概念是不同的概念：

如果像我假定的那样，人们真的能够看到他人的神经系统的运作，然后据此来调整自己对待他人的行为，那么，我相信，他们根本不会具有我们的（比方说）疼痛概念，尽管可能有一种相关的概念。他们的生活会和我们的看起来截然不同。（LW II 40）[4]

我们的概念的这个类似物会缺少我们的概念中的证据的不确定性。在这个方面我们的概念与它不相似。（LW II 93；前一个是我的强调）

自笛卡儿以来的哲学传统对于确定性有着不懈的渴求，而维特根斯坦是最早深入地研究不确定性的哲学家之一。然而他的相关想法没有受到足够的重视，文献中对此的详细讨论并不多，这一话题还有待深入的理解与诠释。这一现象的部分原因在于他没有时间把相关的笔记加以充分地精炼和编选，部分原因在于在后人的编辑中相关段落四散各处，不易搜集。作为少数认识到这一话题的价值的学者之一，特哈克（Michel ter Hark）写道：

贡献于心理学不确定性的评论的总数，接近于在维特根斯坦著名且极具影响力的《论确实性》中关于认识论话题的评论。由此看来，心理学不确定性对维特根斯坦来说一定是一个

---

① Wittgenstein (1980a). 对其引用均简写为 RPP I 加小节号。
② 本文所引段落中的强调记号若不做特别说明，都是原文就有的。
③ Wittgenstein (1982). 对其引用均简写为 LW I 加小节号。
④ Wittgenstein (1992). 对其引用均简写为 LW II 加页码。

重要的话题，与其他在文献中受到更多关注的话题一样重要。①

我也认为维特根斯坦的这些想法极具发掘价值，它们能为他心问题、内在与外在的关系、常识心理学与科学的关系等话题带来重要的启发。

我的工作就是拣选出散落各处的相关论述，拟出其中的线索，系统地阐明其中义理。我将通过对以下三个问题的发问与回答，逐步呈现维特根斯坦的相关思想：（1）他心不确定性具有**独特性**吗？（2）他心不确定性是**构成性**的吗？（3）他心不确定性会导致**怀疑论**吗？我会先重述索尔乔万尼（Ben Sorgiovanni）在一篇最近的文章中对相关观点的表述，指出它不足以回答问题（1）和（2），而只有更深入地发掘和理解维特根斯坦的文本才能解答；然后我会通过对文本的发掘和阐释，对问题（1）和（2）给出我的解答；最后我会通过批评夏洛克（Danièle Moyal-Sharrock）的一种错误理解，给出我对问题（3）的解答。

二、证据的规则与认知不确定性

本节我将首先呈现索尔乔万尼对维特根斯坦关于他心不确定性的观点的理解，然后指出他的理解可能会为维氏带来两种质疑的声音。我会对这两个质疑稍加评论，并指出，只有更深入地挖掘维氏的文本才能化解这两种质疑，才能正确地理解他关于他心不确定性的思想，以此为第三到五节的论述做准备。我们先从这个段落入手：

（他心不确定性）并非关乎于具体情形，而是关乎于方法，关乎于证据的规则。（Z 555②；我的强调）

索尔乔万尼认为，维特根斯坦此处的关注点"主要是认知的"③，于是他把"特定的心灵状态的证据的规则的不确定性"称作"认知不确定性"④。我们常把关于某事的不确定性归咎于证据的不充分，假使我们有充分的证据我们就能达到确定。但是他认为，他心不确定性的根源不是证据的缺乏，而是在于相关证据的规则中。以他人的疼痛为例，我们有这样的一些证

---

① Ter Hark (2004: 125).
② Wittgenstein (1981). 对其引用均简写为 Z 加小节号。
③ Sorgiovanni (2020: 134).
④ Sorgiovanni (2020: 138).

据的规则:"呻吟是疼痛的证据""报告'我疼'是疼痛的证据""严重的伤口是疼痛的证据"。但是,即便我们把他人的行为、话语、身体状况等所有可能的证据纳入考量,它们可能还是不足以使我确定他人的疼痛,还是不能消除我和其他人对此人是否在疼的判断的分歧。因为他人可能在假装,或他人的表现过于奇怪,或他人所处的周边环境非常特殊,等等。在这个意义上,索尔乔万尼认为这种不确定性是构成性的,[①] "就我们的不确定性应由规则本身解释,而不是由(例如)证据的缺乏解释这点而言,这一特性是**构成性的**"[②]。他进一步指出,证据的规则至少在两种方式上导致了他心的不确定性,其一是"互斥的心理状态的证据的规则之间可能存在无法解决的冲突"[③],其二是"由于一个行为个例发生的周边环境不同寻常,规则可能无法使人弄清该行为是否构成某一特定状态的证据"[④]。

以上就是索尔乔万尼对构成性不确定性的刻画。紧接的问题是,这种不确定性真的是**独特的**和**构成性的**吗?对于这种对不确定性的理解,我们可能会遇到两种质疑的声音:

质疑一:"他心不确定性不是独特的,证据的规则的不确定并非他心情形独有。比如,量子力学中有'不确定性原理'[⑤]。在生物学等层次较高的科学中,精确的证据的规则就更不存在了,这些规则中可能都要注明'其他条件均同'(ceteris paribus)。可是维特根斯坦试图以这种不确定性作为常识心理学和科学的根本区别。因此他的观点建立于对科学的错误认识之上。"

威廉·柴尔德(William Child)曾在一篇文章中回应过类似的问题。他认为尽管科学中可能没有精确的证据的规则,但是对证据的评价遵循着精确性的理想,而在常识心理学中没有这种理想。并且他认为,科学研究的现象本身是受精确、定量的定律的支配的,这点也与常识心理学不同。[⑥]我认为这个回应还不够深入。我们应该深入挖掘的是,常识心理学的理想是什么,它为何是独特的,又如何与科学相区分?常识心理学中的不确定性与科学中的不确定性是否属于同一种类?如果不是,它们有什么区别?对此我将在第三节详述。

质疑者二:"他心不确定性不是构成性的,而是可消除的。原因在于,心灵状态和外部行为有着复杂的因果关联,它的复杂性导致了我们无法通过行为证据确切地获知他人的心灵。

---

① 除了认知不确定性之外,索尔乔万尼认为维特根斯坦还提出了一种形而上学不确定性,它指"心灵状态本身的不确定性"(p. 134)。不过形而上学不确定性不是本文的重点,因而本文不加详议。

② Sorgiovanni (2020: 135).

③ Sorgiovanni (2020: 138).

④ Sorgiovanni (2020: 138).

⑤ 参见 Hilgevoord & Uffink (2016).

⑥ Child (2017: 95).

但是这种复杂性导致的证据的规则的不确定性原则上是可消除的，因为只要我们的科学足够发达，我们完全可能在未来发展出关于他心的精确的证据的规则。"

然而维特根斯坦认为，这种想法陷入了"内在与外在图像"（LW Ⅱ 28），据此内在与外在只有因果关系，每个人都如同一台精密的机器，其中内在状态经由一个复杂的因果网络引发外在行为，这一复杂性解释了他心的不确定性。然而他认为：

> 并非内在与外在的关系解释了证据的不确定性，而是恰恰相反——该关系只是这种不确定性的图像式呈现。（LW Ⅱ 68；我的强调）

> 我们不需要借用"心灵的"（等等）概念来为我们的某些结论的不确定性（等等）辩护。相反，正是这类不确定性（等等）向我们解释了"心灵的"这个词的用法。（LW Ⅱ 63）

质疑者二试图用内在与外在之间的因果关系的复杂性来解释证据的不确定性。然而维特根斯坦认为，内在与外在的关系并不为不确定性提供**解释**，而只是这种不确定性的呈现，这种不确定性位于心灵概念的语法之中，它构成了常识心理学的一部分。柴尔德对此写道："不存在精确的、定量的规则来在行为的基础上归属心灵状态这一事实，并不是什么别的事物的结果；它只是常识心理学体系的一个基础性特征。"[1] "我们不应该把常识心理学理解为一种关于行为的内在原因的初级科学，而应该把它视作一个描述和解释的自主的系统，它遵循自身的规范"[2]；而他认为"用科学的描述和解释的模型来看待所有的描述和解释"[3]，以及用科学概念取代常识心理学概念，都是维特根斯坦想反驳的"科学主义"[4]。我赞同柴尔德以上对构成性的辩护。但值得进一步发掘的是，常识心理学的自主性如何体现？不确定性为何对常识心理学是构成性的？如果"内在与外在图像"错误地刻画了常识心理学，有什么方式能更好地呈现它的面貌？对此我将在第四节详述。

从以上论述中，可以看出索尔乔万尼把证据的规则的不确定性仅仅视为一种认知不确定性的观点的内在困难：可能他心知识和科学知识中都有这类不确定性，因而不是独特的；或

---

① Child (2017: 96).

② Child (2017: 91).

③ Child (2017: 91).

④ 本文中出现的"科学主义"都加上了引号，意在突出它指一种对科学的过高评价，而非温和的看法。

他心知识的不确定性原则上是可消除的，因而不是构成性的。① 柴尔德指出了一些解决疑难的途径，但其中细节还有待深挖，而我认为维氏的文本中已包含了相关资源。深入维氏的文本，我们将发现在实践的、原初的和概念的等维度中，这种不确定性才是**独特的**和**构成性的**。

三、他心不确定性的独特性

内在之物似乎对我隐藏起来的情形是十分独特的。并且它表现出的不确定性不是哲学的，而是实践的和原初的。（RPP Ⅱ 558ᵇ；后三个是我的强调）

维特根斯坦此处区分了"哲学的"不确定性与"实践的"和"原初的"不确定性。何为"哲学的"不确定性可能存在不同层面的解释，我认为其中至少有两个层面：一种是**理论的**，它与**实践的**不确定性相对；另一种是**理智的**，它与**原初的**不确定性相对。

理论的不确定性来源于他心的理论问题。理论问题的目标是解释和预测，我们关心理论推断是否符合事实，我们悬置了日常人际互动，以一种中立、冷静、客观的态度来处理它——这反映了不少哲学家对待他心问题的方式。然而，他心的实践问题位于生活之流中，它以生活实践为目的，它与日常人际互动息息相关，它常常是情感驱动的，利益相关的。当我们在日常生活中与活生生的人打交道时，面对的不确定性就是实践的。为了突出理论和实践的不确定性的区别，维氏写道：

苍蝇是否感到疼痛的不确定性是哲学的。（RPP Ⅱ 659；我的强调）

通过一只昆虫是否感到疼痛的问题，来看他人是否感到疼痛中的不确定性问题。（RPP Ⅱ 661）

苍蝇的疼痛作为一个纯理论问题，解决它需要动物学家对其行为或生理证据的搜集和分

---

① 事实上，索尔乔万尼意识到了类似于质疑者二的问题。他也引用了维特根斯坦的段落（LW Ⅱ 68），以此指出这种不确定性不是某种复杂因果机制的后果，而是心灵的基础特征。然而我的批评在于，他把他心不确定性视为认知不确定性的观点不能充分地解释为什么这种不确定性是构成性的，因此也没能充分理解LW Ⅱ 68 中的维氏的观点。通过对维氏文本的深入讨论，这点会在第四节中变得清晰，因此我不在此处详细展开。

② Wittgenstein (1980b). 对其引用均简写为 RPP Ⅱ 加小节号。

析。然而，它可以是一个实践问题吗？当苍蝇感到疼痛，我们会同情吗？我们应该予以安慰吗？我们又该如何对待它？这些问题看起来十分奇异，难以回答，因为苍蝇的生活对于我们来说过于陌生，我们与它们缺乏实践的交集。现在再将注意力转向他人的疼痛，我们会感到两种情形之间的强烈反差。我们会因他人的疼痛而感到难过并予以关照，或怀疑他人的疼痛并置之不理，这些态度和行为又与复杂的人际关系息息相关，对此的处理方式对我们的生活十分重要。

理智的不确定性体现在有时我们无法通过思考和探究确定地获得他心知识。理智的不确定性的存在可能会把我们引向怀疑论。然而维特根斯坦认为，我们对他人的态度是"对灵魂的态度"（LW I 324），而态度先于意见和知识（LW II 38）。此外，我们对待他人的方式还可以是比意见和知识更为基本的、一种自然、原初的反应：

相信他人在疼，怀疑他是否在疼，都属于对待他人的诸多自然的行为方式；而我们的语言只是这种行为的辅助和延伸。我的意思是：我们的语言是更原初的行为的延伸。（RPP I 151；我的强调）

对一个内在过程的怀疑是一种表达。可怀疑是一种本能的行为方式。（RPP II 644）

不论是相信他人处于疼痛中并感到同情、提供照料，还是怀疑他人表露的疼痛并置之不理，都可以是一种自然的本能反应。态度和原初行为方式比理智的思考、判断、质疑等活动更为基本，它体现出了一种有如"动物性"（OC 359）[1]的原初的确定性和不确定性。有学者因此指出，态度和原初行为方式作为基本的**主体间性**，先于怀疑论者的理智的游戏，不受怀疑论的侵扰。[2]并且，原初的怀疑态度和行为方式还构成了理智的怀疑的基础。[3]维特根斯坦也用了一个案例来展现原初维度的缺乏会是什么样的：他设想我们只能用一种体温计来测量其他人是否在"疼"，只有当体温计出现一定的读数变化时我们才会对他人产生同情并予以关照（LW II 93）。这种方式切断了自我与他人之间的原初主体间关系，它和我们的生活"看起来大不相同"（LW II 40）。于是我们可以理解为何"如果我说'我琢磨不透这个人'，这与'我琢磨不透这个机械装置'几乎没有相似之处"（LW II 65）。

根据以上对维特根斯坦观点的呈现，我们可以理解他为何坚持常识心理学概念的区分于

---

[1] Wittgenstein (1969). 对其引用均简写为 OC 加小节号。
[2] Overgaard (2006).
[3] Schulte (1993: 20-23).

科学概念的独特的不确定性。[①] 他的观点曾被批评为拒斥了常识心理学概念随着科学的发展逐渐被科学概念取代的可能性。而有些哲学家认为，常识心理学概念含糊不清，解释和预测力弱，且长久没有发展，最终应该被科学概念所取代。[②] 这种批评是对维特根斯坦的一种误解。他认为他心的不确定性"不是一种缺陷"（RPP Ⅱ 657），而是我们的常识心理学概念的本质特性。他认为"心理学概念都不过是日常概念……心理学概念与精确科学的概念的关系就像医药科学中的概念与花时间照顾病人的老太太的概念的关系"（RPP Ⅱ 62）。如果我们把老太太的概念中的不确定性置于理论的、理智的层面，这种不确定性就是一种应被科学消除的缺陷。然而，老太太照顾病人是一种日常生活实践，她不是把病人当作苍蝇或机器人对待，也不是通过仪器读数才产生同情。她使用的概念进行的语言游戏具有实践的、原初的维度，而这是科学概念相关的语言游戏所缺乏的。既然这两种语言游戏有着如此重要的区别，那么我们可以说日常心灵概念和科学概念是两种不同的概念，因为"当语言游戏变化时，概念也会变化，语词的意义也随着概念而变"（OC 65）。需要注意的是，维特根斯坦不是要论证常识心理学对科学的优先性，他的目的只是如实地描述我们的语言游戏，而不确定性是这类语言游戏的独特成分："我把这种语言游戏视作自主的。我只是想描述它，或观察它，而不想为它辩护。"（LW Ⅱ 40）

质疑者一的错误在于将常识心理学的不确定性视为理论的、理智的。通过对维特根斯坦以上观点的呈现，我们可以看到他心不确定性为何是**独特的**：因为这种不确定性中具有实践的、原初的维度，因此区别于科学中的不确定性。常识心理学不是一种初级的科学，它的"理想"在于我们的生活实践。

四、他心不确定性的构成性

"悲伤"描述了一个在我们的生活织物上反复出现的图案。（LW Ⅰ 406）

如果一种生活图案是一个语词用法的基础，那么这个语词中一定包含着一定的不明确性。生活图案毕竟不具有精确的规律性。（LW Ⅰ 211）

前文已指出，质疑者二用"内在与外在图像"来刻画常识心理学，试图用其解释证据的

---

① 科学概念的范围十分广泛，社会科学中的概念可能也会有与日常心灵概念类似的不确定性。维特根斯坦真正想做出的区分位于日常心灵概念和"精确科学的概念"（RPP Ⅱ 62）之间。

② 例如 Churchland (1981)。

规则的不确定性并消除不确定性的构成性，这是对维特根斯坦的误读。作为对"内在与外在图像"的替代，维特根斯坦提出另一种图像："生活图案"（pattern of life）[①]，它帮助揭示了他心不确定性的构成性。

在维特根斯坦看来，我们的生活有如一片织物，生活中的话语、姿态、行为、周边环境就如同织物上不同颜色的线条一样，复杂地交织在一起，形成了一幅幅反复出现的图案。"悲伤"就有如这样一幅图案，它是我们运用"悲伤"概念的基础，我们认出他人的悲伤就如同识别出这幅图案。生活图案是多变的，但也是有规律的、反复再现的，因为这就是我们的概念作用的方式：

把生活看作一块织物，其图案（例如假装）并非总是完整的，而是以多种多样的方式变化着。但是在我们的概念世界里，我们不断地看到同样的事物，它们带着变化重现。这就是我们的概念作用的方式。因为概念并非仅用于单一场合。（RPP Ⅱ 672）

在他看来，我们的生活图案中存在不确定性的原因之一是它的易变性和不规则性（RPP Ⅱ 672；LW Ⅰ 211）。因为，生活图案的组成元素都是易变和不规则的。我们的话语的意义常常是语境依赖的，界限模糊的（PI 71）[②]，我们的语言游戏是富有弹性的（LW Ⅰ 243），我们的表情是不规则的（RPP Ⅱ 615），我们的行为是易变的（RPP Ⅱ 627），不可预测的（RPP Ⅱ 663），而且只能在复杂的生活背景中被判断（RPP Ⅱ 624）。不确定性的原因之二在于不同的图案会交织在一起（RPP Ⅱ 673），增加了识别的困难。例如，恐惧和惊吓的图案有交织的元素，使得它们之间有一些模糊地带；真疼和装疼的图案共享很多特征，使得我们误把装疼认作真疼；等等。

若要追求精确性而消除这种不确定性，则必会导致图案的扭曲，得到的图案不会是我们的生活图案。维特根斯坦设想了一种不会逐渐改变的面部表情，而是只有五个离散的挡位，当表情变化时从一个挡位突变向另一个挡位（RPP Ⅱ 614）。这般僵化的图案显然与我们丰富多变的生活图案截然不同。但是，过于奇异的、无章可循的图案也不会是我们的生活图案。

[①] "Pattern" 一词常用于指有规律的、反复出现的颜色、线条组成的图案，如纺织品、工艺品、建筑物上的图案。它也可以指声音、文字、动作等层面中的规律性模式。因为维特根斯坦喜欢用这个词的视觉层面做比喻，也为了突出 "pattern of life" 的形象化特质，我将其译为"生活图案"。

[②] Wittgenstein (2009). 对其中的 "Philosophical Investigations" 的引用均简写为 PI 加小节号；对其中的 "Philosophy of Psychology – A Fragment"（曾被称作《哲学研究》第二部分）的引用均简写为 PPF 加小节号。

他设想，一个人的悲伤和快乐的身体表达随着节拍器的嘀嗒声交替出现（LW Ⅰ 406）。这种图案也不会在我们的生活图案中找到对应物，我们找不到运用于它之上的概念。因此，"我们在用弹性的、甚至是柔韧的概念进行游戏。但这不意味着它们可以被随意地和不加阻抗地变形，因而是无用的"（LW Ⅱ 24）。然而"这种摇摆不定是我们生活的重要部分"（LW Ⅱ 81），是它使我们的生活丰富多彩。

将"生活图案"和"内在与外在图像"进行对比可以揭示出它们之间的差别。在后者中，他人的内在状态在本质上是隐藏的。然而在生活图案中，一切都摆在眼前，无物隐藏。如果我没能识别出某个生活图案，原因只是图案过于复杂或不规则，或它与其他图案的交织程度过高，或我没有识别它的能力。正如维特根斯坦所说，"仅当我们无法识读外在事物时，才似乎有一种内在事物隐藏在它背后"（LW Ⅱ 63）。

假装现象常被视作他心怀疑论的根源之一，因为在假装的情形中，他人似乎可以把自己的内在状态隐藏起来，使我们错误地归属他人的心灵状态。正是它把我们误导向"内在与外在图像"。然而维特根斯坦认为，假装其实也是生活图案中的一种（LW Ⅰ 862），但是它是相对复杂的一种图案（LW Ⅱ 40），因此我们可能会识别不出而被骗过。但是，他坚持认为假装不是一种"图案的紊乱"（LW Ⅱ 35）。假装的图案尽管复杂，但也是有规则的，且常常能被有经验的人识别出。认识到这些，我们就不会被假装现象引诱向"内在与外在图像"。

"当神态、姿势和周边环境清楚明白时，内在似乎就成了外在"（LW Ⅱ 63）——因为此时图案清晰可辨，没有什么在内在和外在之间设置鸿沟。维特根斯坦认为，至少在一些情形中，我们识别他人的心灵状态就如同识别一幅清晰可辨的图案，此时我们能够直接地"看到"它："'我们**看到**情绪。'——与什么相对？——我们并不是看到面部的变形然后**推论出**他正感到快乐、悲伤、无聊。"（RPP Ⅱ 570）

因为我们的生活图案有易变性、不规则性、交织性等特性，不确定性对于它是**构成性的**，是不可消除的。如果将不确定性从中消除（如"科学主义"者），或是把不确定性过度放大（如怀疑论者），得到的图案都不会是我们的生活图案。常识心理学是一个自主的体系，不确定性是它的构成部分，如果我们试图把它精确化，必然会导致对它的扭曲。因此维特根斯坦说"这就是全部了（如果你补全它，你就搞错了）"（RPP Ⅰ 257）。"生活图案"是他的纯粹描述性哲学的最好体现之一。他认为生活图案"就像是一种看待事物的纯粹几何学的方式。一种原因与结果不进入其中的方式"（LW Ⅱ 40）。换言之，它与因果解释无关，而是一种纯粹的描述。

凭借"生活图案"概念，我们可以使证据的规则的不确定性得到正确的安放。他人的话语、姿态、行为、周边环境等构成了他心的证据，而它们都作为生活图案的组成元素，复杂地编织在了一起。生活图案大体上自然是稳定的、规则的、易于识别的，这是我们稳定使用概念的基础。然而，生活图案中也隐含着易变性、不规则性、交织性等局部特征，是它们使这类证据的规则体现出不确定性。这种不确定性尽管有认知的维度，但它也有实践的和原初的维度，而且究其根本它是我们的概念和语言游戏的特性（RPP Ⅱ 657；LW Ⅰ 877）。索尔乔万尼把这种不确定性仅仅视作认知的，因而无法回应第二节中的质疑者。

五、他心不确定性与怀疑论

但我们当然不是永远都不能确定他人的心灵过程。在无数的情形中我们都能确定。（LW Ⅱ 94）

在上文中，我已较为全面地展示了维特根斯坦关于他心不确定性的思想，澄清了其中的误解。现在一个随之而来的问题是，这种不确定性是否会导致我们总是无法确定他人的心灵，以至于导向怀疑论？维氏明确地否认这一点，他认为我们对他心"可以和对任何事实一样**确定**"（PPF 330），并且"在无数的情形中"（LW Ⅱ 94）我们都能确定。于是这里似乎存在着他心的构成性不确定性和确定性之间的张力。对此的第一种解决方案是承认这种张力的存在并寻找解释，第二种方案是揭示出这一张力其实并不存在。

夏洛克采取了第一种解决方案。她认为维特根斯坦的观点发生了实质性的转变：即维特根斯坦先是指出构成性不确定性的存在，之后才意识到我们对他心也具有客观的确定性：

维特根斯坦似乎在他关于哲学心理学的最后著作中……不再说不确定性是我们的心理归属的构成性的或本质的特征。他得以看到，在一些情形中，我们对于"他在疼"就像对于"我在疼"一样客观地确定。①

我认为夏洛克的观点明显是对维特根斯坦的误读，以下是我的意见。

首先，从文本阐释的角度看，若认为维特根斯坦的观点发生了明显的变化，在文本的写作时间上很难说得通。夏洛克认为维特根斯坦写于1951年4月15日的评论（LW Ⅱ 94，见

---

① Moyal-Sharrock (2007: 225).

节首引文）代表他的观点已发生转变。然而，在 1951 年 4 月 14 日至 15 日之间写下的段落中，他还在对比精确验证方法下的"疼痛"概念和日常疼痛概念的区别，并认为因为前者缺少了日常概念中证据的不确定性，因而它们不是同一个概念（LW Ⅱ 92-95）。可见在这些段落中他并没有放弃构成性不确定性，如果假定他在写作时间如此接近的段落中明显地改变了观点，显然不太合理。

第二，从义理本身出发，他心的构成性不确定性与确定性之间表面上的张力并不存在，我们没必要二者择一。我们可以在维特根斯坦的观点中找到两种论据，表明兼容性的成立。

论据一：尽管构成性不确定性存在于我们的证据的规则、心灵概念、语言游戏中，但这与我们在某个具体的情形中是否确定他人的心灵，是两个在一定程度上独立的问题。①换言之，构成性不确定性是我们的生活图案的宏观层面的特性，但它不会使得我们在所有具体情形中都无法确认他心。构成性不确定性的存在会使得我们在一些情形中无法确定他人的心灵，但这并不会蔓延到所有情形。维特根斯坦写道：

> 如果有人说，"证据只能使得情绪的表达有可能是真实的"，这并不意味着我们没有完全的确定性，而只有带有或多或少的自信的猜测。"只是有可能"不可能指涉我们的确信程度，而只能指涉它的辩护（justification）的本性，指涉语言游戏的特征。（RPP Ⅱ 684；我的强调）

所谓"证据只能使得情绪的表达有可能是真实的"指的是他心的证据的规则中的不确定性。维特根斯坦指出，这种不确定性指涉的是他心"语言游戏的特征"，它是一类语言游戏的宏观层面的属性，来源于构成此类游戏的规则的特征。另一方面，他表示构成性不确定性"并非关乎具体情形，而是关乎方法，关乎证据的规则"（Z 555）。这个段落明确地显示，维特根斯坦认为关乎"具体情形"的不确定性和关乎证据的规则的宏观层面不确定性是不同的。而在无数具体情形中，我们都能达到完全的确定（LW Ⅱ 94）。关于他心的确定性，夏洛克的文章中有很好的诠释。她将其与维特根斯坦在《论确实性》中的观点结合，认为我们对于他心的确定性是客观的、枢轴（hinge）式的。它是我们对他人的原初的态度与行为方式，构成了他心语言游戏的根基。我基本赞同夏洛克文中对他心确定性的理解，但她却错误地认为他心的构成性不确定性与确定性是相矛盾的。因为正如维特根斯坦认为的，宏观层面与具体情形中的他心确定性是不同的。

---

① 索尔乔万尼提出了类似的观点。参见 Sorgiovanni (2020: 135).

论据二：维特根斯坦认为他心的证据可以是一种特殊的证据——"精微莫测的证据"（imponderable evidence）。论据一表明了他心语言游戏在宏观层面的不确定性与具体情形中的确定与否是两个不同的问题。然而，既然他心语言游戏存在宏观的构成性不确定性，我们是如何在具体情形中达到对他心的确定的呢？维特根斯坦通过对他心的证据与关于他心的判断的深入分析，为这个问题提供了解答。

是否存在关于情感表达真实性的"专家判断"？——这里的情况也是，有些人有"更好"的判断力，而有些人则有"更差"的判断力。

一般来说，更有知人之明的人的判断是更加准确的预测。

我们能否习得这种知识？是的，一些人可以学会。但并非通过课程学习，而是通过"经验"。……人们在这里习得的不是一种技巧，而是学会正确的判断。确实也有一些规则，但它们不成系统，而且只有经验丰富的人才能正确运用它们。这与计算规则不同。（PPF 355）

他认为我们关于他心的证据有时是"精微莫测的"（PPF 358），这种证据包括了"眼光、姿态、声调的各种微妙之处"（PPF 360）。这种证据的特点是难以被清晰表述，有些人能用它达到完全的确定，而另一些人则不然（RPP Ⅱ 685，688）。这是因为他心的证据本身就具有歧义性，它源于他心的证据的规则中的不确定性。然而，维特根斯坦认为"精微莫测的证据"的应用并不依赖成系统的规则体系（因此不同于计算规则），而是依赖于在实践中不断积累经验而形成的判断力，它们类似于某种"嗅觉"或"眼力"（PPF 361）。因而证据的规则层面的不确定性并不影响我们在日常实践中通过精微莫测的证据判断他心的过程。

维特根斯坦将艺术鉴别与他心识认相比较（LW Ⅰ 925），认为它们都依赖于"眼力"的习得，在这个意义上它们中都有"专家判断"。艺术鉴别能力的培养需要大量的鉴赏实践和长期的经验积累，我们会说资深鉴赏家有种行家的"眼力"，能够一眼看出某些艺术家的独特风格。维特根斯坦认为，资深鉴赏家可能列出鉴别的理由（通过规则体系），也可能仅凭眼力判断（通过精微莫测的证据），而他凭借眼力得出的判断可能会比明确的鉴别理由更有信服力。艺术鉴别和他心识认的相似性，与维特根斯坦的"生活图案"概念不谋而合。前者鉴别的是字面意义上的颜色与线条，而后者鉴别的是"生活图案"中的颜色与线条——即"眼光、姿态、声调的各种微妙之处"（PPF 360）。我们不能把识认他心的过程设想为依照规则系统输出的判断，而应设想为阅人经验的施展。这一能力需要长时间的训练积累，它伴随着人们心智的成长而成熟，也受到社会文化的塑造，这就是人们"学会正确的判断"（PPF 355）的过程。

因为我们能够通过精微莫测的证据来判断他心，所以在证据的规则不确定的情况下，我们仍然能够确定他人的心灵。

综上，我们可以给出他心不确定性为何不会导向怀疑论的三个理由。第一，构成性不确定性与具体情形中的确定性之间的张力实际上并不存在（见本节）；第二，我们对他人的怀疑以一种原初的不确定性为基础，它先于怀疑论者的理智性的怀疑游戏，不受怀疑论的侵扰（见第三节）；第三，怀疑论过分放大了不确定性，扭曲了生活图案中实际的不确定性（见第四节）。

六、结论

他心不确定性原本极为寻常，但对此的过度理智化导致了怀疑论和"科学主义"这两种"哲学病"。维特根斯坦的工作一方面诊治了该"哲学病"，另一方面也揭示出了他心不确定性在大量日常语言游戏中的根基地位。他心不确定性的构成性体现在它是我们的生活图案的不可消除的部分，而怀疑论和"科学主义"都扭曲了这种图案。"科学主义"忽视了他心不确定性的实践的和原初的维度，而它们是他心不确定性的独特性的体现。怀疑论不是他心不确定性的后果，不确定性与我们在具体情形中对他心的确定性是兼容的。

参考文献：

Child, W., "Wittgenstein, Scientism, and Anti-Scientism in the Philosophy of Mind", in J. Beale and I. J. Kidd (eds.), *Wittgenstein and Scientism,* Abingdon: Routledge, 2017, pp. 81-100.

Churchland, P. M., "Eliminative Materialism and the Propositional Attitudes", *Journal of Philosophy,* vol. 78, 1981, pp. 67–90.

Hilgevoord, J. and Uffink, J., "The Uncertainty Principle," *The Stanford Encyclopedia of Philosophy*, ed. by E. N. Zalta, Metaphysics Research Lab, Stanford University, 2016, https://plato.stanford.edu/archives/win2016/entries/qt-uncertainty/.

Moyal-Sharrock, D. (ed.), *The Third Wittgenstein: The Post-Investigations Works*, London: Ashgate, 2004.

Moyal-Sharrock, D., "Wittgenstein on Psychological Certainty", in D. Moyal-Sharrock (ed.), *Perspicuous Presentations: Essays on Wittgenstein's Philosophy of Psychology*, London: Palgrave Macmillan, 2007.

Overgaard, S., "The Problem of Other Minds: Wittgenstein's Phenomenological Perspective", *Phenomenology and the Cognitive Sciences*, vol. 5, 2006.

Schulte, J., *Experience and Expression: Wittgenstein's Philosophy of Psychology*, New York: Oxford University Press, 1993.

Sorgiovanni, B., "Wittgenstein on the Constitutive Uncertainty of the Mental", *Nordic Wittgenstein Review*, vol. 9, 2020.

Ter Hark, M., "'Patterns of Life': A Third Wittgenstein Concept", in D. Moyal-Sharrock (ed.), *The Third Wittgenstein: The Post-Investigations Works*, London: Ashgate, 2004.

Wittgenstein, L., *On Certainty*, ed. by G. E. M. Anscombe and G. H. von Wright, trans. by Denis Paul, Oxford: Blackwell, 1969.

——*Remarks on the Philosophy of Psychology (vol. 1)*, ed. by G. E. M. Anscombe and G. H. von Wright, trans. by G. E. M. Anscombe, Oxford: Basil Blackwell, 1980a.

——*Remarks on the Philosophy of Psychology (vol. 2)*, ed. by G. H. von Wright and H. Nyman, trans. by C. G. Luckhardt and M. A. E. Aue, Oxford: Basil Blackwell, 1980b.

——*Zettel*, ed. by G. E. M. Anscombe and G. H. von Wright, trans. by G. E. M. Anscombe, 2nd ed., Oxford: Basil Blackwell, 1981.

——*Last Writings on the Philosophy of Psychology (vol. 1)*, ed. by G. H. von Wright and H. Nyman, trans. by C. G. Luckhardt and M. A. E. Aue, Oxford: Basil Blackwell, 1982.

——*Last Writings on the Philosophy of Psychology (vol. 2)*, ed. by G. H. von Wright and H. Nyman, trans. by C. G. Luckhardt and M. A. E. Aue, Oxford: Basil Blackwell, 1992.

——*Philosophical Investigations*, trans. by G. E. M. Anscombe, P. M. S. Hacker, and J. Schulte, 4th ed., Oxford: Blackwell Publishing Ltd, 2009.

Wittgenstein on the "Constitutional Uncertainty" of Other Minds

LI Zhihan
Department of Philosophy, Tsinghua University

Abstract: We usually find uncertainty concerning other minds to be very common in our lives. Philosophical reflection on this phenomenon has given rise to two typical positions. One is skepticism, according to which we can never know other minds with certainty; the other is "scientism", according to which the uncertainty is a flaw in common-sense psychology that should be eliminated. Wittgenstein's notes on this topic are highly valuable but have not yet been fully explored by researchers. He argues that uncertainty constitutes an essential part of the language game concerning other minds. Uncertainty is a distinctive feature of common-sense psychology that distinguishes it from science, and eliminating it ("scientism") or exaggerating it (skepticism) distorts what common-sense psychology actually looks like. Uncertainty concerning other minds is not a trigger for skepticism, but is compatible with the certainty of other minds. The uncertainty is a distinctive feature located in relevant concepts and language games, and clarifying it will put it in its actual place in everyday life.

Keywords: Wittgenstein; the problem of other minds; uncertainty; common-sense psychology; skepticism

【形而上学】

历时整体论与孟荀人性之辩

◎ 郑宇健

深圳大学人文学院哲学系

摘　要：本文主要讨论孟子和荀子关于人性的著名争辩与历时整体论这一形而上学理论之间的关系。这一讨论的意义是双向的：第一个方向上，用历时整体论来重新诠释孟子和荀子的观点，有助于揭示儒家思想的一个被忽略的重要方面。第二个方向上，已然服膺于孟子洞见的人，可将上述新诠释当作支持历时整体论的一种证据和理解角度。本文的重点落在第一个方向上，并阐明回溯必然性这一关键概念。而第二个方向对于理解规范性之内隐及内生这两方面似有助益。

关键词：历时整体论；规范性；回溯必然性；人性；孟荀之辩

一、理论动机

历时整体论作为一种新颖的整体论提案，旨在解释某些普遍存在的演化过程，其相关结果虽属偶然产物，但仍然与它们的因果路径上游因素之间存在着非偶然的反向回溯关系。这一提案受到当代分析哲学的一些经过充分研究的议题的启发，其合理性可以通过对这些议题在某些相关领域的成功应用来加以证明。本文的主要目的是论证这一提案与重审孟荀人性之辩的相关性，以及这种新诠释视角下的孟子人性论对于揭示历时整体论题旨的独特贡献。

我首先概述历时整体性的主要思想，特别是其嵌入式、骨干式的回溯必然性概念。然后，我将描述把历时整体性应用于孟荀之辩的动机。

历时整体论将某种历时脉络视为不可或缺的，以确定由此种脉络涵盖的事件的内容（或瞬时状态、能力、功能等）。所谓"历时脉络"，特指包括随时间伸展或分布的相关事物的特定过程或时期；负面地说，该术语通常不包括某一时点上仅由同时发生的事物所构成的情况或情境。

回溯必然性，作为一种特殊的形而上学模态，与规律必然性或概念必然性有着显著区别。[①] 与此模态相关的典型现象包括徒步者所熟悉的情况，即回看时总能发现他刚刚走过的路径（比如他身后的可见足迹，或他脑中清晰的记忆）——即使该路径的动态形成是偶然的，也就是说，如果某些内部或外部因素发生些许改变，路径本可以是不同的。另一个生动的例子是这样的：想象一个多步抽奖，即一连串依序进行的瞬时抽奖，其设计是每一步都会淘汰掉一半的参与者，直到剩下一个幸存者，成为最终获奖者。无论最初有多少参与者，以及从一开始看最终获奖的机会多么微小，最终获奖者一旦产生，无论她是谁，无论她多么惊讶于自己不可思议之幸运，都不可避免地会看到从起点成功通向（她获奖）终点这一轨迹的不间断性，即看到由所有以前步骤组成的因果路径（尽管除她之外的所有人都已被盲目随机的中间步骤淘汰）！这种不可避免的发现是回溯性的，且只能在回溯中发现；在所有实际步骤（尽管其发生机制是偶然的）之不间断性中表现出的必然性（即所历各时点的全称性）不是幻觉，而是一种模态（即完成式时态）上的客观存在。

这种逆时向必然性的另一呈现/表述方式，与已提及的"无论她是谁"有关：在不同的可能世界，不同的参与者充当着（作为赢家变量的）"她"，或者说"无论"作为全称判断词所对应的必然性乃是横跨这些可能世界的无例外模态。上述"不可避免"不妨看作这一可能世界集合中赢家存在（机制）的全称性在其一成员世界（比如现实世界）内的时态表达。我想强调的是，这种特殊的时态表达是有特定方向的，即逆时间流逝/因果作用方向。

由此，得出了我选用的"回溯必然性"名称。它是一种特殊的必然性，不仅与在现象级别上真正的随机过程相容，而且要求特定的随机过程来实现。在下一节中，我将提供一个对这种特殊模态思想的不太技术化的阐述，以便那些不熟悉反事实与因果路径依赖性的读者对之能有一些大致的理解，从而判断这种模态思想是否站得住。

让我们姑且假设历时整体论的真实性，以便说明其余的论证部分，即关于人类第一和第二天性之间的顺时演化与逆时诠释双重关系。具体来说，我的目标是借助历时整体论，为理性/道德生物在根本上是偶然的宇宙中的地位提供及证成一种新的概念。也就是说，这些生物能合法地且不可避免地采取所谓的"设计立场"[②]（或就此而言，"意向性立

---

① 有关不同种类的必然性，尤其是形而上学的必然性的信息性阐述，请参阅 B. Kment, "Varieties of modality", in Edward N. Zalta(ed.), *The Stanford Encyclopedia of Philosophy (Winter 2012 Edition)*, http://plato. stanford.edu/archives/win2012/entries/modality- varieties/。

② "设计立场"是米利坎发明的术语，以与丹尼特著名的"意向性立场"形成对照。米利坎认为，意向性归因表达了我们关于某些自然设计种类位置的最佳猜测，就好像自然界有一个目的一样。参见 Ruth Millikan, "Reading Mother Nature's Mind", in Don Ross et al. (eds.), *Dennett's Philosophy: A Comprehensive Assessment*, MIT Press, 2000。

场"①）以理解其所处环境中的几乎一切对象；而他们自身以及对象均属于可以追溯到上游宇宙演化的幸运的下游产物。本文在比较哲学方面的任务，就是将历时整体论应用于孟子和荀子关于性与命的著名争论。如果这种应用成功，将有助于进一步证明儒家关于实体秩序与道德秩序之间最终和谐的某一显著方面的合理性，其核心具有明显的历史维度。

在我们转向第 2 节之前，让我简要预告一下我打算在第 3 节中提出的论点，以便第 2 节中的技术性部分之用途在此预示目标下更好地被理解。我对孟荀争辩的哲学诠释或重新概念化方式可以概括如下。孟子的方法是从已然建立的君子这一下游位置看事物，而荀子则从默认的动物性或第一本性中的普通人这一上游位置看事物。由此，孟子的"种子培育式"与荀子的"木材加工式"道德进路的分歧得以在历时整体论的解释效力下获得更好的阐明。相应地，当代分析哲学背景衬托下的孟子式进路之某种新颖而深层次的方面可以被揭示出来。

二、如何通过回溯必然性来证明历时整体论？

我的背景目标理论是一种自然主义的整体解释，旨在解释理性 / 道德存在者在一个根本上是偶然的、物理的宇宙中的特殊位置，尽管这个宇宙完全可以在没有这些存在者的情况下存在。如果这种理论是站得住的，最好是基于或借鉴宇宙演化过程的某些客观特征，这个过程没有超自然设计，但最终（或相对于我们存在之前的时间）产生了意向性动物。其中一些意向性动物内生地配备了自己一些能力（例如，像人类这样的语言共同体的成员），即具有了一定水平或类型的认知能力，其在适当条件下产生某些真表征——即能发现某些必要的上游条件，这些条件因果地负责发现者自身的存在，或者负责其以这种或那种状态存在。换句话说，这些（相对于所涉及的过程）内生动物一旦具备了这种表征能力，似乎就别无选择，只能以发现者的身份朝着所有那些上游的偶然性，回顾式地采取某种目的性立场。这些偶然性作为他们的历史路径上实际发生的事件，因果地解释了围绕他们自己的所有相关现象的某种整体结构的形成，只有在此结构中相关现象才获得客观的和富有目的性的含义。

尽管这里只能粗略勾画出我相信是真实的图景，但在未详细阐述图景所有细节的情况下，作为不太差的替代，让我先来填补该图景的一个关键部分——在该图景的适当位置若没有这一部分，任何试图沿着刚刚概述的方向进行的整体理解都将遭受严重损失或残缺。更正面一

---

① "意向性立场"是一种将信念、欲望和其他意向性状态归因于作为行动者的有机或人工系统，并根据它们在这些意向性状态的基础上可能采取的行动来预测和解释它们的未来行为的策略。见 Daniel Dennett, "Précis of The Intentional Stance", *Behavioral and Brain Science* 11, 1988(3): 495-505。

点说，即使对这个关键部分的最小程度的可理解性阐发也将有效地增强我们对历时整体论要点的理解。出于这个目的，我在此提出——并为此辩护——一种特殊的模态概念，即回溯必然性，作为我所构想的历时整体论版本的核心因素，并将其应用于中国哲学中的一个典范性案例。

首先，让我说明回溯必然性概念如何与人们较熟悉的规律必然性和概念必然性区别开来。

在我们开始说明如何在多步抽奖情况下实例化这种必然性的准确形式之前，让我们从一个三步骤（子）序列的简单案例开始考虑：$s_{i-1} \rightarrow s_i \rightarrow s_{i+1}$。这里，"步骤"可以是任何适用于因果关系的历时实体，通常是标准文献中的"事件"。每个步骤的下标表示其在（整个）序列中的时间位置，我使用箭头符号来表示成对的因果关系（我更愿意称其为 PD- 关系，PD 代指"路径依赖"）。以下格式，（PD），定义了从这种成对关系出发构建的因果序列。

(PD) 对于任何世界 w 上的 n+1 个已发生步骤的历时序列 $s_0, \ldots s_i, \ldots s_n$（n 和 i 是自然数；0<i<n+1）而言，它是一个 PD 序列当且仅当以下反事实二元关系适用于（具有先前步骤 s_{i-1} 的）任何步骤 s_i：假如 s_{i-1} 没有发生，那么 s_i 也就不会发生。

对于那些了解刘易斯（Lewis）关于因果依赖和因果链观点的读者来说，很容易看出，这样定义的 PD 序列可以作为刘易斯所谓因果链（在很大程度上符合我们的常识）的一部分，只要记住每个步骤以及它们构成的序列实际上存在于 w（可以简单地视为现实世界）。

就我们当下的目的而言，只需要提醒一个相关事实，即（PD）适用于确定性或不确定性的世界。也就是说，在那些主导规律允许在某些（或全部）步骤中发生偶然事件的世界中，只要它们满足（PD）中的反事实公式，就存在因果链或 PD 序列。这一事实特别有意义，因为它有助于突出我们所谓的"回溯必然性"如何可以从这种实际已发生的、顺时 / 向前的偶然的 PD 序列中产生。

为了看到任何"回溯必然性"的意义如何产生，让我指出 PD 序列的一个关键含义，当然包括最短的三步序列：考虑"假如 s_{i-1} 没有发生，s_i 也不会发生"和"假如 s_i 没有发生，s_{i+1} 也不会发生"的相邻递归反事实真命题，然后从 s_{i+1} 之真（即在 w 上的发生事实）开始向后递归地应用 Modus Tollens，我们首先得出 s_i 之真，然后是 s_{i-1} 之真。也就是说，在 t_{i+1} 回顾（例如，以 s_{i+1} 作为我们自己的当下状态），我们可以有效地沿着 PD 序列进行本体论推理，以获得任何过去的事实状态——这种推理所依据的逻辑有效性正是我所说的"回溯必然性"。显然，这个逻辑观点不会受到实证层面上确立某些候选历时序列的 PD 地位难免的知识性困难的影响。现在我们可以看到为什么如此解析下的回溯必然性不同于规律必然性（这是因为在问题所涉的不确定性世界中这种不存在支配该 PD 序列正向形成的规律必然性），也不同于概念上的先验必然性（这是因为它确实需要采取经验努力才能实证候选序列的实际 PD 地位）。

下一步是阐明回溯必然性与历时整体论之间的密切关系。

粗略地说，仅在回顾时表现出的逻辑必然性是一种定向的黏合剂，它将下游结果与上游因素联系在一起，即事实模态的下游结果充当着某种证据上有特权的推理视角，该种推理具有独特（向后）的方向。由于这种回溯式跨越时间的绑定效应，历时整体论脉络的下述作用得以建立：它能更好地确定或奠基上游／下游实体的相对地位，否则就连这些实体的个别化似乎都是不可能的，即在没有与回溯必然性对应的反向推理有效性的情况下是不可能的。

现在让我来解析一下这种纯形式的（因此是弱的）回溯必然性是如何在多步自然抽奖的示例中实现的，这些示例实际上涉及或进化出了像我们自己这样的知性"玩家"。看看命题（RN）：

（RN）如果在任何世界 w 上的某个多步抽奖的端点处获得了个人 p 的生存状态 s_d，那么 p 的与 s_d 相关的回溯性发现 d 将追踪出一条唯一的 w 内路径 c，该路径历时地将 p 的初始状态 s_0 与生存／发现状态 s_d/d 通过一串连续的中间步骤（状态）连接起来。

就我们当前的目的，（RN）之真可足以视为捕捉了回溯必然性的整全意义。尽管我在这里没有足够的空间来讨论对（RN）是否揭示了某种新模态的可能的反对意见，[1]但可以谈一些关于它与当代分析哲学中熟知的模态概念的可能联系。（RN）捕捉到的必然性意义似乎类似于克里普克风格的后验形上学的必然性，[2]但至少在两个重要方面，它们是不可归约地不同的：（1）回溯必然性与来自某些多步抽奖式（自然）游戏的最终产物的事后、向后看的透视有关，无论产物的认知状态如何；（2）只有当特定内生产物（或包括它的进化物种）在整全的意义上变得理性时，其上游因果链才能被客观地（在溯因推理中）纳入这种逆时必然性关系，即不只是作为其偶然前因，而更是作为具有必要回溯对象这一（使真者）地位的逻辑关联项。

在这种回溯性必然性中特别显著的是任何内生参与者的过程内视角。在这个视角下，前瞻性的不确定性和向后看的确定性（即具有一条唯一的历史链条，连接着一连串连续的生存状态）都是可以识别的。关于这种视角的关键点在于，在任何可能的世界 w 中，无论谁是此

---

① 在其他地方，我处理了一些关于回溯必然性的问题，及关于其弱强两种意义上的问题，参见 Zheng Yujian, "The Swampman Puzzle and Diachronic Holism", *Philosophical Forum* 47, 2016: 171-193；《回顾式必然性——一种涉及进化逻辑的新模态观念》，《外国哲学》第 31 辑，商务印书馆，2016，第 131～141 页。参见郑宇健：《路径、必然性与第一人称的本体论建构》，《外国哲学》第 36 辑，商务印书馆，2019，第 198～212 页。

② 在他的重要著作《命名与必然性》中，克里普克为一整类的形上学必然性提出了有影响力的论点，这种必然性似乎既不像规律必然性，也不基于概念、逻辑或其他先验真理。

类多步抽奖的赢家，都将在回顾时毫不例外地发现相同的情况——即在她自己的因果历史背景中具有与 w 内实际链相同的不间断性，这导致了她在这游戏端点的存在。换句话说，任何事前的机会或不确定性都无法用来质疑回溯必然性所支撑的游戏（结构）脉络的客观整体性。

自然进化过程与人工设计的多步抽奖具有明显的类似之处：就理性的意向性而言，智人似乎是地球上（即现实世界中）的终极赢家，成功通过了不计其数的自然选择，形成了一条连续的适应性递增链，朝着终极奖励的方向前进，或者说不断成为愈益理性（因此是道德）的存在者。这样，回溯必然性可以被看作在特殊角度下对一种广泛的进化逻辑的表达，这是一种从事后、往回看的角度，这也表现在我们独特的下游位置上，作为理性/道德的存在，我们别无选择，只能找到（如果我们尝试，并以正确的方式看，且有足够运气的话）那些历史事实，它们符合或支持着这样一种"自然的"的意义，即我们仿佛一开始就"注定"或"被设计"成只为赢得终极奖励而存在。

这种自然意义似乎正是哲学家们熟悉的理性立法或理性重建的另一种表达方式，它显现为我们会对自己的偶然构成史不自觉地采纳"设计立场"（在本文范围内，我并不特别区分理性立法和道德立法，因为两者都是成熟形式的规范性表现）。形象地说，如果宇宙演化是某种自然的（即非故意的）工程，那么我们在自我理解方面的认知努力/成就无非是尝试性的并在很大程度上成功的"逆向工程"①。一旦建立了回溯必然性之形式意义和整全意义之间的转化，（RN）中历史路径 c 的特殊作用就可以展示其与宇宙进化大图景的更深层面之间的最有趣的联系——这一层面应该负责逆向工程的理论可行性，甚至人择原理的自然化可能性。② 以宇宙学尺度的极端不可及却已现实化的进化路径为背景，我们似乎不应太惊讶，那种唯一地获选的特权感至少与这种非任意的、理性的（设计/意向性）立场有某种底层关联。

三、关于孟子和荀子人性之辩的若干初步观察

在说明如何将历时整体性应用于重新诠释孟荀人性争辩之前，让我们首先提出一些初步观察。

---

① 逆向工程是从任何人工产品中提取设计蓝图的过程。丹尼特将该术语的应用扩展到了自然进化过程或达尔文方法。参见 Daniel Dennett, "The Evolution of 'Why?'", in Bernhard Weiss, Jeremy Wanderer (eds.), *Reading Brandom: On Making It Explicit*, Routledge, 2010。

② 关于人择原理的一个弱版本，请参见 Brandon Carter, "Large Number Coincidences and the Anthropic Principle in Cosmology", *IAU Symposium 63: Confrontation of Cosmological Theories with Observational Data*, Dordrecht: Reidel, 1974。"我们可以期望观察到的东西必须受到我们作为观察者所必需的条件的限制。"

这场争辩本身对于孟子和荀子的中心学说似乎都具有广泛认可且无可争议的重要性。它通常被理解为关于人性善恶的争辩。用我的历时整体论术语来予以具体化或重新诠释，它就是：孟子的方法是从已确立的"君子"的下游位置来看待事物，而荀子则从普通人被默认的第一性所对应的某种上游位置来看待。这种进路上的差异顺理成章地导致了关于实现道德目标的所谓种子培育式和木材加工式方案的分歧。

尽管我相信（根据下面的文本证据）这一重新诠释是合理的，但严格来说，我的总体论证的逻辑要点及其可能的更广泛的理论意义并不依赖于伴随着这一信念的任何特定（程度）的成功文本解读。我的论点是支持类似于孟子立场的某种范式，其核心思想可以通过上面勾勒的历时整体论来把握或予以理性重建。另一种表达方式是，孟子声称的或文本支持的想法似乎以某种独特而显著的方式示范了这种范式。这并不排除儒家思想或整个中国思想史中有着其他的（也许更好的）对于此范式的示范例子。

在我们深入讨论争议主题"人性"之前，我们最好明确一下，荀子和孟子显然共享着儒家道德理想的核心（由圣人体现，通过礼即礼仪规则来实现），并且都承认其可实现性。他们的基本区别似乎主要在于实现这种理想的（最佳）方式。而这种方式应该与他们对人性的不同看法有关。

一般来说，"可实现性"似乎包含两个概念要素。第一个要素是植根于现有事物（或用我的术语，"上游实体"）的潜能——其可能体现只能在它们的未来（或"下游"）中。而第二个要素是概念化的理想类型，其可信度（从而激发追随者的期望功能）对于由"君子"的实际道德行为提供的证据条件非常敏感。这些卓越的行为本身，作为特定个体的行为结果，也应被视为相应个体的下游成就。换句话说，在道德上可行的理想具有满足条件，不能超出人类的能力范围（因为这些理想将应用于人类）。这些能力的限制或界限（尽管可能不是固定的）最有可能由"君子"代表，因为君子按定义应当是该理想方向或维度的代表者。

一个简略的预报：从这个关于可实现性的角度来看，荀子的社会工程取向可能具有其实用的、工具性的优点，甚至可能具有相对于孟子的优势，但这里的适当比较实际上需要理论上集中关注如何用某种独特规范形象来构想人性的最一般而根本的（即形上学的）框架。

四、对荀子人性论进路的历时整体论批判

为了突显孟子人性观念的规范性特征，在介入荀子对孟子人性评价的著名批评之前，让我们首先注意以下这个由荀子提出的重要区分：**性**（即"与生俱来的本性"，或一个人出生时

已有的天赋能力）和**伪**（即"后天性质"，或仅通过学习、培养或刻意实践才能实现的东西）之间的区分。尽管**性伪**之辨具有分析上的明确性和描述上的实用性，且显然增强了荀子的批判力，但它决不会消除未受此区分限制的定义人性的另一种可能性或道德前景，而后者才是孟子对人性的具独特规范/道德维度的理解。

与孟子的进路（下文将详细介绍）相反，荀子将每个人生命的开端所具（即天生、现成）的东西视为专属于**性**或其本质的东西，任何后来的努力都无法改变之。因此，潜力，作为与实际能力不同的东西，不能作为**性**的一部分，因为根据定义，潜力作为未来可能性范围既不完备，也不指示任何明确的未来结果（特别是道德结果），除非具有**积伪**之人为干预。"礼义者，圣人之所生也，人之所学而能，所事而成者也。"（《荀子·性恶》）作为人造物的礼义如何能成为天赋人性的一部分呢？实际上它们不过是学习累积的成果。只有圣人和俗众之间的共同之处才属于**性**，两者之间的不同之处只能归因于**伪**。因此，按照这一逻辑，荀子似乎能够否认，某个圣人的特定道德成就能够蕴含道德种子之普遍存在性，作为固定**人性**的一部分[①]。

荀子关于人性之先天恶的论述（见《荀子·性恶》）包括以下语句：

（a）今人之性，生而有好利焉，顺是，故争夺生而辞让亡焉。

（b）生而有疾恶焉，顺是，故残贼生而忠信亡焉。

（c）生而有耳目之欲有好声色焉，顺是，故淫乱生而礼义文理亡焉。

（d）（为克服这些先天之恶）礼义者，圣人之所生也，人之所学而能，所事而成者也。

在某种合宜的解读下，这些由荀子列举的偏好或倾向似乎是与生俱来的，不用习得且难以改变。对荀子来说，这些天性形态的可能结果（也许在常见或自然情况下）是倾向于邪恶的，即与由礼义代表的理性和道德原则或圣人行为相反。

然而，对于本文来说，真正的问题是：荀子将此与生俱来的**性**当作定义人类本质或区别于万物的基础这种方式是否合法，在哲学上有多大合理性？特别是如果考虑到与他有相同道德理想的孟子的替代方案的合理性。换句话说，撇开论辩双方在多大程度上一致使用某些（技术性）术语不谈，[②]仍然存在一个实质性或根本性问题，这就是如何以哲学上有说服力或有价值的方式去概念化人类（相对无争议的）先天/第一属性与（仍颇有争议的）后天/第二属性之间的关系。

[①] 任何蕴含都需要某种逻辑，依赖于某种必然性，例如我们在重建（隐含的）孟子式逻辑的情况下所依赖的回溯必然性。

[②] 例如，不管孟子在不同情境中是否一致地使用"性"（不包括荀子的**性伪**区分），无疑他和荀子都承认君子和普通人皆具与生俱来的本性这一基本事实。

带着这个背景问题，让我先提出两个有关荀子（可重建的）理论框架及其某些逻辑含义的具体问题。

在涉及大自然之地位的宇宙论或本体论最抽象的层面上，荀子似乎对"天、地、人"所构成的"参"这一神秘观念有一个更明智或更富启蒙性的新解：现在它是"大自然之某些过程和原则的客观、抽象运作"①。"天能生物，不能辨物也；地能载人，不能治人也。"（《荀子·礼论》）尽管天地产生了万物，但却在分化、排序或管理万物方面没有任何作用。只有圣人，一旦在伟大的自然进程中诞生，才"提供了在万物'图式'中分配各物以适当位置所需的理性秩序原则……这是（圣人）对'参'的贡献"。②它最能体现"参"（或用我的术语，历时整体）之命或目的，即通过人创造的国家的命运来体现。

也许我还应该补充的是，上面的"提供"和"分配"这样的术语暗示的主动内涵，最好是与荀子有关"支配礼仪和道德原则的指引"作为对象被"发现"这种看法所含的被动认知意义相结合。人对宇宙整体的涉入这种主动/被动二重性，可以在很大程度上解释荀子关于观察（而不是改变）自然的重要性的一些乐观昂扬的主张，比如"圣人清其天君，正其天官，备其天养，顺其天政，养其天情，以全其天功""万物各得其和以生，各得其养以成，不见其事，而见其功，夫是之谓神。皆知其所以成，莫知其无形，夫是之谓天功"。（《荀子·天论》）。

即使暂不引用荀子（准）理论体系中的更多观点，我们也无法忽略一个突出的概念性困难：假如圣人的成就和能力并未揭示出或代表作为宇宙整体中最重要的贡献因素的人的本质的话，那么如何能够构想圣人作为人类理想化身这一根本角色？因为圣人的成就和能力只能通过积累的努力而获得，因此按荀子的标准必须算作后天偶然属性，即积伪所得不属于人的先天本质或必然属性。为了避免明显的矛盾，维护荀子的诠释者似乎只能得出如下结论：自然（即天地）与人之间的最终区别，人之所以为人者，不在于人类的内在或本质属性，而在于这一本性的否定或克服。简言之，圣人之价值在于否定人性。

即便愿意接受这一结论，荀子立场似乎仍然面临严峻的挑战：为什么不直接将被否定或转化了的**性**（即圣人率先实现的后天属性）与人类的本质直接等同起来？相反，一旦这样等同起来，人类的最高或最好成果就不必被视为对其本质的异化！圣人或君子人格也就能恢复其题中应有之属人地位。

---

① John Knoblock, *Xunzi: A Translation and Study of the Complete Work*, Vol. III, Stanford University Press, 1994, p. 7.

② Ibid.

五、用历时整体论诠释孟子人性观

现在让我们重新审视孟子的某些熟悉段落，希望能够证实我提出的历时整体论与孟子人性观之间的深层契合。

孟子的性善说似乎不仅为有关天人关系的儒家图景提供了基石，还为大多数后来的儒家道德实践提供了深远的启示和方向。

在那段常被引用的"所以谓人皆有不忍人之心者，今人乍见孺子将入于井"的描述之后，孟子曰："无恻隐之心，非人也；无羞恶之心，非人也；无辞让之心，非人也；无是非之心，非人也……人之有是四端也，犹其有四体也。"（《孟子·公孙丑上》）

从这些文字的表面看，其内容显然是描述性的而不是规范性的（即不包含"应该"或"职责"等词汇）。尽管可以论证说这些表述所隐含的要点是规范性的，[①] 但其描述性外衣并不会误导别人。相反，它可能在帮助实现或激发孟子深信不疑的道德目标方面具有某种独特而不可替代的作用。[②]

孟子似乎最强调羞耻心："耻之于人大矣……不耻不若人，何若人有？"（《孟子·尽心上》）如果羞耻心是植根于人性深处的原初倾向，那么当孟子明显地在主张，人会本能地倾向于对自己实际达不到标准的（展现人性的）道德行为而感到羞耻，且同时主张"人之所以异于禽兽者几希"（《孟子·离娄下》)，其实是十分融贯的。鉴于人与禽兽之间事实层面微不足道的差异，没有人能够自动地被保证始终（甚至常规地）表现出道德/理性行为。尽管这是普遍存在的外部事实，但每个人都可以有志向，也有潜力，来达到圣人或君子体现的、定义

---

① 例如，约翰·诺布诺克（John Knoblock）指出孟子在关于性的论述从"所有"人到"一些"人的关键转换，这种看似不一致被诊断为从描述到评价的更深层次的转换。见 John Knoblock, *Xunzi: A Translation and Study of the Complete Work*, Vol. Ⅲ, Stanford University Press, 1994, pp. 145-146。另外参见 Zheng Yujian, "Interpretational Paradox, Implicit Normativity, and Human Nature: Revisiting Weakness of Will from a Perspective of Comparative Philosophy", *Dao: A Journal of Comparative Philosophy* 16, 2017: 145-163，其中提出了更系统的论证。

② 在其他地方，我通过引用孟子的方法来解决关于意志薄弱的解释难题以及实际问题，证明了这种作用的卓越性。参见 Zheng Yujian, "Interpretational Paradox, Implicit Normativity, and Human Nature: Revisiting Weakness of Will from a Perspective of Comparative Philosophy", *Dao: A Journal of Comparative Philosophy* 16, 2017: 145-163。在某些动态环境下，相关问题涉及通过理性的自我激励来克服意志薄弱，参见 Zheng Yujian, "Akrasia, Picoeconomics, and a Rational Reconstruction of Judgment Formation in Dynamic Choice", *Philosophical Studies* 104, 2001: 227-225。文章中对此进行了富有成效的探讨。

着人类本质的道德或理想类型。后者意味着将成熟、充分发展的君子状态**描述**为宇宙中的**自然**状态，而不是可望不可即的特异状态。孟子这种对人类自然状态的理解似乎与亚里士多德用来定义人的"第二本性"理解相当，而与荀子的后天习得属性形成对比，后者的最终地位（正如上文所及）似乎尚未完全确定。

常识似乎明确证实了以下道德心理事实：没有人能真正忍受得住自己本质上不如他人的意识，即自己不值得被称为"人"，仅仅处于禽兽的级别。人们可能出于种种原因对可能显示自我劣势的证据一无所知或自欺欺人。正如孟子观察到的，"指不若人，则知恶之；心不若人，则不知恶，此之谓不知类也"（《孟子·告子上》）。然而，这正好意味着，如果（与"心不若人"对应的）某劣行者得到明确的证据，或面临人们广泛的责难，那么他通过纠正其行为倾向来改变这种难以忍受的情况的驱动力也是自然的。这里埋藏着道德进步的实在可能性。

刘大成对于孟子人性论所涉认知判断与意愿制裁之间的隐秘联系有着一个深刻的观察：

"是非之心"具有双重意义。一方面，它指的是心灵区分是与非的能力。另一方面，它还可以指心灵对是的赞同和对非的不满。现在，这种心灵的能力对我们理解孟子性善立场背后的理由十分相关。因为即使在我们没有做正确事情的时候，我们也会不由自主地看到我们没有做的事情是正确的，并且对自己实际选择的行为方式感到不满，且伴随着羞耻感。这样，人性善良的说法就被赋予了一个完全独立于人类实际行为方式的意义。[①]

这里重要的是孟子（隐含的）关于人性的规范性概念与人们的实际表现或道德／理性发展水平之间的逻辑独立性。但逻辑上的独立显然不构成逻辑矛盾，也没有与经验证伪的简单的认识论联系。相反，这种人性的规范性本质所蕴含或要求的不过是原则上不超出人类潜能的范围。换句话说，上天赋予的人类潜能[②]，或者从进化论科学角度看，至少有机会在追求开放的未来前景中得到发挥或发展，无论这前景伴随着哪种规范性—构成性实践。[③]

孟子似乎从关于**性**的某种隐含的规范性理想出发，并把某些实际上符合该规范理想的后验结果当作证据，以证明其（目的论）适应性或与该理想本身的同质性，由此将规范性理想的元素（或萌芽）与**性**捆绑在一起——然后，每个人的道德任务无非是通过恰当地揭示和丰富其**性**之潜力来完成他们的**命**（道德律令暨归宿），也许是在抗衡现实世俗世界的所有外部运

---

① *Mencius*, translated by Lau, D. C., The Chinese University Press, 2003, pp. xix-xx.

② 刘大成在这里的解释一点也不离谱，张岱年似乎也持有对孟子的这种解释。参见张岱年《中国哲学大纲》，江苏教育出版社，2005年，第185～188页。

③ 即便从前瞻角度看，也没有任何这样的前景能被自然规律决定或保证。也就是说，任何这样的成功都将是偶然的，或包含幸运因素。

气或逆境中来实现理想。

这样一种将过程的两个端点（即一端的目的论结果，另一端的某种初始条件状态）[1]捆绑在一起的历时整体性动作，揭示了一种独特的动态规范性形式。无论是孟子还是其他人是否在某种程度上或以某种具体方式明确地自我意识到这一点，情况都是如此。

为了以不同的方式理解相同的捆绑动作，让我们看一下《孟子》中另一个引人注目的段落：

> 口之于味也，目之于色也，耳之于声也，鼻之于臭也，四肢之于安佚也，性也，有命焉，君子不谓性也。仁之于父子也，义之于君臣也，礼之于宾主也，智之于贤者也，圣人之于天道也，命也，有性焉，君子不谓命也。（《孟子·尽心下》）

为什么"君子"不将我们的感官倾向或功能归因于**性**/天性，而是归因于某种规范性**命**/律令，尽管明确承认它们属于人性？相应地，为什么"君子"不将道德规范归因于**命**/律令，而是归因于偏于描述性的天性，尽管明确承认它们属于**命**？显然，孟子并不是有意要混淆属性和命令之间的概念区别，或者因为这种混淆而赞扬君子的任意归因。我认为可取的答案与上述捆绑性思路有关，即与属性的自然禀赋条件和**命**所规定的道德归宿之间的深刻联系有关。这也可以合理地解释，为什么翻译同一个中文字"命"（分别在历时整体的不同方面或不同脉络下）有两个英文术语，即"destiny"（命运）和"decree"（命令），可以且应该汇合。

更具体地说，对天生本性的适应性运作指向某种规范性命运，而实现规范理想的可行性则需要植根于这种本性的某些潜能。如果我们的天生本性没有规范性的约束，那么君子和小人（道德未发展之人）之间的差异将不会出现；如果只有明确的规范性高谈阔论（而不顾我们的自然约束），那么所有人类成员之间甚至与其他动物之间的相似起源或连通性都将被忽略。换句话说，具有自然主义基础的人类成为道德人的（可行但有挑战，不失希望但远非宿命）这种可能性将不会得到强调。因此，捆绑性观念是对如下隐蔽的辩证关系的一种反映和促进：这种关系的一方是有规范约束地当作真（即基于证据的信以为真），另一方则是生成性地使其真（即施行有决心的自我构建努力）。

在此（重新）诠释下，我把孟子进路称为"内隐式"的一个特殊理由，在于它不将终极

---

[1] 顺便提一下，值得注意的是，汉字"端"是上文引用的《孟子·公孙丑上》段落中的一个关键词，可被恰当地英译为"terminal"或"germ"。

的道德理想视为外部强加的东西，就像来自某个外在权威的任意命令，这些命令可能与那些接受命令的个体的自然禀赋毫不相干。相反，终极的道德理想恰恰是那些个体在历时整体过程中有望趋近的下游类型的题中应有之义，孟子"内隐式"关系强调了道德发展是人类本性和命运的核心和构成部分。

此外，这种规范性假设在"内隐式"方面具有双重含义：孟子的种子比喻暗示主体已经具备了有待适当发展的基本成分；主体实现理想的规范力量最好来自内部，或者来自其内部动态驱动机制的激发，而不是来自与某种心灵工程相关的强制性重塑。这种心灵工程似乎是荀子喜欢的，或者说他认为唯一可行的。

孟子内隐式规范性的双重含义似乎进一步支持着上述关于当作真和创造真之间有重要实践意义的见解。第一个隐性方面与孟子的种子比喻的描述性外衣有关，有助于保证一个人对自己潜在结果的基本信心；第二个隐性方面则与内在变化或校正的内源性源泉有关，有助于调动（比如，与"羞恶之心"相关的）潜在心理力量。

孟子人性论进路，从历时整体论视角，不妨小结如下。它挑选出某些道德发展成熟的人类代表，如圣人，作为相信每个人原则上都可以达到的道德境界的证据（无论证据涉及的品格特征现实中有多稀少）；这是因为每个人类成员必须具有与圣人一样的德性种子，否则就连圣人都不可能实现其应许之果。潜在性，而不是现实性或自然规律支配下的概率性，才是（或应当是）特定物种的最内在的可表征性；这对于具有最高理性的物种即人类来说，尤其如此。

六、关于孟荀人性之辩的历时整体论裁决

如果荀子的总体框架最终被证明有足够的理由将人的习得第二性视为人性的决定性因素，那么它最终将与上文中诠释的富历时整体性的孟子进路趋于一致。

沿着这条线，人们可能会遗憾地声称，荀子忽略了，从而浪费了似乎潜存于他的带有自然主义启蒙性的哲学体系的某些宝藏。这或许部分因为他为了赢得这场"历史性争辩"而过于急切地锁定孟子立场中看似容易攻击的"缺陷"。

至于孟子那些被锁定的"缺陷"是否真实或不容置疑，我们不妨快速地看两个例子。

其一，孟子声称，人类能够学习的事实表明他的本性是好的。荀子认为这一主张与"先天本性"的定义相矛盾，因为"先天本性"是指从自然中自发的东西，即不能被学习的东西。但这一批评似乎将学习的能力与要学习的对象或知识混为一谈，并且明显违反了荀子自己在

《荀子·性恶》中强调的对知道/学习能力和一个人知道的或学到的东西之间的区别。

其二，孟子声称，人的原初简单性和童年天真性是好的，出现恶行的原因在于失去了这种童真简单（《孟子·离娄下》）。但是，荀子指出，人的属性成熟是一个过程，比如性成熟，恰恰要脱离原初的简单或童真。这里，再次出现了荀子始料未及的论证漏洞，至少在生理学层面，成熟性地脱离原初状态并不是断裂或毁坏，反而是原初状态所孕特性或潜力的生长繁荣的证据。在心理学或（工具）理性层面上，类似论点似乎同样适用。

这类论证失效恐非偶然，似乎与更深层次的逻辑盲点有关。在没有实际获得路径下游结果（比如某成人的性格特征和特定行为）的情况下，往往不会存在得以区分上游实体（比如其儿童阶段相关特征）的证据基础——例如作为天生属性的（那部分）性取向，其独特效应可能在年龄太小时并未表现出来。可见，荀子的反驳失效似乎无意中为验证孟子的反向推导种子属性或基于两端捆绑的范式提供了支持。

尽管如此，本文并没打算暗示孟子会否认现实中常见的损失或毁坏原初潜能的情况。无疑，他必定认识到了人生发展过程充满风险和偶然性；对于人类随时可能做出禽兽般的行为（"人之所以异于禽兽者几希"）的意识也许不亚于荀子。可以合理地假设，在同一上游实体的所有可能（分叉）的下游结果中，作为来自该实体的相互排他的候选路径（即 PD 序列）的可资对比的各终端结果，孟子更愿意选择最好的或（包含君子）道德的结果作为揭示上游实体本性的代表或象征，同时将其他结果视为不具代表性的偏离者（其所从出的相应路径也就是偏离型路径）。相反，荀子则会将更具统计学意义的结果视为代表其原初本性的结果。两者都可以正确。问题是哪种方式在哲学上更有意思或更重要，即使它不是唯一可被证成的方式。

这里，我无意做任何简单化的裁决（尽管本节标题含此二字）；并且合理地希望孟子和荀子的学说（或其部分资源）在某种程度上是互补的。为加强最后一节的结论，我想在此添加一条对荀子相关思想之内在紧张性的批评。

荀子的以下两个基本主张存在着一种难以消除的紧张或对立：一方面，他坚持认为最终的善在礼仪制度中实现，后者只能是圣人习得之性的产物，所以这习得之性也必须是善的；另一方面，这种善的习得之性除了恶的本性（以及充其量是中性的自然材料）之外，没有其他来源。"性者，本始材朴也。"（《荀子·礼论》）除非荀子相信纯粹外部因素可直接导致善的习得之性，否则他坚持圣人理想的客观之善似乎是十分武断教条的。显然，善的客观性无法由不同路径中人自以为是的主观感觉来决定，也不能由多少人追随模仿示范者来决定。为了加剧这里的紧张，让我们不妨设想桀和盗跖也声称并真诚地相信自己远比尧和舜更好，同时许多宵小之徒竞相模仿他们。

相比之下，孟子关于道德价值和良善本性的全然内源性标准并不面临类似的质疑。

七、总结

让我用文中提及的内隐式、内生（/内源）性、回溯必然性这三个概念来做一总结。

首先，这些相互关联的概念更适用于孟子进路，而不是荀子进路。孟子是从某种关于人性的内隐式规范性概念出发，并将与其道德理想相适应的特定行为视为对这种内隐式含义通过路径而展开的下游证据，由此将人性元素或种子与已选善果绑定在一起，从而前者就获得了后者的道德意义或规范内容。于是，每个人一生的道德任务就是丰富和扩大自己的向善之性，让它在种种外在偶然的遭际中实现其道德使命。正是这使命或归宿最终让自己有资格被称为真正的人。

其次，无论上述概念在实践上的现实有效性有多大，其驱动机制显然是内生的或内源性的——在渐进养成和最终成为圣人的意义上，每一步成就都是与整体路径的逻辑起点分不开的（相对而言的）"下游"结果。用历时整体论的术语说，孟子传统最好地体现了（一种强版本的）回溯必然性，因此可以在有限的个体心灵中支撑种种形式的历史整体意识或使命感。难怪具有孟子精神的行动者倾向于表达自身体感到的某种深刻而本真的来自道德命运的召唤。这种召唤显然不是由外部力量强加的，而是由自我施加的即内源性的愿景或驱动。因此，孟子的根本洞见可以被厚道地总结为：人不仅有与动物相似或同源的自然根基，而且同样重要的是，人也有成为（充分）理性和道德的**自然**命运，也就是说，伴随着历时整体的内隐性和内生性这两方面的规范性也是**自然的**。

最后，充分发展的对于回溯必然性的意识在如下意义上是与某种深远的价值感或壮美感相贯通相协调的：作为有限和偶然的渺小存在者，却同宇宙万物相统一、与深不可测的过去相连接。这是一种绝非幻觉的_丝丝入扣、生生不息_的联系。基于这一观察，如果在阅读浸润于孟子传统的儒家文本时常听到一些熟悉的回响的话，那么似乎可以不太夸张地说，孟子（或广义儒家）传统所取得的道德实践成就从某种特殊的角度支持了历时整体论这一形上学新框架。

参考文献：

Carter, Brandon, "Large Number Coincidences and the Anthropic Principle in Cosmology", *IAU Symposium 63: Confrontation of Cosmological Theories with Observational Data*, Reidel, 1974.

Dennett, Daniel, "Précis of The Intentional Stance", *Behavioral and Brain Science* 11, 1988(3): 495-505.

—— "The Evolution of 'Why?'", in Bernhard Weiss, Jeremy Wanderer (eds.), *Reading Brandom: On Making It Explicit,* Routledge, 2010.

Kment, B., "Varieties of modality", in Edward N. Zalta (ed.), *The Stanford Encyclopedia of Philosophy (Winter 2012 Edition),* URL = <http://plato.stanford.edu/archives/win2012/entries/modality- varieties/>.

Knoblock, John, *Xunzi: A Translation and Study of the Complete Work*, Vol. I, Stanford University Press, 1988.

——*Xunzi: A Translation and Study of the Complete Work*, Vol. III, Stanford University Press, 1994.

Kripke, S., *Naming and Necessity,* Harvard University Press, 1980.

Mencius, translated by Lau, D. C., The Chinese University Press, 2003.

Lewis, David, *Counterfactuals*, Blackwell, 1973.

—— "Causation", *Journal of Philosophy* 70, 1973: 556-567.

Millikan, Ruth, "Reading Mother Nature's Mind", in Don Ross et al. (eds.), *Dennett's Philosophy: A Comprehensive Assessment*, MIT Press, 2000.

张岱年：《中国哲学大纲》，江苏教育出版社，2005 年。

郑宇健：《路径、必然性与第一人称的本体论建构》，《外国哲学》第 36 辑，商务印书馆，2019，第 198～212 页。

—— "Interpretational Paradox, Implicit Normativity, and Human Nature: Revisiting Weakness of Will from a Perspective of Comparative Philosophy", *Dao: A Journal of Comparative Philosophy* 16, 2017: 145-163.

—— "The Swampman Puzzle and Diachronic Holism", *Philosophical Forum* 47, 2016: 171-193.

——《回顾式必然性——一种涉及进化逻辑的新模态观念》，《外国哲学》第 31 辑，商务印书馆，2016，第 131～141 页。

—— "Akrasia, Picoeconomics, and a Rational Reconstruction of Judgment Formation in Dynamic Choice", *Philosophical Studies* 104, 2001: 227-251.

Diachronic Holism and the Mencius-Xunzi Dispute about Human Nature

ZHENG Yujian

Department of Philosophy, School of Humanitics, Shenzhen University

Abstract: A new thesis of diachronic holism is brought to bear on the well-known Mencius-Xunzi dispute about human nature. The significance of doing so seems bi-directional: in the first direction, i.e., applying the thesis to the dispute, my reconstruction of both Mencius's and Xunzi's views aims at revealing a largely neglected but important aspect of Confucian thought. While in the second direction, whoever is otherwise convinced by the Mencian insight may find its successful reconstruction as a case of diachronic holism good evidence for the thesis itself. The paper largely focuses on the first direction while the key notion of retrospective necessity is explicated. A view about implicit and endogenous normativity could get some illumination in the second direction.

Keywords :diachronic holism; normativity; retrospective necessity; human nature; the Mencius-Xunzi dispute

【知识论】

知识悖论蕴含了"反知识论"吗?
——批评大卫·刘易斯对知识论学科合法性的怀疑

◎ 陈常燊

山西大学哲学学院

摘　要: 对知识悖论的分析不仅有助于澄清语境主义与怀疑论的分歧,还有助于解释大卫·刘易斯(David Lewis)为何从语境主义滑向了对知识论学科合法性的怀疑,即知识悖论蕴含"反知识论"。然而,刘易斯的怀疑是成问题的,在正统知识论与"反知识论"之外还有第三种方案,即一种维特根斯坦式的寂静主义知识论。该方案的优势在于一方面能够兼容语境主义主张的"无需怀疑的怀疑",从而回应了怀疑论;另一方面无需承担"无需知识论的知识"的理论代价,从而拒斥了刘易斯的"反知识论"。寂静主义知识论不再关心"知识论知识",即我们是否知道知识是什么,而是关心"非知识论知识",即我们如何获得语境性知识。

关键词: 怀疑论;知识悖论;二阶知识论;语境主义;寂静主义

自笛卡儿以来,人类知识大厦的根基一直面临着怀疑论的挑战。本文所说的怀疑论有两种形态。其一是针对一阶知识论(the first-order epistemology)的怀疑论,它质疑知识的可能性,至少其合法性是成问题的。近来,认知语境主义(epistemic contextualism)对此作出了回应,试图捍卫知识的合法性。[①]其二是针对二阶知识论(the second-order epistemology)的怀疑论,它并不质疑知识的可能性,而是将矛头指向知识论这门学科,质疑其自身的学科合法性。作为当代认知语境主义的代表,大卫·刘易斯在某种意义上捍卫了知识的可能性。然而笔者认为,他在批评怀疑论时似乎有些用力过猛,以至于对知识论这门学科的合法性提出了怀疑,进而支持一种"无需知识论的知识"(knowledge without epistemology)立场——姑且称之为"反知识论"(anti-epistemology)。本文旨在分析刘易斯是如何从语境主义走向"反知识论"的,

---

① Keith DeRose, *The Case for Contextualism: Knowledge, Scepticism, and Context*, vol. 1, New York: Oxford University Press, 2009.

探讨在坚持语境主义的同时捍卫知识论学科合法性的可能途径，进而回应上述针对二阶知识论的怀疑论，最终否认知识悖论蕴含了"反知识论"。

一、知识悖论与语境主义

正统知识论属于一阶知识论范畴，它关注我们关于世界以及我们自身的知识如何成为可能。语境主义者认为知识的归属是与语境相关的，因为充分确证的标准是与语境相关的。他们借助下述主张来回答这种怀疑论，亦即普通人是否会说某人知道某件事的标准是因语境而异的：在某些"低标准"语境中我们乐于称之为"知识"，但在另一些"高标准"语境中我们会否认它是"知识"。例如，刘易斯在《难以捉摸的知识》一文中指出，在严格的知识论语境（epistemological context）中，我们什么都不知道，然而在宽松的语境中，我们知道很多。[①]

语境主义被认为有力地解决了斯图亚特·柯恩（Stewart Cohen）提出的下述知识悖论（paradox of knowledge）：[②]

（PK$_1$）我知道 p，例如，我知道远处有一匹斑马；
（PK$_2$）我不知道非 H，例如，我不知道远处不是一头被乔装打扮过的驴子；
（PK$_3$）仅当我知道非 H，我才知道 p，例如，仅当我知道远处不是一头被乔装打扮过的驴子，我才知道那里有一匹斑马。

其中，命题 PK$_1$ 是常识主张；PK$_2$ 是怀疑论主张；PK$_3$ 是直觉主张。悖论在于，单独地看，这三个命题都是符合直觉的，但是它们的合取蕴含了矛盾。可选的解悖方案是，要么拒绝其中一个主张，要么不承认这里存在真正的悖论。怀疑论者选择拒绝 PK$_1$：由于 PK$_2$ 和 PK$_3$ 的合取蕴含了 PK$_1$ 是假的，也就是说，如果怀疑论为真，那么常识主张不成立；相反，正统知识论者选择拒绝 PK$_2$：由于 PK$_1$ 和 PK$_3$ 的合取蕴含了命题 PK$_2$ 是假的，也就是说如果常识主张为真，那么怀疑论不成立。语境主义则认为，这是一个似是而非的悖论：PK$_1$ 和 PK$_2$ 并不矛盾，它们的合取与 PK$_3$ 也是兼容的，因为在不同的语境下它们都是成立的。

---

① David Lewis, "Elusive Knowledge", in David Lewis, *Papers in Metaphysics and Epistemology*, vol. 2, Cambridge: Cambridge University Press, 1999, p. 421.
②〔美〕斯图尔特·柯恩：《为语境主义辩护》，载马赛厄斯·施托伊普、约翰·图里、欧内斯特·索萨等编《知识论：当代论争》（第 2 版），王师、温媛媛译，曹建波校，上海译文出版社，2020 年，第 124 页。

　　然而，上述语境主义解悖方案引来了厄尔·科尼（Earl Conee）的批评，后者认为语境主义无法给出解决知识悖论的语义学假说。[①] 此外，若结合刘易斯的理论，笔者发现，PK_2 似乎也是有问题的：首先，严格来说，我并非"不知道"非 H，而是无意地忽视了非 H 的可能性，并且这通常是一种恰当的忽视；其次，我们无法排除所有其他可能性，除了非 H，还有非 I，非 J……据此，通过修改主张 PK_2 和 PK_3，笔者给出经过修正的"知识悖论 2.0"如下：

　　（PK_1*）S 知道 p，例如，我知道远处有一匹斑马；

　　（PK_2*）S 无意且恰当地忽视了诸多 ~p 的可能性，例如，我无意且恰当地忽视了诸多远处不是一匹斑马的可能性；

　　（PK_3*）仅当 S 不知道 ~p，S 才知道 p，例如，仅当我不知道远处不是一匹斑马，我才知道那里是一匹斑马。

　　此处的关键是如何理解"忽视"（ignorance）概念，它依赖语言游戏中的说者与听者之间约定俗成的标准，并且受到了"无意"和"恰当"的双重限制：有些无意的忽视并不是恰当的，有些恰当的忽视并不是无意的，它们都不属于此处的讨论范围。为此，刘易斯区分了"无意地忽视"（involuntary ignoring）与"自我欺骗的忽视"（self-deceptive ignoring）；"恰当地忽视"（properly ignoring）的可能性与不可消除的"牵强附会的可能性"（far-fetched possibilities）。[②] 在某种意义上，刘易斯版本的语境主义比柯恩版本的语境主义更好地解决了知识悖论。在他看来，若要回应怀疑论的攻击，知识论的真正目标不在于"证成"（justification），而在于支持某种版本的可错论（fallabilism）。命题 PK_2* 不再是一个怀疑论命题，而是一个可错论命题。如果我声称 S 知道 p，但我又承认 S 不能消除某一种 ~p 的可能性，那么我似乎已经承认 S 终究不知道 p。

　　可错论支持一种膨胀论的知识观。这种可错论的边界何在？知道 p 的时候又承认可能并不真的知道 p，因为这个信念是可错的。如果知识就是那些可错的东西，那么没有什么东西不可以是知识。怀疑论支持一种紧缩论的知识观。怀疑论的论证既不新奇，也不复杂。似乎知识就定义而言必须是绝对正确的。如果你声称 S 知道 p，但你又承认 S 不能消除某一种 ~p 的可能性，那么你似乎肯定已经承认 S 终究不知道 p。谈论易犯错误的知识，谈论存在不可消

　　① 〔美〕厄尔·科尼：《再度挑战语境主义》，载马赛厄斯·施托伊普、约翰·图里、欧内斯特·索萨等编《知识论：当代论争》（第 2 版），王师、温媛媛译，曹建波校，上海译文出版社，2020 年，第 134～135 页。
　　② 李麒麟：《知识归属的语境敏感性》，北京大学出版社，2021 年，第 11～12 页。

除的错误可能性的知识，听起来只是自相矛盾。在刘易斯看来，可错论原则上没有什么问题，因为没有绝对不可错的知识。但真正有问题的是知识论，如果 S 知道了那些当初被忽视的 ~p 的可能性，那么他就不能说自己知道 p。而 S 是通过被提醒去反思这些 ~p 的可能性的知识而否认自己知道 p 的。这样，假定可错论是对的，要么怀疑论是对的，S 并不真正地知道 p，要么这种反思是错的，他不应该去反思。

我们把语境主义视作可错论与怀疑论之间的一种中庸立场，它对知识的要求比可错论更严格，但是又比怀疑论更宽松。"我知道我有手"这个摩尔式知识在日常语境中是可证成的，在此语境中，受恶魔欺骗的可能性被适当地忽视了。类似的知识还有很多，那些挑战它们的怀疑论论证同样要依赖它们。维特根斯坦认为，有意义的怀疑以生活形式的确定性为前提，有一些表面上的怀疑是毫无意义的，因此不是真正的怀疑。他说："如果你试图怀疑一切，你就不会得到任何怀疑。在包含怀疑的游戏里本身预设了确定性。"①

与适当地被忽视的可能性相对的，是牵强附会的错误可能性。在语境主义者看来，提及这种可能性自身就改变了语境。"我知道我不是没有手的，不是被欺骗的"这个结论在它的语境中是错误的，因为在那个语境中，欺骗恶魔的可能性被提及，没有被忽视，因此没有被恰当地忽视。此处涉及"提及"（mention）与"使用"（use）的区别。我们只能在实践上使用或默认这样的可能性，而不能明确地提及它们。刘易斯在语境主义的基础上走了一大步。他的正面立场回到了可错论，反面立场走向了反知识论。据笔者理解，刘易斯区分了两种语境：知识论语境与非知识论语境（non-epistemological context）。当我们在普通语境下讨论知识时，我们只是在使用"知识"概念，知识的可错性被恰当地忽视了；而当我们转向知识论语境时，知识可错性的可能性被牵强附会地提及了。因此，在所有的语境中，知识论语境是最特殊的。语境主义者未能看到它与非知识论语境的区别。他们会默认即便在知识论语境中，我们也能像在普通语境中那些讨论知识，只不过我们换了一种语境。但是，从普通语境到知识论语境之间的转换，不同于普通语境内部的切换。前面那种切换可让我们陷入"知识悖论"当中，最终我们无法在知识论的语境中谈论知识。

---

① Ludwig Wittgenstein, *On Certainty*, G. E. M. Anscombe and von Wright(eds.), Denis Paul and G. E. M. Anscombe(trans.) , Oxford: Basil Blackwell, 1969, p. 115.

二、无需知识论的知识：刘易斯的"反知识论"

在笔者看来，刘易斯版本的语境主义尽管对怀疑论给出了有力的回应，但是借助上述"知识悖论 2.0"的分析，我们发现刘易斯似乎走得太远了，在拒斥一阶知识论的怀疑论的同时陷入了一种二阶知识论的怀疑论，亦即对知识论这门学科自身的合法性产生了怀疑。用他自己的话说，从可错论出发，谈论存在不可消除的错误可能性的知识，听起来只是自相矛盾。[①] 我知道 p，当且仅当，我恰当地忽视了 ~p 的可能性。然而，一旦我意识到被自己忽视的那些 ~p 的可能性，我还能说自己知道 p 吗？这是一个有趣的悖论。然而笔者认为，这不是知识自身的悖论，而是知识论这门学科的悖论。最终，知识论只能以沉默的方式进行研究，这实际上取消了这门学科。换言之，知识悖论蕴含了"反知识论"。

"反知识论"的核心要义是"无需知识论的知识"，亦即我们拥有非知识论上的一阶知识，这也是传统的知识，但是我们缺乏关于知识论的知识（knowledge of epistemology），这意味着我们的知识观无需借助知识论这门学科来呈现。通俗地说，传统的知识是可能的，至少在语境主义背景下，我们能够获得某些一阶知识；但是传统的知识论是不可能的，至少我们无须获得关于知识论的二阶知识。二阶知识论是关于知识论这门学科的知识论，亦即我们关于知识论的知识如何可能。它像一阶知识论中的知识那样，通常被假定为一种积极的、实质性的知识。所谓"积极"是说，它正面地告诉我们知识是什么，而非只是从反面告诉我们知识不是什么。譬如按照传统观点，知识被理解为一种得到证成的真信念，或者如刘易斯所言，主体 S 知道命题 p，当且仅当，p 包含了被 S 的证据排除的所有可能性。所谓"实质性"是说，它不只是逻辑上的形式规定性，或者概念上的语义规定性，相反它是直接指向世界或事实层面的。经验知识通常都符合这些实质性要求。与一阶知识论不同的是，二阶知识追求一种反思性的知识，也就是关于知识论的知识。

然而，刘易斯对二阶知识论的上述三个特征都表示了异议。在他看来，二阶知识论只能是一种消极、前反思、非实质性的知识。所谓"消极"是说，知识论不告诉我们知识是什么，但可以告诉我们知识不是什么。譬如，它不是有证成的真信念，甚至不一定是信念，也很难被归属到任何一个认知主体。[②] 于是，知识论不再是一种关于"S 知道 p"的研究：首先，S 与

---

① David Lewis, "Elusive Knowledge", in David Lewis, *Papers in Metaphysics and Epistemology*, vol. 2, Cambridge: Cambridge University Press, 1999, p. 421.

② 程炼:《思想与论证》，北京大学出版社，2005 年，第 116～117 页。

p 之间的二元关系被瓦解，因为无法确定地将信念 p 归属给主体 S；其次，证成（justification）标准对于知识而言既非充分亦非必要；最后，语境主义的知识论并没有相应地要求一种语境主义的真理论，这意味着语境主义背景下的知识与真理并没有必然的联系。

正统知识论预设了一种二阶知识。S 知道 p，当且仅当，S 知道"S 知道 p"。刘易斯质疑了这种二阶知识的可能性，S 知道 p，不等于 S 知道"S 知道 p"。也就是说，知识是可能的，但作为一种反思的"知识论知识"（epistemological knowledge）恰恰是不可能的。语境主义者同意前半句，不同意后半句，所以他不是一个典型的语境主义者。这也表明知识是超内涵的，知道 p 的人，不一定（甚至一定不）知道自己知道 p，即便有理由表明，S 知道 p，当且仅当，S 知道"S 知道 p"。知识是经不起反思的，如果知识论就是对知识的反思，那么毋宁说，知识论是不可能的。换言之，你可以知道，但是你不可以知道自己知道。

为了回应知识悖论，刘易斯采取了语境主义策略。但他的真正用意并不在此。换言之，《难以捉摸的知识》一文的主旨并非要提倡一种语境主义。刘易斯说得很清楚：他自己不同意这种关于知识依赖于语境的说法，因为他质疑它的出发点，即知识的标记是确证。他在强调知识的语境主义时，对知识论的学科合法性提出了质疑。我们只能说他是一个非典型的语境主义者，因为其他语境主义者在捍卫知识的地位时并不连带质疑知识论的学科合法性。如果他的"反知识论"是对的，那么语境主义作为一种知识论方案，其合理性便要大打折扣。在他看来，易错论面对的自相矛盾不会对知识的定位带来威胁，但会对知识论的学科地位带来威胁。

刘易斯举例说，关于自己会输掉彩票的真实想法并不是知识，这一点表明了确证不是知识的充分条件；他又进一步举例说，看到一个人脸时就能认出他来，这一点表明了确证不是知识的必要条件。他追随彼得·安格尔（Peter Unger），提议将知识的不可错性（infallibility of knowledge）作为出发点。[①] 刘易斯首先根据未被排除的可能性（uneliminated possibility）概念来定义知识：主体 S 知道命题 p，当且仅当，p 包含了未被 S 的证据排除的所有可能性；等价地，主体 S 知道命题 p，当且仅当，S 的证据排除了所有 ~p 的可能性。[②] 这并不是说我在平常的意义上知道猫在垫子上，但在哲学意义上我们不知道，而是说，我们可以在可错论的意义上说我们知道这一点。但是，这个知识主张的知识论语境不同于其知识语境（knowledge context）。我们在知识论语境上不是一个怀疑论者或不可知论者，而是一名寂静主义者：任何

---

① Peter Unger, *Ignorance: A Case for Scepticism*, New York: Oxford University Press, 1975.

② David Lewis, "Elusive Knowledge", in David Lewis, *Papers in Metaphysics and Epistemology*, vol. 2, Cambridge: Cambridge University Press, 1999, p. 422.

在理论上进行阐明的企图都会陷入自相矛盾的境地。

但在笔者看来，此处可能会陷入循环。一方面，我们只忽视那些可以证伪我们预设的可能性；另一方面，适当的预设对应适当的忽视。那么 S 知道 p，当且仅当，S 的证据消除了所有 ~p 的可能性。但麻烦在于，此处还得加一个限制条件：除了那些与我们正确的预设相冲突的可能性。此处的恰当预设并不等于恰当的语境，那些被忽视的可能性（可错性）不是被忽视的语境，因为它们可以满足"确证"概念——如果语境主义要求这个概念的话。此外，语境主义关注一个积极论题，即如何确证一个信念为真；而可错论则关注一些消极论题，即如何避免一个信念为假。后者允许一些特设性语境，它们不能被提及，只能被使用。然而语境主义者无须在此处做提及与使用的区分。可错论者借助恰当的预设、恰当的忽视无法消除的可能性来捍卫知识，但"无法消除"是一个模糊的概念。

三、无需怀疑论的怀疑

在这一节，笔者试图论证，语境主义直接针对的不是对知识的日常的怀疑，而是作为一种哲学立场的怀疑论。在非知识论语境中，怀疑是没有问题的，只有知识论语境下的怀疑论才有问题。怀疑论只针对知识论，而非针对知识。如果我们放弃知识论，怀疑论就无的放矢了。那么知识论就会是一种破坏自身主题的探究。如果是这样，当我们从事知识论研究时，怀疑论的论证可能是完美无缺的——而且只有在那时！程炼在《刘易斯与怀疑论》一文中批评道，刘易斯的语境主义策略导致的结果之一是让知识论与怀疑论同归于尽。[①]

刘易斯认为语境是约定俗成的，他提出的"禁止性规则"和"允许性规则"都假定了在一个共同体当中的游戏。这样，知识的归属是一项主体间的事务，它运用于多人玩的语言游戏中。程炼对此提出批评，他认为这种语境主义无法说明一个人的情形，亦即在一个人内部，知识的自我归属是如何可能的。关于我是否知道关于外部世界的事实，那么它肯定有一个客观的或主体间的归属标准，这一点即便对于孤岛上的鲁滨孙来说也是如此。而关于我是否知道关于我的主观世界的知识，根据维特根斯坦的看法，这根本不能算是一种知识，而是一种类似于"直接确定性"的东西。他人是否认为我知道某事，这是一件灵活的、语境敏感的事情，但我是否认为自己知道却未必如此。换言之，主观知识并不依赖于语境。

在《论确实性》中，维特根斯坦用概念批判的方式回应怀疑论的挑战。他的做法是：给

---

① 程炼：《思想与论证》，北京大学出版社，2005 年，第 107～117 页。

"知道"和"怀疑"这些基本的知识论概念的合法使用进行划界，并且指出，只有在能真正地称之为"知识"的地方，才有真正的怀疑。"'知识'和'确定性'属于不同的范畴……而我们现在感兴趣的不是这种确定性而是知识。"① 有两种通常所谓的"知识"严格来说属于确定性，因此是对"知识"概念的误用。第一种是所谓的摩尔命题（Moorean proposition）。例如，我知道我有两只手。它在形式上类似于我知道勃朗峰海拔 4810 米，是西欧的最高峰。但不管是维特根斯坦还是刘易斯，都认为摩尔式事实的知识是毋庸置疑的。对此，维特根斯坦的理由是，它不是一种真正的"知识"：问题并不是摩尔知道他有手，而是假设他说"关于这件事我当然可能弄错"，听者是难以理解的。② 第二种是第一人称知识，典型例子是类似于我知道我牙疼这样的主观感知知识。典型的知识是第三人称知识，而非第一人称或第二人称知识——这是知识归属者关于另一个认知主体的知识的知识（knowledge of knowledge）。③ 我们无法有意义地怀疑这两类知识，因为严格来说它们不算知识。而在维特根斯坦看来，只有在算是知识的地方，才能提出有意义的怀疑。

　　就其本质而言，知识是可错的，也是可疑的，任何一种"知道"都是"可能知道"，而非"必然知道"。④ 怀疑论者抽象地主张所有知识都是可错的、并非绝对确定的，只能表明了他支持一种关于从言的模态否定知识（modal negative knowledge *de dicto*），即"S 有可能不知道 p"，但不能表明他支持了一种关于现实的从言肯定知识（actual positive knowledge *de dicto*），即"S（现实地）知道 p"。举例来说，停止的钟表一天有两次是走时"准确"的。假如它停止在 4：39 这个刻度上，而我某天碰巧在 4：39 时看到了它，这样我似乎就确证了"现在是 4：39"这个碰巧为真的信念。我忽视了一种不可排除的可能性：钟停了。因此我并非必然知道现在是 4：39。但是，关于"S 有可能不知道 p"的模态知识即便能够被确证，仍然不能算作对 JTB 定义的反驳，因为这种模态知识中立于"S 现实地知道 p"与"S 现实地不知道 p"，在此例中，我仍然有可能（现实地）知道现在是 4：39。所谓的盖蒂尔反例（Gettier's

① Ludwig Wittgenstein, *On Certainty*, G. E. M. Anscombe and von Wright(eds.), Denis Paul and G. E. M. Anscombe(trans.) , Oxford: Basil Blackwell, 1969, p. 20.

② Ludwig Wittgenstein, *On Certainty*, G. E. M. Anscombe and von Wright(eds.), Denis Paul and G. E. M. Anscombe(trans.) , Oxford: Basil Blackwell, 1969, p. 32.

③ David Lewis, "Elusive Knowledge", in David Lewis, *Papers in Metaphysics and Epistemology*, vol. 2, Cambridge: Cambridge University Press, 1999, p. 428.

④ 陈常燊：《"可能知道"，抑或"知道可能"？——捍卫一种运气相关的知识论》，《福建论坛》（人文社会科学版）2022 年第 11 期，第 79～88 页。

counterexamples）恰恰只是对"S 现实地知道 p"的 JTB 定义的反驳。[1]因此，无论是模态知识论还是盖蒂尔反例都不支持怀疑论。

然而，并非所有我们通常用"S 知道 p"表达的都能被恰当地称为知识。笔者认为，这两种知识都可以借助知识的起源方面来解释，这是一种斯特劳森式的自然主义的知识观。[2]这实际上也是程炼的意思：我们无法抵抗自然过程，它是一个我们无法用实际语言表达的终极"预设"；这个过程对于我们来说是被遮蔽着的，我们被迫形成了某些关于世界的信念。[3]但这种自然主义在很大程度上在物种层面上解释了"人类的知识起源"，而不是个体层面上的"张三的知识起源"。信念有程度之分，"S 知道 p"意味着 S 拥有支持信念 p 的足够多的证据或论证，但问题是，多少证据才算"足够多"，类似地，多高程度的信念才算"足够高"？这可能取决于风险足够大。当错误会产生特别灾难的后果时，几乎没有什么可能性可以恰当地被忽视。此处的"风险"概念接受于自然选择理论中的"达尔文适度"（Darwinian fitness）概念，因而与斯特劳森式的自然主义的知识观并行不悖。

刘易斯也愿意在"知识"的概念上回应怀疑论。知识论的语境主义可以借助形而上学的模糊性方案来解决。S 知道 p，此处的"知道"是模糊的，是否真知道取决于我们在何种语境下说这句话。刘易斯想强调的是，模糊仅仅是我们语言的一种现象，或者我们对世界概念化的一种方式。世界上没有模糊性，因为它自身独立于我们的思考或谈论它的方式。虽然刘易斯并不反对通常所说的语言模糊，但他对所谓"形而上学模糊性"（metaphysical vagueness）提出商榷，这种看法有时被称为"模糊性的语言学理论"：对模糊性的唯一可理解的说明，将之置于我们的思想和语言之中。边界地带的起点很模糊，并不是因为存在这样边界不清晰的地带，而是因为存在很多东西，各自有不同的边界，没有人傻到试图强制选择其中一个作为"边界地带"一词的正式指称。模糊性是语义上的优柔寡断状态。[4]

前文指出，可错论是一种过于膨胀的知识论，它无法为知识与非知识划出一条清晰的界限。对可错论的怀疑促使了语境主义的诞生。生活中的怀疑者可以要求认知主体对知识归属的语境进行澄清，这样他们对知识归属的怀疑实际上就成为对语境的怀疑。在此处存在一种有意义的怀疑：要么主体为知识归属指派了一个不恰当的语境，从而让我们有理由怀疑，这时主体就有义务对此做出回应；要么提醒我们注意到认知主体与怀疑者并不共享特定的语境，

---

[1] Edmund Gettier, "Is Justified True Belief Knowledge？", *Analysis*, 23(6), 1963: 121–123.

[2] Peter Strawson, *Scepticism and Naturalism: Some Varieties*, London: Methuen & Co. Ltd, 1985.

[3] 程炼：《思想与论证》，北京大学出版社，2005 年，第 117 页。

[4] David Lewis, *On the Plurality of Worlds*, Oxford: Basil Blackwell, 1986, p. 212.

这时的主体可能不会认为怀疑是恰当的，但至少让我们明白二者的分歧何在。

　　激进怀疑论无论如何都要对人类知识的可能性提出"灵魂拷问"。具体而言，怀疑论为什么是有问题的？首先，根据维特根斯坦，至少在摩尔命题和第一人称知识的情况下，怀疑论者错误地使用了"知道"这个词，在没有知识的地方无法提出有意义的怀疑；其次，根据刘易斯，怀疑论对知识的归属提出了过于严苛，以至于有些"疯狂"的标准，结合了语境主义的可错论可以回应这种怀疑；最后，在刘易斯看来，"知道"原本就是一个模糊的概念，在"S 知道 p"这个表达式中，"知道"这个词在概念上仍然是模糊的，尽管我们无法断言知识具有形而上学的模糊性。

四、寂静主义知识论

　　作为一个理论难题，知识悖论可以被通俗地表达为：如果我宣称自己有知，只是因为我不知道或忽视了自己的无知，我真的有所知吗？反过来，一旦我认识到了被自己忽视的东西，从而知道了自己无知时，我真的一无所知吗？刘易斯大概会认为，知识是存在的，但它是不可说的。"我不可能如实说出来，也不可能吹出来。因为大声说出来，或者吹口哨，我就会把它变成假的。"[①] 然而，知识悖论不是一个实践悖论。探究世界可以产生知识，而把知识自身作为探究对象则产生了知识论这个哲学部门。在刘易斯看来，沉溺于知识论的部门化的思考者（compartmentalized thinker）既可以摧毁知识，也可以保留它们，这取决于他持有何种探究态度。

　　想象一下，两个知识论家在丛林漫步，边走边聊，提及了各种牵强附会的错误可能性。通过关注这些通常被忽视的可能性，他们破坏了他们通常拥有的知识。[②] 但这是否意味着他们必然会因为缺乏知识迷失方向呢？笔者的回答是，未必。当他们扮演知识论家角色时，关注牵强附会的错误可能性，但他们扮演生活中的人的角色时则不然，后者为他们保留了知识。刘易斯也并不是一个怀疑论者或不可知论者，不同于安格尔的怀疑论，怀疑论的预设是不对的。刘易斯式语境主义使得我们无法再以传统的方式研究知识论了。知识论严格来说不是一种理论化的学科，而只有在传统的知识论框架内，怀疑论者才有用武之地。换言之，正是知

---

　　① David Lewis, "Elusive Knowledge", in David Lewis, *Papers in Metaphysics and Epistemology*, vol. 2, Cambridge: Cambridge University Press, 1999, p. 445.

　　② David Lewis, "Elusive Knowledge", in David Lewis, *Papers in Metaphysics and Epistemology*, vol. 2, Cambridge: Cambridge University Press, 1999, p. 428.

识论自身不合理的理论化招致了怀疑论。刘易斯通过拒斥这种理论化的知识论的方式来拒斥怀疑论，有其道理。

然而，笔者认为知识论可以在一种非理论化的方向上被拯救，它就是寂静主义（quietism）。这一思路源于后期维特根斯坦及其当代解读者。维特根斯坦本人在《哲学研究》中揭示了哲学的根本任务，即"让一切如其所是"（leaves everything as it is）[1]。寂静主义拒绝对哲学问题进行带有强烈理智主义或本质主义色彩的理论化解释，借助对哲学概念的用法考察来代替语义学分析，主张"回到粗糙的地面上来"，保留概念的生活形式底色。根据威廉·恰尔德（William Child）等当代解读者，寂静主义认为，哲学解释的重要性是以"从字面上看待现象"（taking phenomena at face value）为依据的。[2] 从语用论视角看，刘易斯关于知识的难以捉摸性质，被视为在断言层面引发的古怪或者异样无法以正统的命题性陈述来恰当地谈论，似乎在概念上并不意味该立场本身是一种关于知识论的"怀疑论"——在笔者看来，毋宁说是一种寂静主义知识论。寂静主义知识论不再关心知识是什么，而是关心如何获得知识，正如科学家们并不怀疑科学知识是可能被获得的。

寂静主义知识论依赖进一步的概念区分。吉尔伯特·赖尔（Gilbert Ryle）在一阶知识论层面区分了命题知识（knowing-that）与能力知识（knowing-how）。[3] 类似地，笔者在二阶知识论层面也区分命题性知识论（propositional epistemology）与实践性知识论（practical epistemology）。正统知识论在一阶层面侧重命题性知识，在二阶层面预设了命题性知识论。然而刘易斯所揭示的知识悖论提醒我们注意到，尽管命题知识可以获得语境主义的证成，从而应对来自怀疑论的挑战，但是命题性知识论仍然是成问题的。在笔者看来，命题性知识论旨在追求一种"知识论知识"，也就是一种关于知识论这门学科自身的命题性知识，这是一种反思的、积极的、实质性的知识，而实践性知识论旨在追求一种"非知识论知识"（non-epistemological knowledge），也就是关于知识论这门学科自身的实践性知识，这是一种前反思的、消极的和非实质性的知识。刘易斯既是一个平常的有知者，又是一个哲学的无知者。[4]

理查德·罗蒂（Richard Rorty）和迈克尔·威廉姆斯（Michael Williams）等人宣告过"知识论已死"，其理由是，既然知识论是一门专注于回应怀疑论挑战的哲学分支，鉴于怀疑论如

---

[1] Ludwig Wittgenstein, *Philosophical Investigations*, 4th edition, Oxford: Basil Blackwell, 2009, p. 124.
[2] William Child, *Wittgenstein,* New York: Routledge Press, 2011, p. 261.
[3]〔英〕吉尔伯特·赖尔：《心的概念》，徐大建译，商务印书馆，1992年。
[4] 程炼：《思想与论证》，北京大学出版社，2005年，第111页。

今并无威胁，那么知识论就失去了其存在的意义。[①] 尽管他们并不怀疑知识，但在笔者看来，"拯救知识论"仍然是学界的一项迫切使命，即使回应怀疑论挑战不再是当代知识论的主要任务，只要还有知识，知识论仍然是必要的。我们拥有某些知识，并且，鉴于它们是可错的或可疑的，怀疑仍然是必不可少的，但这项怀疑的事业已然不是怀疑论意义上的，而是语境主义和寂静主义意义上的。相较于刘易斯式语境主义，寂静主义在回应怀疑论挑战的同时，捍卫了知识论的学科合法性。而实践性知识论作为一种对知识论学科合法的理论，它只能是一种寂静主义的立场。寂静主义知识论的观点转移了论争的焦点，那么为什么要关注如何获得知识？为什么可以如此关注？

借助对"知识论知识"与"非知识论知识"的概念区分表明，非知识论知识可以在语境主义框架内有力地回应怀疑。知识论也是可能的，刘易斯的《难以捉摸的知识》一文难道不是知识论论文吗？如果说它是一种寂静主义知识论，就没有这个问题了，它所做的工作类似于维特根斯坦式"语法研究"或"哲学治疗"（philosohical therapy）。[②] 唯一不可能的是知识论知识，在知识论上考察知识，就像我们用手指触摸肥皂泡，本来它是五彩缤纷的客观存在物，但你一触摸，它就不存在了。据此，我们的知识都是非知识论知识——在此意义上，寂静主义知识论不同于传统知识论，前者通过将知识论中的命题视为一种维特根斯坦式的描述，一种"元知识"，从而将其与传统的命题知识区分开来，而不面临知识悖论。我们在寂静主义知识论的框架下区分了命题性知识论和实践性知识论，其用意也在于此。作为一种哲学理论学科，知识论中的各种理论表述基本上都是以陈述或命题建构论证的方式展开的。在此意义上，即使我们以哲学理论的态度来研究能力知识、亲知知识或者动力之知，其理论样态依旧是以陈述或者命题呈现出来的，我们似乎很少会在哲学论证评估的层面关切行动或者行为层面的哲学家的相关理论实践行为。相较而言，我们更关心的是理论的所谓内容。就此而言，本文处理的也是一个元知识论（meta-epistemology）问题。

五、小结

如果说，一阶知识论面临对知识这项人类认知成就的怀疑论挑战，那么，二阶知识论面临对知识论这门学科的合法性挑战。如果语境主义是能够被捍卫的，那么一阶知识论的怀疑

---

① 参见〔美〕琳达·扎格泽博斯基：《认识的价值与我们所在意的东西》，方环非译，中国人民大学出版社，2019年，第7～8页。

②〔英〕路德维希·维特根斯坦：《哲学研究》，陈嘉映译，上海人民出版社，2001年，第78页。

论是可以被拒斥的。然而刘易斯在坚持语境主义、捍卫一阶知识论合法性的同时却又滑向了一种二阶知识论的怀疑论，从而取消了知识论这门学科的合法性。本文并非重点关注对怀疑论挑战的语境主义回应方案是否成功，而是探讨刘易斯的语境主义带来的理论后果。首先，知识论悖论并没有像刘易斯说的那样蕴含了一种"无需知识论的知识"的反知识论立场；其次，如果语境主义是有说服力的，意味着一种"无需怀疑的怀疑"；最后，如果一阶知识论是一种语境主义，那么二阶知识论（亦即关于知识论的元理论）只能是一种寂静主义。毋庸讳言，如果语境主义缺乏足够的说服力，那么它将难以胜任拯救知识、反驳怀疑论的任务。然而本文的主题是"拯救知识论"，它恰恰基于对刘易斯式语境主义的批评，因而知识论的学科合法性辩护无需依赖语境主义的说服力。

参考文献：

陈常燊：《"可能知道"，抑或"知道可能"？——捍卫一种运气相关的知识论》，《福建论坛》（人文社会科学版）2022 年第 11 期，第 79 ～ 88 页。

程炼：《思想与论证》，北京大学出版社，2005 年。

〔美〕厄尔·科尼：《再度挑战语境主义》，载〔美〕马赛厄斯·施托伊普、约翰·图里、欧内斯特·索萨编《知识论：当代论争》（第 2 版），王师、温媛媛译，曹建波校，上海译文出版社，2020 年，第 134 ～ 141 页。

〔英〕吉尔伯特·赖尔：《心的概念》，徐大建译，商务印书馆，1992 年。

李麒麟：《知识归属的语境敏感性》，北京大学出版社，2021 年。

〔美〕琳达·扎格泽博斯基：《认识的价值与我们所在意的东西》，方环非译，中国人民大学出版社，2019 年。

〔英〕路德维希·维特根斯坦：《哲学研究》，陈嘉映译，上海人民出版社，2001 年。

〔美〕斯图尔特·柯恩：《为语境主义辩护》，载〔美〕马赛厄斯·施托伊普、约翰·图里、欧内斯特·索萨编《知识论：当代论争》（第 2 版），王师、温媛媛译，曹建波校，上海译文出版社，2020 年，第 124 ～ 133 页。

David Lewis, *On the Plurality of Worlds*, Oxford: Basil Blackwell, 1986.

David Lewis, "Elusive Knowledge", in David Lewis, *Papers in Metaphysics and Epistemology*, vol. 2, Cambridge: Cambridge University Press, 1999.

Edmund L. Gettier, "Is Justified True Belief Knowledge?", *Analysis* 23, 1963(6): 121-123.

Keith DeRose, *The Case for Contextualism: Knowledge, Scepticism, and Context*, vol. 1, New

York: Oxford University Press, 2009.

Ludwig Wittgenstein, *On Certainty*, G. E. M. Anscombe and von Wright(eds.), Denis Paul and G. E. M. Anscombe(trans.) , Oxford: Basil Blackwell, 1969.

Ludwig Wittgenstein, *Philosophical Investigations*, 4th edition, Oxford: Basil Blackwell, 2009.

Peter Strawson, *Scepticism and Naturalism: Some Varieties*, London: Methuen & Co. Ltd, 1985.

Peter Unger, *Ignorance: A Case for Scepticism*, New York: Oxford University Press, 1975.

William Child, *Wittgenstein*, New York: Routledge Press, 2011.

Does Paradox of Knowledge Contain Anti-epistemology?
——Refuting David Lewis' Scepticism on the Legitimacy of Epistemology

CHEN Changshen

School of Philosophy, Shanxi University

Abstract: The analysis of the paradox of knowledge not only helps to clarify the disagreement between contextualism and scepticism, but also helps to explain why David Lewis slips from contextualism to the scepticism the legitimacy of epistemology, that is, the paradox of knowledge contains "anti-epistemology". But Lewis' scepticism is problematic since there is a third alternative to orthodox epistemology and anti-epistemology, a Wittgensteinian version of quitist epistemology. The advantages of this approach are: on the one hand, it can be compatible with the "doubt without scepticism" advocated by contextualism, so as to respond to scepticism; on the other hand, it does not have to bear the theoretical cost of "knowledge without epistemology", thus refuting Lewis' "anti-epistemology". Quietist epistemology is no longer concerned with "epistemological knowledge", i.e., whether we know what knowledge is, but with "non-epistemological knowledge", i.e., how we acquire contextual knowledge.

Keywords: scepticism; paradox of knowledge; second-order epistemology; contextualism; quietism

【伦理学】

折中论支持道德妥协吗？
——基于同侪道德分歧的考察

◎ 陈潇逸　喻郭飞
华侨大学哲学与社会发展学院

摘　要： 道德分歧（moral disagreement）是指不同的价值主体针对特定情景中的某一道德观念、行为或规则的正当性做出了不同的判断，并且各方认为自身所持的理由充分，辩护有力，形成了"公说公有理，婆说婆有理"的难解局面。它不仅影响人们如何理解道德陈述的意义，还对道德原则的普遍性和客观性形成挑战，进而影响人们的道德判断与行动。折中论（conciliationism）是当代知识论中解释与应对道德分歧的主要策略之一，它主张在同侪分歧（peer disagreement）中双方应该降低对各自所持有信念的主管置信度或者悬置信念。而道德妥协（moral compromise）是指道德分歧各方改变或放弃原初道德信念，按照一定程序达成共同认可的次优解。它能够在特定情境中帮助人们消解或缩小分歧、促进集体行动。一些学者认为，折中论能够为道德妥协提供有力的支持，例如《道德分歧》（*Moral Disagreement*）的作者罗兰德（Richard Rowland）就提出了一种基于认知理由的道德妥协论证，在他看来，面对道德分歧时，考虑到人们的认知资质（epistemic credentials）的差异，折中论的支持者应该寻求道德妥协。我们认为，尽管道德妥协是应对道德分歧的一个重要方向，但是罗兰德基于"认知资质"概念构造的道德妥协论证缺乏说服力，折中论难以支持道德妥协。

关键词： 道德分歧；道德妥协；同侪分歧；折中论

如何化解或限制道德分歧、形成并扩大道德共识是当今知识论学和伦理学领域共同关注的重要问题。一些研究者认为，如果人们（短时间内）无法解决道德分歧，那么明智的做法是退而求其次，走一条中间道路，即寻求道德妥协。寻求妥协既有助于人们在有限的时间内达成可行的集体决议，又体现了对各方观点的尊重。有人认为，道德妥协牵涉人们在难以避免的各种恶之间做选择，并主张以"最大善、最小恶"为原则来限定道德妥协。[①]也有人表示，妥协需要各方放弃自己原本的想法，人们普遍认为这一应对方案在政治领域是可设想的，而道德领域的妥协却难以实现。[②]这就需要人们思考道德妥协是否可能以及在什么条件下是可能的。存在哪些理由支持人们达成道德妥协。固守论（steadfast view）和折中论是当前人们应对道德分歧的两种主要策略，前者认为分歧双方应该坚持自己的道德信念，无须做出调整，后者则强调道德分歧揭示出人们可能出现的认知缺陷，双（各）方应该降低自身对于原初立场的信心，必要时向中间立场靠拢。如果折中论是人们应对分歧的合适策略，那么妥协将成为一个顺理成章的结果。因为道德妥协要求产生分歧的各方改变，甚至放弃原初立场，寻求共同接受的新立场，而妥协或者兼顾了各方的意见，或者是一个全新的选项。折中论要求同侪分歧的各方调整自己的原初信念，而非持守原初信念。因此在共同行动情境中，如果人们把对方视为认知同侪，那么折中论的支持者更可能改变自己的道德信念、形成道德妥协。然而，我们认为关于道德观念与原则的道德分歧与侧重于认知者（的资质）的同侪模型之间存在张力，折中论存在错失真理、无法形成新信念的挑战。所以，折中论难以支持道德妥协。

一、道德分歧与道德妥协论证

1. 道德分歧是什么？

道德分歧是指不同的价值主体针对特定情景中的某一道德观念、行为或规则的正当性或合理性做出了不同的判断，并且各方认为自身所持的理由充分、辩护有力，形成了"公说公有理，婆说婆有理"的难解局面。它通常发生于持有不同甚至冲突的道德观点的人们之间，这些观点反映了双方各自的生活环境、知识背景、（所接受的）道德原则等因素。然而，考虑到人们在道德判断语义功能方面的争论，"真正的道德分歧"（genuine moral disagreement）并不只是相冲突的道德观点，因为非认知主义者认为不同的道德判断只是表达了各方的情感、计划等等，而这些非认知态度是因人而异的。有些道德分歧只是"语词之争"，是表面性的，它们可以通过语义和用法的澄清予以化解。人们在现实生活中遇到的那些真正的、实质性的道德分歧往往牵涉道德判断所依据的原则。因此，认知主义者将道德分歧界定为[③]：

---

① 吕耀怀：《论道德妥协》，《学习与探索》2006 年第 3 期。
② 刘曙辉、赵庆杰：《论道德妥协》，《道德与文明》2010 年第 2 期。
③ 由于许多认知主义者持有道德实在论立场，认为人们能够通过道德命题获得关于道德事实、道德原则的知识，道德分歧亦被用于反对道德实在论。但对此重要议题的讨论并非文本的旨趣，故不做展开。

一般说来，认知者 A 与认知者 B 之间就命题 p 存在分歧，当且仅当，A 相信 p 而 B 相信非 p。

这意味着当不同的认知者对同一事态持有不相兼容的道德信念时，他们之间存在道德分歧。值得注意的是，当人们产生道德分歧时，双方会用相应的理由来为自己所持立场的合理性进行辩护。这些涉及道德原则的理由有时并不以"非 p"的形式出现，而是涉及具体的内容，例如在著名的"电车难题"中，从"不应该伤害一个无辜的人"与"牺牲一个能够拯救所有乘客的做法是允许的"可以上溯至康德主义伦理学与功利主义伦理学的原则性争论，而非简单的"应不应该伤害一个无辜的人"。

2. 道德妥协论证

"人们通常认为，在其能被视作某种认知缺陷的意义上，道德分歧是可以得到合理解决的。"[①]但在真正的道德分歧中各方往往无法用进一步的（道德）原则解决争论，也难以明确指出对方的证据不足、推理有误，从而表现为一种同侪分歧，即至少两个这样的认知者基于相同的证据却得出了不兼容的结果，或者各方在认知上犯错的可能性是相同的。[②]一些人认为，道德分歧本身能够作为证据表明人们在形成道德信念的过程中出现了错误。折中论者主张面对分歧时人们应该做出让步，降低对己方道德信念的信心或将其悬置。固守论者针锋相对地指出，人们无须由于与他人的分歧而改变自己的信念。在罗兰德看来，相较于固守论，折中论似乎更为可信，并且能够避免自毁问题。[③]

如果我们承认道德信念或知识能够成为行动理由，那么道德分歧会影响人们的道德行动，因为它表明人们不再能够（合理地）持有原来的道德信念，使得产生道德分歧的各方做出不一致的行动。为了能够形成一致的集体行动，就需要弥合分歧、达成道德妥协。罗兰德认为，妥协是分歧各方所达成的一致，其目的是在决定或行动上采取他们都同意的次优解，[④]而人们往往会基于认知因素的非实用理由来寻求道德妥协。具体而言，道德分歧本身的复杂与难解和分歧者的认知资质都可以作为道德妥协的理由。在他看来，有时新的道德信念和原初信念一样富有争议，致使道德妥协难以达成。如果"我"出于认知资质而将对方视为同侪，那么"我"应该降低对自己原初信念的信心并增加对对方信念的信心，在这种意义上，妥协能够被分歧各方接受。罗兰德进而表示，仅当我们把与我们存在分歧的人视为认知同侪，我们应该

① Folke Tersman, *Moral Disagreement*, New York: Cambridge University Press, 2006, p. 22.
② 王海英：《同侪分歧的认知益处》，《自然辩证法研究》2023 年第 1 期。
③ Richard Rowland, *Moral Disagreement*, New York: Routledge, 2021, p. 100.
④ Richard Rowland, *Moral Disagreement*, New York: Routledge, 2021, p. 147.

152 · 中国分析哲学 · 2024

由于同侪分歧改变原初信念，并且我们的行为（部分地）是我们应当予以相信之事的函数时，我们能够构造一个认知论证以达成原则性的妥协。①

我们可以将罗兰德基于认知理由的道德妥协论证重构如下：

前提 1：有时，由于分歧主题的复杂性或不确定性，我们有认知理由形成道德妥协。

前提 2：我们或者由于复杂性本身或者出于对手的认知资质而形成道德妥协。

前提 3：妥协观点与原初观点一样富有争议，使得分歧愈发复杂而无从得到共同认可的观点。

结论 1：因此，由于严肃对待对手的认知资质，我们有认知理由形成道德妥协。

前提 4：仅当（a）我们应该将分歧者视为认知同侪，并且（b）应该由于同侪分歧而调整道德信念，并且（c）道德信念（部分地）影响道德行为时，我们能够根据认知理由达成道德妥协。

前提 5：相较于固守论，折中论在解释与应对（真正的）道德分歧方面具有优势。

结论 2：因此，面对同侪道德分歧时，人们应该采取折中论。

前提 6：折中论要求我们由于同侪分歧而修改或悬置我们的信念。

结论 3：因此，基于折中论，人们更容易形成道德妥协。

不难看出，罗兰德的道德妥协论证依赖于道德分歧的同侪模型和折中论。但是，这两个观点皆存在可商榷之处。笔者对此的疑问是，"同侪分歧能否充分说明道德分歧"以及"折中论是否为应对道德（同侪）分歧的恰当策略"。下文将依次进行考察，并分析折中论是否有力支持了道德妥协论证。

二、道德分歧的同侪模型

同侪分歧是上述道德妥协论证涉及的典型场景，但是它能够准确刻画道德分歧吗？直观上看，人们在认识上出现分歧意味着至少有一方的信念是错的，而理性的回应方式是反思各自的信念形成过程，找到出错之处并予以改正。换言之，分歧常常意味着信念的调整。同侪分歧是当前知识论研究理想状态下分歧现象的主要模型，其核心概念是认知同侪（epistemic peers）或认知对等者（epistemic equals），即具有相同的证据处理能力（例如知觉、推理、计算等等）和认知德性（比如谦逊、谨慎、公正、信任等等）的认知者。比如，假定张三和李

---

① Richard Rowland, *Moral Disagreement*, New York: Routledge, 2021, pp. 152-153.

四是在同一研究所工作的青年数学家，他们的教育背景相似、研究领域相同，那么在处于清醒状态时，关于该领域中的某个数学问题他们便是认知同侪。如果经过同样严密的计算或论证，却得出了不同的结果，那么他们便陷入了同侪分歧。

研究同侪分歧有助于人们分析、理解与应对现实生活中的分歧，因为并非生活中所有分歧都值得人们付出同等的关注。比如，很少有人会在语词之争和口味（偏好）冲突被澄清之后喋喋不休，而那些经过澄清，甚至多次辨别后仍然没有明显结果的争论才会受到人们的重视，这些分歧反映出实质性的差异甚至冲突，而任由分歧的扩大会造成严重的影响。以同侪分歧为理想模型来刻画这些实质性的分歧具有一系列优点：发现分歧本身的认知价值、保持对信念可误性的开放态度、为分析现实分歧提供资源等等。[①] 同时，人们主张应对同侪分歧的不同立场具有一定的认知益处，折中论强调对分歧本身和他人观点的尊重，而固守论能够提高集体认知的准确性。[②] 此外，作为高阶证据的同侪分歧为人们反思自身观念的形成是否有理有据提供了机会，有时人们甚至借此考察日常信念，比如采用辩论赛的形式刻意营造同侪分歧，检视同时获得直觉支持的相反观点。由此可见，对同侪分歧的研究具有现实意义，而（真正的）道德分歧往往非常棘手，双方坚称自己所持的理由充分、推理有力，从同侪分歧的角度考察道德分歧及其应对方案似乎是合理的。

尽管如此，人们关于同侪分歧模型存在一定的争议，认为它未必能够对道德分歧进行恰当的刻画。首先，同侪的认定标准过于严格。同侪资格要求不同认知者在"证据"和"认知能力与德性"两方面的相同，但是这一要求很难得到满足。一方面，不同认知者具有不同的背景，即便面对同样的证据，人们用以解读证据的角度、基础知识也很难保持一致；另一方面，认知能力与认知德性并不容易判别，相对宽松的说法是认知同侪具有相近的认知能力与认知德性。例如，认知同侪意味着"一个人有好的理由相信，在接触证据、才智、免于偏见等方面对方（至少大概）是其对等者"[③]。罗兰德表示，讨论同侪分歧时，那些"应该将某人视为近似的同侪"的情形比"某人客观上是认知者的确切同侪"更重要。[④] 他从第一人称视角说明了同侪分歧的可能性。然而，这与"关于道德观念或原则的分歧"不匹配：当认知者找到独立于分歧的理由以取消对方的同侪资格时，他不再需要由于同侪分歧而改变自己的原初信

① 宋群：《何为有认知价值的"分歧"？》，《科学技术哲学研究》2022 年第 5 期。
② 王海英：《同侪分歧的认知益处》，《自然辩证法研究》2023 年第 1 期。
③ David Christensen, "Disagreement as evidence: The epistemology of controversy", *Philosophy Compass* 4, 2009 (5), p. 756.
④ Richard Rowland, *Moral Disagreement*, New York: Routledge, 2021, p. 88.

念，但是道德分歧未必随之消失；需要额外的预设（如双方都愿意"讲道理"）才能应对道德分歧。退而言之，人们会声称同侪分歧只是一个理想模型，但这样一来，其解释力就会大打折扣，因为没有（至少很难）满足相关条件。其次，同侪分歧"更加适用于讨论基于事实的信念间的分歧，它似乎很难讨论基于非事实的信念间的分歧"[①]。这意味着，理想的同侪分歧研究未必能够为科学、道德、艺术等领域的分歧提供有效且一致的应对方案。我们由此可以发现，道德分歧的特殊性与同侪分歧模型之间存在一定的张力。

道德分歧与一般认知分歧不同，即便我们承认存在道德事实，（真正的）道德分歧也难以诉诸经验的方式来裁定。所以，借助理想化的同侪分歧或许能从理论角度做出有意义的分析。但是，为了对道德分歧进行知识论分析，人们需要针对道德观念的性质、道德语句的语义等问题做出一系列预设。这一方面是道德知识论研究的价值所在，另一方面也表明人们很难借助认知同侪分歧的模型对道德分歧进行精确刻画。更重要的是，道德的特殊性会影响同侪资格的认定。认知同侪的主观条件是认知能力与认知德性的相同或相似，这暗示了认知者应该有良好的能力与优秀的品德，而这很容易让人想到专家分歧；换言之，同侪分歧自身的理想状态是专家分歧。但是，由于道德（专业）知识的争论、非道德知识的不完备、运用日常道德直觉等原因，人们认为即便是伦理学家也只是"半个专家"。[②]"半个专家"之间的分歧的解释力显然不如专家分歧。同时，道德与人们的生活关系紧密，以至于每个人都认为自己能在道德问题上"说得上话"，那么，很可能出现双方的推理能力或审慎程度都不高却相互视为同侪的情况，这时同侪分歧就难以捕获道德分歧的全部特征。

当我们将道德分歧理解为"关于（基础）道德原则的分歧"并且"认知者应该将对方视为同侪"时同侪分歧不足以精确刻画道德分歧，而前述论证的前提4不像看上去那样为真。下面我们将考察道德妥协论证所依赖的折中论是否能够提供有力的支持。

三、对折中论策略的考察

"面对分歧人们应该采取怎样的态度、做出何种合理的应对？"是分歧研究的重要议题。一些人甚至认为，道德分歧作为可击败的高阶证据表明一方犯了错，他要么在搜集或解释证据时遵循了错误的信念形成过程，要么在遵循良好的形成过程时犯了错，要么未能考虑相关

① 宋群：《何为有认知价值的"分歧"？》，《科学技术哲学研究》2022年第5期，第56页。
② 李红文：《论道德专家》，《道德与文明》2017年第4期。

证据。有时，分歧本身会提示人们反思原本的信念及其形成过程，进而对原初信念采取放弃、悬置态度，或至少降低对它的置信度。罗兰德认为，折中论者主张人们要经常这样做，而不仅仅是"有时"；与之相对，固守论者认为即便面对同侪分歧人们也能坚持自己的观点。折中论要求分歧双方对原初信念进行修正，并通过调和双方观点的方式形成一个共同接受的新信念，它的代表性方案是等重观（equal weight view），即认知者给予彼此持有的信念同等的权重，而理想化的结果是双方依据原初信念的"中间值"形成新信念。折中论与同侪分歧的现实旨趣紧密相关，在共同行动中，如果人们尚无充分的理由质疑对方的同侪资格，就只好寻求一种折中的出路。

具体而言，理查德认为折中论在处理道德分歧的过程中具有理论与实践方面的优点。在理论层面，折中论体现了认知的公正性。如果"我"在形成某个信念时充分发挥了自己的认知能力并且足够审慎，而某人被"我"认定为认知同侪，那么（至少主观上）我们的信念形成过程应该同样可靠、信念一样合理。所以即便我们产生了分歧，"我"也应该对他的认知资格抱以尊重，公平地对待彼此的观点。相应地，它也体现了对同侪分歧认知意义的尊重。同时，"妥协所包含的让步必须是相互的"，既然同侪的认知过程与结果应当得到尊重，那么我们之间相冲突的信念也表明分歧作为或提示出关于原初信念的高阶证据。对对手和分歧本身的承认与尊重，使得人们能够在折中论基础上继续考察分歧的成因、机制，寻找恰当的应对方案，而不会执着于自己的观点而中断讨论。在实践层面，折中论允诺了一种直觉上合理的分歧应对方案，即采取折中信念。许多现实的分歧情境都具有时间约束，当人们需要做出共同决策以指导行动时，漫长的争论或固执己见无益于在有限的时间内做出合适的决定，各方达成妥协就成为合理的选择（假定各方都反对独断的裁决）。可见，折中论似乎自然地支持（道德）妥协的应对策略。

然而，折中论没有得到人们的一致认可，即便我们承认道德妥协的必要性与可能性，折中论也未能提供足够的支持。首先，折中论或许会让人们与真理"失之交臂"。它要求分歧双方同时调整或悬置各自的信念，这意味着有一方可能放弃了自己事实上正确的立场，尽管认

① Klemens Kappel, Frederik J. Andersen, "Moral Disagreement and Higher-Order Evidence", *Ethical Theory and Moral Practice* 22, 2019 (5), p. 1104.
② Richard Rowland, *Moral Disagreement*, New York: Routledge, 2021, p. 87.
③ 宋群：《我们应该如何应对认知分歧》，《厦门大学学报（哲学社会科学版）》2012 年第 3 期。
④ 曹剑波、王云卉：《等重论点诘难》，《自然辩证法通讯》2022 年第 3 期。
⑤ 王海英：《同侪分歧的认知益处》，《自然辩证研究》2023 年第 1 期。
⑥ 刘曙辉、赵庆杰：《论道德妥协》，《道德与文明》2010 年第 2 期，第 147 页。

知者并不能率先确定有没有这样的一方。合理的行动要求人们尽可能保证行动理由的可靠性，即尽可能依据知识而行动，[①] 所以单凭折中论，人们或许会依据不可靠的，甚至假的信念而行动。其次，折中论，尤其等重观受到来自实证角度的反驳。[②] 一方面，人们认为，从心理证据出发反驳等重观收效甚微，而依据实验哲学的分析，更有效的批评来自认知聚焦效应和风险效应。它们表明，证据的出现次序、呈现方式以及相关风险因素使得认知结果具有多样性，而折中论对唯一认知结果的追求不符合实验证据。另一方面，人们提出"心智开明"（open-mindedness）是应对作为高阶证据之分歧的高阶认知特征。具体而言，当"我"由于同侪分歧而悬置信念时能满足"不执态的心智开明"要求，却因为其他同侪的不同意见无法走出悬置状态，即无法展现"乐于面对挑战性证据并可能改变观点"的心智开明。[③] 进而言之，谋求道德妥协要求形成一个新信念，折中论却不能提供一个确定的信念。

最后，用来批评折中论的理由为固守论提供了支持。固执己见的坚定态度似乎不受或不在乎同侪分歧的影响，因为如果"我"的信念来自缜密的推理、仔细的检验，那么他人持不同信念这件事并不足以证明"我"的信念出错。并且"我"同样可以给予认知同侪应有的尊重，但是这并非降低、放弃或修改原初信念的规范性要求；相反，作为合格的认知者，"当我面对认知对等者时，有理由给予自己的信念以额外的权重，因为这个信念是我的"。[④] 在产生分歧时，我们依据各自的观点进行讨论，即便形成妥协，也未必要求各方放弃自己原初的信念，因为表面上"我"持有一组不一致的信念，但是实际上根据不同的情境，"我"不一定同时使用这些信念，这一点在道德妥协中显得尤为突出。实验哲学强调的聚焦效应和认知多样性恰好能为此提供支持。

此外，有人主张道德观念与原则的特殊性本身就在拒绝折中态度。根据这种观点，道德分歧是人类生活的常态，而向他人的道德观点靠近是一件荒唐的事。比如雷舍尔（Nicholas Rescher）认为，人们的道德、审美等评价性观念与其经验处境关系密切，每个人的经验环境又是独特的，"合理采纳的价值……必须反映行动者的经验结构，而不同处境个体之间的经验必定是不同的"[⑤]，因此关于评价性问题所形成的差异与分歧是很正常的，"价值分歧内在于人

---

① 王淑庆：《实践推理的认知规范——论知识规范与信念规范之争的实质》，《自然辩证法研究》2021年第8期。

② 曹剑波、王云卉：《等重论点诘难》，《自然辩证法通讯》2022年第3期。

③ James S. Spiegel, "Open - Mindedness and Disagreement", *Metaphilosophy* 50, 2019(1-2), pp. 184-185.

④ 宋群：《我们应该如何应对认知分歧》，《厦门大学学报（哲学社会科学版）》2012年第3期，第10页。

⑤ Nicholas Rescher, *Pluralism: Against the Demand for Consensus*, New York: Oxford University Press, 1993, p. 133.

类的境况"①。折中论要求分歧双方悬置有争议的信念，或向对方的信念靠拢以取得折中的新信念，如果道德信念来自认知者的经验处境，那么悬置或放弃这些信念是难以想象的；相反，采取固守论的立场看起来更加合理，毕竟接受何种道德价值系统取决于人们经验世界的方式。另外，折中论的"置信度区间"式解读不能为道德妥协提供直觉上可靠的支持，因为道德妥协要求分歧各方达成切实可行的信念，但是关于信念 p 的置信度的中间值并不是一个明确的新信念，比如，当两个富豪对"捐款 100 万美金用于慈善比购买豪车更为道德"这一命题最初分别采取了 1 和 0 的置信度，因为折中论他们后来都采取 0.5 的置信度，但是关于"究竟是否捐款"以及"捐多少款"等问题他们还是没有形成明确的答案。

面对同侪分歧，折中论承认了分歧本身的价值，提示出一种舍弃旧观点、寻找共同接受的新观点的回应方式，在直觉上为人们追求道德妥协提供了支持。但是折中论面临着错失道德真理、与实验证据不一致等挑战，这些都会影响到道德妥协的实践倾向，所以上述道德妥协论证的结论 3 不成立。

四、结语

至此为止，我们考察了基于认知理由的道德妥协论证所依赖的同侪分歧模型与折中论策略。同侪分歧为道德分歧的知识论研究提供了概念框架，与"我"在证据、认知能力以及认知德性方面旗鼓相当的人持有不一致的道德信念反映了道德分歧的尖锐与难解，而折中论在尊重分歧本身和认知同侪的同时提示出理性解决分歧的出路，即悬置信念并尝试寻找折中信念。但是，道德问题的特殊性在于其与道德行动的关系密切，无论是消除、缩小分歧，还是建立、增进共识，抑或寻求妥协，最终都需要以行动为目标，而折中论甚至无法让人们确定明确的新信念。这意味着，道德妥协要求可行性，而折中论未能有效地弥合理想分歧模型与道德分歧之间的张力，也没有给人们达成道德妥协提供具体的指导。

参考文献：

David Christensen, "Disagreement as evidence: The epistemology of controversy", *Philosophy Compass* 4, 2009 (5), pp. 756-767.

---

① Rescher, Nicholas, *Pluralism: Against the Demand for Consensus*, New York: Oxford University Press, 1993, p. 132.

Folke Tersman, *Moral Disagreement*, New York: Cambridge University Press, 2006.

James S. Spiegel, "Open - Mindedness and Disagreement", *Metaphilosophy* 50, 2019(1-2), pp. 175-189.

Klemens Kappel, Frederik J. Andersen, "Moral Disagreement and Higher-Order Evidence", *Ethical Theory and Moral Practice* 22, 2019(5), pp. 1103-1120.

Nicholas Rescher, *Pluralism: Against the Demand for Consensus*, New York: Oxford University Press, 1993.

Richard Rowland, *Moral Disagreement*, New York: Routledge, 2021.

曹剑波、王云卉：《等重论点诘难》，《自然辩证法通讯》2022 年第 3 期，第 32 ~ 38 页。

刘曙辉、赵庆杰：《论道德妥协》，《道德与文明》2010 年第 2 期，第 146 ~ 149 页。

吕耀怀：《论道德妥协》，《学习与探索》2006 年第 3 期，第 36 ~ 39 页。

宋群：《何为有认知价值的"分歧"？》，《科学技术哲学研究》2022 年第 5 期，第 54 ~ 59 页。

宋群：《我们应该如何应对认知分歧》，《厦门大学学报（哲学社会科学版）》2012 年第 3 期，第 9 ~ 16 页。

王海英：《同侪分歧的认知益处》，《自然辩证法研究》2023 年第 1 期，第 53 ~ 59 页。

王淑庆：《实践推理的认知规范——论知识规范与信念规范之争的实质》，《自然辩证法研究》2021 年第 8 期，第 3 ~ 9 页。

Is Conciliationism a Good Reason for Moral Compromise?

CHEN Xiaoyi, YU Guofei

（ School of Philosophy and Social Development, Huaqiao University ）

Abstract: Moral disagreement refers to the fact that different value subjects make different judgments on the legitimacy of a certain moral concept, behavior or rule in a specific situation, and all parties think that their reasons are sufficient and justifications are powerful, leading to a tough situation of "everyone is (seemingly) right". It not only affects how people understand the meaning of moral statements, but also challenges the universality and objectivity of moral principles, thus affecting people's moral judgments and actions. Conciliationism is one of the main strategies in contemporary epistemology to explain and respond to moral disagreement. It argues that in peer disagreement, both parties should lower their confidence in their own beliefs or suspend them. Meanwhile, moral compromise means that the parties to a moral disagreement change or abandon their original moral beliefs and reach a mutually agreed second-best solution via a certain procedure. It can resolve disagreements and promote collective action in specific situations. Some scholars believe that conciliationism seems to support moral compromise. For example, in *Moral Disagreement* (2021), Richard Rowland proposes a moral compromise argument based on epistemic reason. In his opinion, due to other's epistemic credentials, conciliationists should seek moral compromise when facing moral disagreements. We believe that although moral compromise is a significant way to cope with moral disagreements, Rowland's moral compromise argument above is not valid, and conciliationism does not support moral compromise.

Keywords: moral disagreement; moral compromise; peer disagreement; conciliationism

论证是哲学活的灵魂
——《哲学论文写作导论》评介

◎ 李 然
山西大学哲学学院

"如何做哲学",这是哲学的学习者和研究者们普遍关心的一个基本问题。通常认为,哲学研究需将问题意识贯穿始终,深究论证过程的细节,把经典文献中的理论内化为自己的哲学观点的基础。这是一种对哲学研究方法的理想化要求,但也是被看作较为困难的目标。究其原因,哲学研究并非一种实践性活动,而是一种理论性探究。因而,哲学研究的结果,即提出某个哲学观点,这并不是通过研究者的冥思或具体哲学咨询活动完成的。相反,哲学观点的直接呈现方式是哲学论文和著作,研究者是通过上述媒介而表达出自己的哲学思想的。由此,哲学论文的写作就与哲学思想的表达有了直接关系,或者说,哲学思想的表达只能通过写作完成。这就要求,哲学写作应以问题意识为导向,以文献阅读为基础,为原创论点作出严谨、清晰且简洁的论证,最终以符合学术规范的论文形式呈现。然而,真正能够做到这些是很困难的。由段吉福教授主编的《哲学论文写作导论》一书,或许可以帮助我们很好地克服这个困难,尤其是对哲学研究的入门者而言。该书的明显特点是,引导初学者把知识输入和使用专业笔触呈现想法结合起来,穿插不同哲学领域的经典文本作为范例,讲解研究方法和写作步骤,并提供适合分析性论文的写作技巧和有趣的经典论证。我从三个方面来评介该书。

从阅读到写作:哲学论文之起步

我们知道,哲学分析方法强调培养哲学初学者的批判性思维和问题意识。初学者面对经典原著和研究文献,要做到准确把握哲学家的思想,理清不同哲学观念之间的关系,完备地建立自己的知识构架,进而培养一种"泛读—精读—选读"的阅读习惯。这是《哲学论文写作导论》的作者们向哲学初学者提出的第一个期望。

　　该书的作者认为，阅读经典和文献有不同的先后顺序。阅读经典原著要避免先入为主，以广博的知识储备作为阅读的前提，这样读者才能防止将无知当作问题；在看懂前人论证的前提下，读者方能对自己的论点给出有效的论证，防止出现逻辑谬误和语言表达的含混不清。科学研究是从已知走向未知，哲学研究则必须以占有已知作为研究的出发点，因为哲学研究不是探究未知世界，而是对已知世界提出问题。相反，我认为阅读研究文献则要"先新后旧"。就是说，读者先要阅读最新的研究文献，因为任何研究文献都会有对所研究问题的背景分析，这样才会做到"事半功倍"。当然，读者阅读时要注重阅读策略和读书笔记的制作、对各种论证的批判性思考、对哲学问题的识别和提出以及哲学论证过程的深入挖掘。

　　该书作者们指出，要写好分析性的哲学论文，首先需要了解哲学论文的写作规范。哲学论文通常包含核心观点、论证过程和论文结构等构成要素。哲学论文注重对文章用语的精雕细琢，通过对问题中不同概念的"庖丁解牛"，逐步建立哲学论点的逻辑论证。为此，读者需要注意以下重要步骤：

　　第一，读者要拟定题目。这个工作要读者基于之前所学知识，提出自己的问题，拟定一个有创意、有研究价值的题目，同时这个题目应该直接反映文章提出或者为之辩护的核心论点。第二，读者需要筛选文献。这个工作在于围绕文章核心话题涉猎核心文献，因为文献价值直接关乎整篇文章的研究内容的前沿性。第三，读者要列出写作大纲，同时较为忠实饱满地完成文献综述。这是对现有文献做出分析的过程，以便让庞杂的文献内化为读者自己文章的思路。第四，读者撰写出论文初稿。撰写过程尽量围绕核心论点灵活应用各种论证模式和写作技巧，以此对读者提出的相关论点给出具有说服力的论证。第五，读者需要反复修订文稿，包括仔细推敲文章论证的合乎逻辑性，斟酌行文用词的准确流畅性，查看有关论述的真实可靠性。第六是文章的定稿。这个步骤需要读者确定一个真正能够反映论文核心观点的题目，而且摘要应当尽量简洁明了。当然，投稿是论文定稿之后的最后步骤，按照学术规范完成投稿步骤，这才算结束了一篇哲学论文的写作。

　　根据作者们的分析，从阅读到写作，这是哲学论文的第一步。只有在广泛阅读经典原著和文献的基础上，读者才能建立起对哲学问题的内在感觉，从阅读中发现哲学问题，进而真正识别哲学问题的真伪。阅读是写作的起点，只有基于阅读才能形成自己的问题意识。质疑和探究是提出问题的必要前提，但质疑和探究则来自读者的阅读经验，还包括基本的常识。对哲学研究者而言，阅读哲学经典和研究文献的目的不仅仅在于满足个人的精神需要，更为重要的是要提出更具说服力的哲学论点、提出具有价值的哲学问题。写作过程就能够实现上述目的。概言之，"更多的阅读，更好的写作"。

从问题到论证：哲学研究之精髓

纵览全书，我发现，作者们将"如何做哲学"的问题与写作哲学论文的方法巧妙地结合在一起，[1]形成了较为完备的哲学反思框架。前者是该书构思脉络的一条明线，后者则是该书关于哲学价值论的一条暗线。有趣的是，全书以元哲学开始。我认为这明显区别于其他学科的论文写作教材，能够更加丰富初学者的专业知识的框架。值得注意的是，该书作者们特别强调，发现哲学问题是哲学写作的关键，而给出有说服力的哲学论证则是"哲学研究的核心"所在。[2]我们认为，这是《哲学论文写作导论》的作者们为哲学初学者提出的一点期望。

作者们指出，哲学论证始于具体的哲学问题。那么，什么才是真正的哲学问题呢？通常认为，甄别问题本身是初学者最大的难点，但我们认为，敢于提出问题就是最大的进步。例如，在阅读《存在之谜——形而上学导论》时，读者或许会提出这样的问题：当谈论"存在"或"有"的时候，我们怎么谈论"无"呢？这个问题可能没有答案，但是带着问题的阅读，总会让我们在书中寻找"有"和"无"之间的关系。[3]我们在阅读文本的过程中，这个哲学问题会转化为更加具体的问题，例如，难道"无"只能从"有"的对立面解释吗？哲学研究需要"杠精"刨根问底的精神。但更为重要的是，批判性精神是哲学研究者不可或缺的。本书作者们专门区分了哲学研究中的批判性思维和"杠精"的差异。批判性思维是在正确理解各种思想的基础上进行的，提出问题的目的在于解决问题，继续深挖已有研究文献的论证逻辑。

作者们不仅提出"哲学的核心在于论证"，而且对诸多有趣的论证构建模式和经典论证范例给出了详细说明。书中讲解了五种构建模式：例证式、结构式、文本式、文献诠释式以及论辩式。[4]我认为，上述五种构建模式的关系不是非此即彼的，同一篇幅中可以穿插使用。例如论辩式构建模式会无时无刻体现在论文中，正方观点、反方观点、中间观点与作者观点之间的差异就是作者加重笔墨论证的内容。从这里提到的各种论证模式中，读者不难发现，论证过程必然是多样化的、有效的和有说服力的。书中还提供了对不同哲学领域经典论证的拓展阅读，包括伦理学研究领域中的亚里士多德的功能论证和康德论自律为何值得尊重、知

---

[1] 段吉福主编《哲学论文写作导论》，中国社会科学出版社，2023 年，第 7 页。

[2] 段吉福主编《哲学论文写作导论》，中国社会科学出版社，2023 年，第 21 页

[3] Earl Conee, Theodore Sider:《存在之谜：形而上学导论》，焦卫华译，中国轻工业出版社，2021 年，第 133 页。

[4] 段吉福主编《哲学论文写作导论》，中国社会科学出版社，2023 年，第 142～162 页。

识论研究领域中的巴门尼德拒斥变化的论证、宗教学研究领域中伊斯兰神学关于上帝存在的论证、语言哲学研究领域中的维特根斯坦的私人语言论证等等。从作者们对这些经典论证的分析中可以看出，哲学论证在哲学论文写作中起到了关键作用。

从工具到交流：哲学思想之活力

当代哲学方法论以弗雷格、罗素和维特根斯坦为旗帜，注重逻辑分析的概念分析方法是重中之重。《哲学家的工具箱：如何论证、批判、避开逻辑谬误？一套现代人必备的理性思考工具》一书中详细讲解了概念分析、思想实验、提出反例和批评性思维等写作技巧，这些为哲学论文写作提供了强有力的思想武器，也可以被看作"哲学家工具箱"中的重要工具。[①] 工具的存在意义在于使用，哲学工具的价值也在于能够用于哲学问题的论证，达到思想表达和交流的目的。哲学研究正是在通过使用哲学工具的交流过程中得以实现的，从工具使用到思想交流的过程，体现出了哲学思想的活力所在。这是《哲学论文写作导论》的作者们向哲学初学者提出的一个要求。

我认为，哲学家工具箱中还可以提供以下哲学工具：具体包括启发式、反思平衡、哲学分歧以及实验等等。我们在这里特别说明一下哲学分歧的工具作用。

哲学分歧是在互相了解的情况下，进一步修正自己的观点。科学研究拥有客观的检验标准，科学家们也会达成共识，但是哲学家却很难达成共识，或者没有共识，只有对问题的理解。哲学分歧可分为个体分歧和群体分歧，在群体分歧中一般使用协商或投票的办法处理矛盾。哲学分歧有其讨论范围，一般指的是拥有相似知识背景的同行。同行之间的争论促使自己及时发现论证过程中的缺陷，形成完备的理论。但是，哲学分歧在激化后，双方容易成为论敌，甚至造成诸如自杀等行为，这是同行之间不希望看到的惨剧。存在哲学分歧是不可避免的，处理哲学分歧是促使哲学发展的必要途径。

---

① 参见朱立安·巴吉尼、彼得·佛索《哲学家的工具箱：如何论证、批判、避开逻辑谬误？一套现代人必备的理性思考工具》，黄煜文译，台北：麦田出版，2018 年。该书提供了以下多种哲学工具，包括演绎与归纳、有效性与健全性、无效性与一致性、谬误与反驳、公理与定义、确定性与机率、套套逻辑、自我矛盾与非矛盾律等。有趣的是，该书还给出了论证的进阶工具，包括逆推与假设演绎法、辩证法与类比、异例与例外证明规则、直觉辅助与逻辑建构、化约与思想实验、先验论证与有用的虚构等。该书也提供了一些评估工具、概念区别工具、大师级的工具以及必须谨慎使用的工具等。

当然，我们使用哲学工具的目的，是为了实现哲学上的思想交流。[①] 全书更多内容是在介绍如何阅读、做笔记和写作，这种学习方式更适合已经有一定哲学功底的学生。但对于哲学初学者来说，哲学学习不会一开始就直接阅读康德的《纯粹理性批判》。他们更需要在学术交流中快速成长，在思想交汇中迸发出更多的灵感，大脑飞速运转，直接避免一些知识、逻辑上的错误，使得哲学论文的写作也不再枯燥。哲学工具的使用实现了这些交流的途径。就此而言，无论是哲学论文写作，还是哲学工具的使用，都是为了哲学思想的交流更为有效，也是为了哲学研究能够不断保持自身的活力。论文写作实现了哲学观念的表达，而思想交流则完成了哲学观念的传播。哲学观念因此获得了生命，找到了自己的价值。

参考文献：

段吉福主编《哲学论文写作导论》，中国社会科学出版社，2023 年。

〔美〕Earl Conee、Theodore Sider:《存在之谜：形而上学导论》，焦卫华译，中国轻工业出版社，2021 年。

江怡：《分析哲学对中国哲学建构的影响———一种历史性的考察》，《社会科学文摘》2022年第 9 期。

李忠：《研究生学术写作与训练的困境及其纾困———基于学位论文写作规范问题的分析》，《学位与研究生教育》2022 年第 4 期。

朱立安·巴吉尼、彼得·佛索:《哲学家的工具箱：如何论证、批判、避开逻辑谬误？一套现代人必备的理性思考工具》，黄煜文译，台北：麦田出版，2018 年。

---

① 这里所说的思想交流不限于学术会议和论坛之类的正式学术交流场合，还包括网上直播录播的哲学课程、同辈之间茶余饭后的学术闲谈、同门内的小范围读书会等等。

走进分析哲学，感受逻辑力量
——山西大学 2022 年度分析哲学暑期国际高级研修班活动侧记

◎ 冯金鹏

山西大学科学技术哲学研究中心

众所周知，分析哲学在当代哲学发展中占据着重要地位。在目前的哲学研究中，分析哲学已经从历史上的一个哲学流派，转变为一种思考哲学、谈论哲学的方式和风格。为进一步促进分析哲学领域的国际交流和对话，推动国内分析哲学研究和教学的发展，山西大学哲学社会学学院于 2022 年 8 月 7 日至 16 日成功举办了 2022 年度分析哲学暑期国际高级研修班。研修班课程由江怡教授担任总策划，受到科技部、教育部学科创新引智基地（111 基地）"当代哲学与新科学技术互动作用研究"、国家社会科学基金重大项目"20 世纪中国分析哲学史研究"和"山西省 2022 年度研究生教育创新计划"资助。此次研修班以中国知网教学平台和学术志平台为主要媒介载体，通过网络会议在线上全程直播。

山西大学哲学社会学学院历来重视分析哲学及其相关学科的教学和研究工作。研修班开班仪式由该学院院长尤洋教授亲自主持，并邀请到山西省教育厅学位管理与研究生教育处李坤处长，山西大学研究生院副院长、山西大学学科建设办公室吕宏伟主任致辞。他们表示，举办高水平的暑期国际研修班，既是山西大学双一流建设学科肩负和服务学科发展的责任与使命，也是山西大学哲学学科塑造自身形象、拓展学术影响力、吸引高端人才的一项重要举措。江怡教授在致辞中表示，研修班聚焦分析哲学学术发展前沿，国内外分析哲学专家学者在此展开学术交流，从而促进我国国内分析哲学研究的发展，提高我国哲学研究的整体水平。

参与研修班授课的教师是来自中国、德国、美国、巴西等国的 15 位国内外著名学者，其中包括，国际分析哲学史研究会会长毕明安（Michael Beaney）教授、美国加利福尼亚大学伯克利分校汉斯·斯鲁格（Hans Sluga）教授等 7 位国际知名教授，以及武汉大学陈波教授、中国人民大学韩东晖教授、山西大学的江怡教授和叶闯教授等 8 位国内知名学者。研修班课程侧重分析哲学史，讲授了弗雷格、罗素、维特根斯坦、苏珊·斯特宾（Susan Stebbing）、唐纳德·戴维森（Donald Davidson）、乔姆斯基、保罗·格赖斯（Paul Grice）等重要分析哲学家的思想，主要围绕分析哲学的重要问题、分析哲学家的工作、分析哲学与中国的关系三个主题展开，授课内容包括 17 次课程，采取教师授课与学员提问相结合的方式，来自国内 60 余所高校的 200 余名学员通过报名、资格审查环节后在中国知网教学平台学习。学术志平台全程直播了所有课程，直播在线总人数达到万人。

一、分析哲学重要问题的研究

研修班第一阶段以问题为导向，聚焦于分析哲学的重要问题。国内近些年分析哲学的重要问题涵盖了分析哲学史研究、抽象与具体事物、事实与价值、规范性与自然主义等前沿话题。本阶段主要是对分析哲学中的分析观念和规范性两个问题展开讨论，主讲人分别从各自独特的研究视角，使用分析与论证的方法真正进入分析哲学的问题本身，主讲教师是山西大学江怡教授和中国人民大学哲学教授、博士生导师，中国延安干部学院副校长韩东晖教授。

第一堂课是"分析观念的历史起源与当代意义"，使得学员对分析哲学的基本观念和发展脉络有了一个整体把握。在首堂课上，江怡围绕何谓"分析"的哲学问题，从分析观念的历史起源说起，透过逻辑和历史两个视角详细剖析了"分析"概念的不同内涵，阐明了分析观念作为一种哲学研究方法、分析概念作为一种思想表述方式、分析哲学作为一种哲学学说思潮的话题界定。首先，江怡从逻辑视角出发，详细阐明了"分析"与"分解"、"分析"与"解构"、"分析"与"综合"等概念，从还原论方法、形而上学方法、逻辑分析方法、语义分析方法四方面分别讨论了"分析"概念的四种理解方式。他强调指出，对"分析"概念的不同理解方式，体现了"分析"的逻辑特征，即以递归的方式揭示了分析项的原初蕴涵。其次，他还从历史视角出发，阐释了历史中的"分析"观念，从古希腊的"回归几何学"到近代数学和哲学中的分析观念再到早期分析哲学中的"分析"观念等，详细比较了分析与几何学、数学之间的关系，以及分析与哲学认识论、形而上学之间的关系，并对"部分论分析"与"整体论分析"、"广义的分析"与"狭义的分析"的意义做出了详细区分。最后，从当代意义出发，江怡指出，分析观念具有明晰性、精确性、严格性的特征。他指出，在当代哲学研究中，分析的意义在于通过概念澄清，理解我们的所言所思；通过逻辑推理，认清事实的真实面目；通过系统建构，形成我们的信念网络。不过，在对"分析"观念的探讨中，江怡始终保持一种批判性态度，不仅对"分析"观念进行了更深层次的诠释，同时也指出分析观念面临的问题和挑战。

在过去半个世纪，作为哲学基本概念和基本问题的"规范性"（normativity）是国际学术界最重要的研究主题之一，"规范性研究"（normative inquiry）成为涵盖语言、意义、知识、行动、道德、法律、审美等多个方面的交叉研究领域，"规范性哲学"也成为生机勃发、佳作迭出的哲学研究生长点。韩东晖从融合视角对规范性进行解读，试图重新建构规范性哲学。他首先从规范性哲学研究的背景出发，区分了规范性哲学与其他领域规范性研究，认为规范性哲学为哲学带来的是思考重心的转变、认识世界方式的转变以及哲学自身的转变。同时，他还从"规范性的遗忘与康德式的解决方案""规范性、自然法与黑格尔式的解决方案""事实与规范、事实与价值的二分法"三个方面阐明了规范性哲学研究的重要意义。他系统探讨了规范性的社会存在论基础、人的规范性地位、规范性的四个结构性因素，由此揭示了规范性哲学的问题与结构。韩东晖长期研究规范性问题，包括对康德哲学中的规范性问题探讨以及规范性的本质探讨等。在本次课程中，他进一步确立了人的规范性地位。他指出，人是规范性的动物，人作为理性的、政治的、社会的动物，源于人类生活和概念活动的规范性特征，其主要根据在于，人能够运用概念并用于经验，创制规则并遵守规则，做出判断并做出承诺，展开推理并承担责任。这些都体现了人的规范性本质。这个观点不同于以往哲学家们对人性的本质规定，超越了对人性的抽象追问和对个体性的诉求，更加强调人性的社会属性，突出了理性的规则性在规定人性中的根本地位。同时，这个观点也不同于以往学者对遵守规则的人性要求，而是把创制规则本身作为人类理性的重要标志。这些都对我们理解人性的本质问题提供了富有启发的思路。

二、分析哲学家工作的研究

研修班第二阶段以历史为导向，聚焦于著名分析哲学家的工作，这部分涵盖了弗雷格、维特根斯坦、苏珊·斯特宾、保罗·格赖斯、戴维森、乔姆斯基等 6 个著名分析哲学家的研究工作，由 10 位著名中外学者的 11 场专题课程组成。本阶段注重对分析哲学史的研究，以与分析哲学家的思想进行对话为切入点，旨在通过对分析哲学家思想的核心问题进行阐释，推进对分析哲学家思想的准确理解。特别值得强调的是，本阶段的话题是分别由中外不同学者围绕相同哲学家的思想展开探讨，充分展现了中外学者对相同人物和主题的不同理解和解释，由此也碰撞出新的思想观念，使我们对分析哲学的性质、任务以及范围有了更多的理解，推进了分析哲学新图景的构建。

（一）弗雷格专题

弗雷格是分析哲学的奠基人，他制订了诸多传统分析哲学研究的核心议题。他对逻辑有着深刻的兴趣，在他看来，真理才是逻辑的真正主题，弗雷格用逻辑与语言极大地推进了当代哲学的发展进程。对弗雷格的研究是分析哲学的重中之重，因此，对弗雷格的研究也是本阶段课程的重点内容之一。本专题课程是由美国加利福尼亚大学伯克利分校的威廉和特鲁迪·奥斯法尔哲学教授（William and Trudy Ausfahl Professor Emeritus of Philosophy）汉斯·斯鲁格和中山大学哲学系博士生导师黄敏教授主讲，课程内容主要围绕弗雷格的真理概念展开。

斯鲁格是国际著名的弗雷格专家，他在 1980 年出版的《弗雷格》一书产生了深远的学术影响，并由江怡于 1991 年翻译为中文出版。他主编的四卷本《弗雷格研究》成为国际弗雷格思想研究的重要资料来源。在本次课程中，斯鲁格结合弗雷格思想的时代背景对弗雷格展开研究。他认为，只有在特定的历史环境中，方能审视分析传统关心的终极本质问题。弗雷格的真理概念不仅是弗雷格思想的核心内容，也是当今分析哲学研究的热门话题。从历史的角度看，弗雷格思想与德国的传统哲学有很深的渊源。他指出，真理的概念是弗雷格逻辑和意义理论的核心，在弗雷格看来，真理是逻辑学和语义学最基本的概念。斯鲁格表明，真理的概念是简单的、无法定义的、没有内容的，但这无法与弗雷格将逻辑原则描述为"真理的法则"以及逻辑本身与真理有关的特性相协调。为此，斯鲁格从弗雷格对真理符合论的批判和对语言不完备性的信任重新进行解读，认为真理概念需要通过断言能力去把握。

黄敏是国内著名的弗雷格研究专家，曾翻译达米特的《弗雷格——语言哲学》，对弗雷格思想有深刻的理解。在本次课程中，他侧重讲授逻辑与真理概念的关系，他指出，弗雷格认为真理才是逻辑研究的主题。弗雷格是逻辑主义数学哲学的主要倡导者，他对数的哲学分析构成了分析哲学最早的研究工作。黄敏详细地解释了这项工作的哲学价值，然后阐明弗雷格的逻辑主义理念，解释了逻辑与真理概念的关系。他指出，逻辑主义的核心是通过对真理概念的逻辑定义去阐释真理概念在逻辑中的基础地位。他指出，真理概念的内涵以及作为初始概念的真理是无法定义的、没有内容的。这与斯鲁格的观点不谋而合。但他认为，真理概念是弗雷格逻辑研究的对象，这里的"对象"是真理概念本身而不是对这个概念的认识。这个观点与斯鲁格教授的看法似乎又有所不同。

（二）维特根斯坦专题

维特根斯坦是分析哲学的创始人之一，他的早期和后期思想被认为直接造就了分析哲学中的两大流派，即人工语言学派和日常语言学派。国内对维特根斯坦的哲学思想研究存在已久，从 20 世纪 20 年代至今，维特根斯坦的哲学始终是中国分析哲学研究的核心议题之一。国内的维特根斯坦研究总体分为两个路径，一个是对其哲学文本和哲学思想的阐释，另一个是运用其哲学观点对当代哲学发展的分析。本次研修班有四位学者聚焦于维特根斯坦研究，可谓研修班中重量级的专题，分别由美国卫斯理安大学哲学系谢舜虎（Sanford Shieh）教授、巴西米纳斯吉拉斯联邦大学哲学系莫罗·恩格曼（Mauro Engelmann）教授、浙江大学哲学学院楼巍教授和西南民族大学哲学学院徐强老师等主讲，详细阐述了不同时期的维特根斯坦哲学思想。

其一，早期维特根斯坦与罗素和弗雷格的关联思想研究。谢舜虎指出，从维特根斯坦的《逻辑笔记》中可以发现，维特根斯坦对罗素和弗雷格的批判最早于 1913 年就开始了。关于维特根斯坦对罗素的批判，谢舜虎概述了罗素关于判断的多重关系理论的各个版本以及维特根斯坦对其的批评，并给出了自己的看法。他指出，维特根斯坦认为判断的对象不一定能以正确的方式凝聚起来，这显然是与罗素的判断理论截然不同的。谢舜虎还讨论了维特根斯坦对弗雷格的批判。他认为，这种批判主要来自两个方面，一方面是基于弗雷格对心理学主义的拒绝，另一方面是弗雷格的逻辑概念没有能力处理推论模式中的命题态度。谢舜虎指出，这两种解释都没有对弗雷格提出令人信服的批评。他认为，维特根斯坦对弗雷格的批评更多的是哲学的而非逻辑的，但弗雷格的逻辑概念则是从数学出发的，其与哲学解释似乎并没有充分的联系。

其二，早期维特根斯坦哲学研究。莫罗·恩格曼在《哲学评论》的背景下探讨维特根斯坦与维也纳学派的关系，以及由此产生的丰硕成果。他指出，1929 年至 1930 年，维特根斯坦关于证实主义和"语法任意性"的论题得到了维也纳学派部分成员的认同，这种关注很大一部分原因是受维特根斯坦于 1922 年出版的《逻辑哲学论》的影响，这本书在很大程度上改变了维也纳学派对于先天知识的看法。恩格曼首先解释了维特根斯坦对证实主义的理解，在此基础上，解释了为什么要引入"语法任意性"。他认为，阐明维特根斯坦走向"任意性"的过程，表明了石里克作为批判性对话者的重要作用，以及维特根斯坦在《逻辑哲学论》之后对维也纳学派的影响，间接推动了维也纳学派的物理主义转向，他的非还原论假设概念启发了卡尔纳普等。恩格曼认为，虽然维特根斯坦和维也纳学派之间存在许多分歧，但是维特根斯坦与维也纳学派之间有很多富有成效的交流也是事实，研究维特根斯坦与维也纳学派之间的交流对揭示分析哲学史的未来图景有着重大的意义。

其三，维特根斯坦哲学文本及其思想研究。关于维特根斯坦提出的"私人语言"问题，研究者们看法各不相同，产生了颇多的争论和文献。在本次课程中，楼巍以一种思维导图的方式，呈现维特根斯坦《哲学研究》第 243 节到 269 节这部分文本的关系，同时联系国内学者的两篇文章来重审 "私人语言" 的问题，一是代海强的《记忆与标准："私人语言论证" 研究》①，一是林允清的《维特根斯坦的私人语言探究》②。他采用的方法是，将私人语言问题放回到维特根斯坦的《哲学研究》中，从具体上下文出发，来探讨维特根斯坦谈到 "私人语言" 的真正用意是什么，以此加深对私人语言问题的理解。为此，他首先呈现了维特根斯坦对私人语言的讨论，随后说明，对私人语言的讨论是一个更大的哲学目标的一部分，这个目标就是要纠正 "词语有意义在于它指称的对象" 这一看法，感觉词汇是有其意义的，但它们的意义并不在于它们指称的对象，而在于它们在语言实践中的应用。

其四，维特根斯坦整体思想研究。徐强以连续性的视角讨论了中期维特根斯坦 "治疗型" 哲学。他指出，维特根斯坦阐释者哈克和贝克对 "中期" 维特根斯坦元哲学观点的理解存在争议。基于中期维特根斯坦遗作和魏斯曼的有关记录，徐强考察了中期维特根斯坦的元哲学观点，并指出，哈克和贝克的主要分歧在于对魏斯曼哲学的不同态度，以及对中期维特根斯坦元哲学的不同理解。徐强表示，维特根斯坦对精神分析的态度是模棱两可的。后期维特根斯坦的 "精神分析" 和 "治疗型" 哲学表述只是一种修辞手法，魏斯曼的文本并不支撑 "治疗型" 哲学的 "精神分析式" 解读。据此，魏斯曼和维特根斯坦之间存在复杂的学术关联。徐强提出一种 "温和式" 的阐述模式，他认为，这种模式更契合维特根斯坦哲学发展的历程，能够为维特根斯坦哲学发展的延续性辩护。

（三）苏珊·斯特宾专题

苏珊·斯特宾是英国分析哲学的关键人物，她引进了逻辑分析的方法，将逻辑工具的使用扩展到对普通论证的分析当中，对当下英国的哲学发展有巨大的贡献。本专题由英国阿伯丁大学哲学教授、德国柏林洪堡大学 "分析哲学史" 讲席教授、清华大学金岳霖讲座教授、中英美暑期哲学学院英方主席、国际分析哲学史研究会会长、英国哲学史协会常务理事毕明安教授主讲。

毕明安充分肯定了苏珊·斯特宾在分析哲学领域的开创性贡献。他表示，20 世纪 30 年代早期是分析哲学历史上的一个关键时期，它既标志着剑桥学派影响的高潮，也标志着逻辑实证主义的出现。毕明安首先围绕斯特宾与解释性分析概念（interpretive analysis），阐明了斯特

---

① 代海强：《记忆与标准："私人语言论证" 研究》，《哲学研究》2019 年第 11 期。

② Francis Y. Lin, "Wittgenstein's Private Language Investigation", *Philosophical Investigations* 40, 2017(3):257-281.

宾对逻辑概念的解读。他指出，斯特宾的关注点主要是解释各种概念和学说，例如命题的概念和罗素的描述理论，这有助于我们理解逻辑思维和逻辑理论。由此，毕明安还阐述了不同的分析概念及其在批判性思维训练中的作用，同时表明，斯特宾涵盖了英国分析哲学研究的各方面成果，因而对分析传统的发展做出了重大贡献。这包括她在体制上建立了分析的传统，出版了可以被视为分析哲学的第一本教科书；她将逻辑实证主义引入英国，强调逻辑思维的目的性，这些使得她成为 20 世纪 30 年代英国哲学生活的中心人物。毕明安还展示了，斯特宾如何将分析传统的思想和技术应用于广泛的领域，从哲学 / 逻辑的角度解决日常和公共话语问题。毕明安指出，斯特宾的逻辑思维是"定向"思维，即识别和阐明通过有效论证而得出相关结论的前提，旨在回答问题或解决问题。这对我们深入理解分析哲学的早期发展具有重要的历史价值，也为我们更为完整地勾画出分析哲学在英国发展的历史图景。

（四）保罗·格赖斯专题

保罗·格赖斯因在语言哲学方面的创新工作而闻名于世。他的学术创新和贡献是巨大的，在语言学和人工智能哲学领域仍具有相当的影响力。他一生发表的作品相对较少，主要是通过讲座和未发表的手稿而为人们所认识。本专题课程是由山西大学哲学社会学学院英籍教师托马斯·霍奇森（Thomas Hodgson）教授主讲，围绕格赖斯的"会话含义"（conversational implicature）理论展开。

在保罗·格赖斯的开创性工作之后，"会话含义"已经成为语用学的主要研究领域之一。霍奇森指出，1967 年格赖斯在哈佛大学的威廉·詹姆斯讲座（William James Lectures）上阐述了"会话含义"理论，提出这一理论的论文《逻辑与会话》（Logic and Conversation）同时被著名的《哲学论文集和语言学论文集》（*Linguistic and Philosophy*）收录，由此可以看出格赖斯理论的影响力。霍奇森指出，格赖斯的"含义"概念是指，通过说另一件事来表达一件事的意义的行为，或通过这种言语行为所传达的内容本身指向意义。格赖斯明确区分了规约性含义（conventional implicature）和会话含义（conversational implicature），由此说明会话含义不同于规约性含义。霍奇森还讨论了格赖斯的理论被使用的三种重要方式，即解决格赖斯的理论带来的哲学问题、解决其他哲学问题、作为人类交流理论的一部分。他认为，格赖斯的理论是语用学的一块重要基石，他的理论突破了逻辑分析的研究框架，为自然语言语义学研究打开了大门，因为它可以使我们的语义理论简化和系统化，避免语义的过度增殖。有了格赖斯的解释，大量关于话语意义的数据和直觉可以用语用而不是语义来解释。对格赖斯来说，关注理论建设的方法论要求，并在理论发展的不同阶段解释某些概念或实体的引入是非常重要的。应当说，霍奇森的讲授内容对于我们深入理解语言分析哲学的独特作用具有重要价值。

（五）戴维森专题

唐纳德·戴维森的哲学思想在 20 世纪 60 年代至今具有很重要的影响。他在语义学方面的研究具有革命性的意义，他的思想对从语义理论到认识论和伦理学的一系列领域都产生了重要影响。现如今，只要涉及语言理解问题，就绕不开对戴维森的研究，而戴维森的意义理论则是他语言哲学思想的核心内容。本专题由山西大学哲学社会学学院叶闯教授和托马斯·霍奇森教授主讲，从不同角度阐释了戴维森的意义理论。

叶闯指出，戴维森的语言理论意在解决两个问题。第一个问题是，一个语义学理论应该采取一种什么样的形式，才能保证语言表达式的语义学描述满足组合性和可学习性，同时，也能保证在元语言层次的说明中不需要引入含义或命题等抽象实体。第二个问题是，对于普通的说话者，究竟什么样的证据或资源，使他们得以建立一种自然语言的真理论或意义理论，并保证其不必屈从于怀疑论的诘难。叶闯参照戴维森处理问题的视角与蒯因视角的异同，从戴维森处理问题的视角给出自己对这两个问题的非技术性的回答。对于第一个问题，叶闯认为，意义理论的首要概念是真，而不是意义。一个合格的意义理论将导出全部满足一定要求的 T 语句。塔斯基风格的真理论或者那种模型的语义学能以系统的方式给出每一个语句的语义解释，并在给定的真理论语义学内部做出解答。对于第二问题，叶闯从认识论、形而上学方面进行分析，认为戴维森的意义理论旨在解决人们语言交流中的理解问题，因而理解概念在意义理论中占据基础地位。

从解释框架看，叶闯对戴维森思想的解释基本上是辩护性的，但霍奇森则对戴维森的理论提出了批评。他从戴维森 1967 年发表的论文《真与意义》（Truth and Meaning）① 出发，对语言的真理理论可以被视为该语言的意义理论的观点提出批判。霍奇森指出，戴维森切入意义理论的手段是非常特别的，他另辟蹊径，着重研究"语言的意义是怎么回事"，正因如此，戴维森有效地对旧的意义理论提出了批判，并且吸纳了当中的积极部分，进而构建了全新的意义理论，在其中重构意义、真和人的新的关系图式。然而，霍奇森指出，戴维森需要这样的意义理论的理由却是难以成立的。他通过对戴维森的意义理论和一个确实声称存在意义的理论进行了比较，认为戴维森的理论并没有为我们提供更加令人信服的理由。

---

① Donald Davidson, "Truth and Meaning", *Synthese*, Vol. 17, No. 3, Language in Use Including Wittgenstein's Comments on Frazer and a Symposium on Mood and Language-Games, pp. 304-323.

（六）乔姆斯基专题

人类研究语言的历史已有数千年，能称得上革命性发展的，除了索绪尔的结构主义之外，就是由诺姆·乔姆斯基（Norm Chomsky）建立的生成语法理论。乔姆斯基的巨大贡献在于他重新定义了语言学的任务和目的，将语言学明确为对人类认知结构的研究，这对语言哲学的发展贡献是巨大的，对科学哲学的发展贡献也是不可忽视的。本专题由牛津大学哲学与计算机双料博士、北京航空航天大学外国语学院教授、博士生导师、中西语言哲学研究会副会长林允清教授主讲。

林允清长期从事语言哲学研究，尤其是对乔姆斯基的语言学和语言哲学思想有深厚研究，曾多次提出对乔姆斯基理论的批评。在本次课程中，林允清指出，乔姆斯基深受笛卡儿哲学思想的影响，认为语言是人与动物的根本区别，并认为人生下来便具有"普遍语法"。普遍语法由若干条抽象的语法原则构成，它存在于人的基因当中，表现在大脑当中。林允清指出，乔姆斯基几十年来一直在寻找普遍语法的具体原则，他认为自己要解决的是"柏拉图问题"，即人的经验那么少但为什么可以知道那么多。他称自己的研究为"伽利略式探索"，认为自己采取的是标准的科学研究方法，即在一些数据的基础上提出理论假设来解释现象，并对理论进行必要的修改。林允清批评了乔姆斯基普遍语法的基本内容和研究方法，认为它们都是荒谬的。在语言哲学批判上，林允清分析了反对普遍语法的各种观点，他表明这些论点都不能反驳普遍语法，导致这种结果的原因是对证伪和科学性没有一个精确的定义。所以，林允清采取了截然不同的路线对普遍语法进行批评，从一个新颖的角度对乔姆斯基的通用语法进行了反驳。他认为，该方法存在严重缺陷，无法发现语言的任何先天共性。在科学哲学批判上，林允清认为，乔姆斯基坚持认为普遍语法是科学的观点并不可靠，目前还不可能证明普遍语法是科学的。但他并没有讨论普遍语法是否不可证伪或不科学，而是关注乔姆斯基的研究方法是否能够发现任何先天的语言共性。林允清认为，如果我们想要找到任何先天的语言共性，就必须研究大脑对语言的加工要求，进一步了解大脑的结构。这表明，我们对语言的普遍特征的了解建立在我们对人类大脑语言功能更为细致的了解的基础之上。在林允清看来，由于我们目前依然缺少对大脑结构的科学研究数据，因而，乔姆斯基的理论结论难以成立。

三、分析哲学与中国的关系

研修班第三阶段以视角为导向，聚焦于分析哲学与中国的关系，从 1920 年罗素访问中国为开端，分析哲学在中国已走过百年的历程，中国分析哲学研究者们不仅对分析哲学做了大量的介绍工作，也做出了很多有特色的研究，提出了自己的见解与创新，分析哲学在中国的传播基本上与分析哲学的产生是同步的。伴随着罗素访华，张申府、洪谦、金岳霖等人推进了分析哲学在中国的发展。经过了 20 世纪 50 年代至 70 年代的停滞，80 年代中国改革开放后西方思想文化思潮的重新引入，分析哲学开始逐步复兴，到 90 年代开始了全面发展。通过哲学著作翻译、思想理论分析、不同历史考察等不同方式，分析哲学在中国的发展构成一部宏大的著作。本阶段由加拿大阿尔伯塔大学哲学系教授、加拿大皇家学会院士伯纳德·林斯基（Bernard Linsky）教授，斯洛文尼亚卢比亚纳大学人文学院亚洲研究系扬·弗尔霍夫斯基研究员（Jan Vrhovski），武汉大学人文社科讲席教授、博士生导师兼国际哲学院院士陈波教授及山西大学哲学社会学学院江怡教授四位专家，围绕分析哲学在中国的历史进程进行了详细讲解。

林斯基以罗素于 1920 年 10 月至 1921 年 3 月在北京的哲学讲座为背景，向大家介绍了西方学界对罗素在华讲演的"回译"计划。林斯基将罗素在北京大学进行的四个系列讲座与西方已经出版的罗素著作进行了详细比较，并介绍了发现的一些初步成果。林斯基表示，已出版的中文版罗素著作集中有很多并非来源于英文译本，而是直接来自罗素在中国的讲演记录，这些素材对罗素的研究具有重要的价值，我们都有可能从学习罗素在北京的哲学和逻辑讲演中有所收获，无论是关于罗素对中国哲学的影响，还是罗素思想的内在发展，只有中国的哲学家和逻辑学家能够同时推进这两个主题的研究。罗素访华及其系列讲演带来了各种新思潮，罗素的一些著作如《心的分析》《物的分析》《我们关于外部世界的知识》《哲学问题》等先后被翻译出版。从长远来看，这对现代逻辑、现代哲学乃至现代文化在中国的兴起和发展都具有不可忽视的重要作用。

扬·弗尔霍夫斯基指出，20 世纪 20 年代是中国新实在论与数理逻辑发展的开端，他对 20 世纪 20 年代中国新实在论思潮产生的那十年进行了考察，尝试对新实在论和数理逻辑的概念在这一开创时期的形成和传播提供一个更完整的说明。他将这个时期不同学者写的大量文件相互联系起来，提出一个跨学科的叙述，指出张申府、张东荪、汪奠基、金岳霖、冯友兰、罗家伦等人在 20 世纪 20 年代直接或间接地推动了新实在论和数理逻辑思想在中国的发展。回顾这十年，伴随着 1920 年罗素将分析哲学引入中国，学术圈掀起了一阵罗素研究热潮，包括金岳霖等人，在这之后北京也出现了早期的新实在论者。1925 年，《现代评论》和《京报副刊》连续两场关于罗素《数理哲学导论》和"无限小"概念的辩论，揭示了罗素思想在中国知识分子话语中的当代地位。之后出现的清华新实在论学派的兴起，一系列重要成果的汇合，促进了新实在论与数理逻辑作为中国学术界的一个哲学流派的兴起和确立。扬·弗尔霍夫斯基长期研究数理逻辑在中国的传播和发展，发表了不少研究成果，在国际上产生了一定影响。

他在本次课程中对新实在论在中国的形成和发展做出的论述，为我们重新理解 20 世纪早期中国哲学的形成和发展提供了重要的历史资料。

陈波是国际著名的逻辑学家，在中国分析哲学研究中做出了突出贡献。他与江怡合编的《分析哲学：回顾与反省》已经成为哲学界了解分析哲学在中国的重要参考文献。在本次讲座中，陈波主要围绕罗素与金岳霖关于事实问题的不同观点展开。他指出，罗素发展了一种实在主义的事实观，其核心论题是：世界包含事实，事实在外部世界中。罗素将这套学说称为"逻辑原子主义"。金岳霖受罗素的影响，发展了一种认知主义事实观，其核心论题是：事实是认知主体在感觉材料基础上所做的一种认知建构，兼具客观性和主观性。金岳霖的事实观得出了很多与罗素的事实观截然相反的结论。由此可以看出，金岳霖不只是罗素哲学的追随者和复述者，他基于深广的中西哲学传统，做出独立思考，提出了带有原创性的哲学学说，是现代中国一位很少见的原创型哲学家。陈波的研究侧重于现代逻辑，他对于金岳霖和罗素的事实观的分析的视角是独特的，他从比较哲学的视角分析了罗素与金岳霖的不同观点。陈波对罗素的实在主义事实观是持批判意见的。他认为，罗素基于语言和世界的同构说是一种理论虚构。虽然他对于金岳霖的事实观同样持批判意见，但对金岳霖的事实观做出了发展和完善，指出事实是认知主体带着特定的意图和目的，利用特殊的认知手段进行的，而非金岳霖所描绘的简单认知主义事实观。在本次讲授中，陈波指出，除罗素外，金岳霖也受到了维特根斯坦、维也纳学派的影响，这使他对事实问题有了更为系统的分析，这在以往是鲜有提及的。陈波认为，事实是我们从世界母体上撕扯下来的，任何事实都渗透着认知者的特征，这是我们认知能力、认知手段的综合，我们看到的一切都是视角，而不是真实。应当说，这个观点对于我们重新认识事实概念具有一定的颠覆作用。与陈波之前的论述相比，这个观点也更为直接和大胆。

江怡长期关注的是 20 世纪 90 年代至今分析哲学研究在中国的复兴，包括分析哲学的全面引进、分析哲学家专题研究、与国际分析哲学家的交流、运用分析哲学方法对中国哲学的研究四个方面。在本次讲座中，江怡着重介绍了分析哲学在中国的研究路径和具体问题，指出中国分析哲学研究的双重任务：一方面，通过对分析哲学本身的研究，加深对哲学性质的全新理解；另一方面，从中国哲学的角度对分析哲学的价值做出阐述，力图为中国哲学研究提供更为有效的论证武器。江怡认为，中国分析哲学研究目前面临着来自两方面的挑战：一是如何处理分析哲学与马克思主义哲学以及中国传统哲学的关系；二是如何处理分析哲学与西方传统哲学以及现代西方哲学的关系。江怡对分析哲学史的研究贯穿着他的学术生涯，他对中国分析哲学的研究依托于自身对分析哲学史的深度思考。结合对分析哲学与中国哲学关系的研究，江怡对二者的关注从哲学史上的分析转变到对二者之间关系的更多关注，从对分析哲学在中国的历史回顾再到其在中国主要理论观点的阐释，从强调和运用逻辑分析的方法、对维也纳学派的重新评价、对科学哲学研究的突出贡献、在语言哲学中的成果等几方面的剖析，转变到对其整体思路转变的概括，对分析哲学史的分析视野也更加宏大。

2022 年，正值山西大学建校 120 年周年与哲学学科入选国家一流学科建设行列。作为校庆活动的重要内容之一，以及哲学学科建设的重要举措之一，为期 10 天的 2022 年度分析哲学暑期国际高级研修班在毕明安教授的授课中圆满落下帷幕。本次研修班在国内哲学界产生了广泛的学术影响，参与授课的专家学者和所有学员对研修班的课程都给予了高度评价。研修班不仅为国内外哲学界人士提供了良好的学习交流平台，也极大提高了山西大学哲学学科的学界声誉，为山西大学成为有国际影响力的分析哲学研究重镇打下了坚实的基础。

证据、高阶证据与证据主义——访谈理查德·费尔德曼教授

◎ 郑伟平
　　厦门大学哲学系
◎ 喻郭飞
　　华侨大学哲学与社会发展学院
◎ 徐子涵
　　厦门大学哲学系

摘　要: 理查德·费尔德曼（Richard Feldman）是当代证据主义（Evidentialism）知识论最重要的代表人物。他曾任罗切斯特大学（University of Rochester）校长，现为罗切斯特大学的大学教授（University Professor）。他的许多论文和专著已被翻译成中文，在中文知识论学界产生了深远的影响。2014 年，费尔德曼教授受邀担任中国知识论专业委员会学术顾问。在学会成立十周年之际，我们受学会委托对费尔德曼教授进行了专访。在访谈中，费尔德曼教授分享了对"证据"与"高阶证据"概念、证据主义原则内涵的最新理解，强调了在认知确证和实践指导方面证据因素所发挥的基本作用。

关键词: 证据；高阶证据；证据主义；信念伦理学

在当代知识论研究中，"证据"（evidence）是关键词、高频词与主题词。几乎所有对于证据的知识论研究都绕不开一个名字，那就是理查德·费尔德曼。费尔德曼教授目前任职于美国罗切斯特大学哲学系，他无疑是证据主义领域中最著名的知识论学家，发表了许多影响深远的论文和专著，其中相当一部分成果已被译为中文。2014 年，费尔德曼教授受邀担任中国知识论专业委员会学术顾问。学会成立十周年之际，我们受学会之托，非常荣幸地邀请到费尔德曼教授接受此次访谈，将他的知识论理论分享给更多的中国读者。

一、葛梯尔问题中的证据概念

郑伟平： 费尔德曼教授，非常高兴您能接受这次访谈。您在知识论领域的研究，尤其是对证据的知识论研究为我们所熟知。让我们从当代知识论中的葛梯尔问题（Gettier Problem）开始我们的访谈吧！1974年，您发表了一篇名为《葛梯尔反例中的缺陷》[①]的文章，在这篇文章中您提出存在一种葛梯尔类型的案例，主体推论中涉及的证据都是真的，没有任何虚假信息。这篇文章对于葛梯尔问题研究起到了重要的推进作用。可以谈谈您对葛梯尔问题和葛梯尔案例的看法吗？

费尔德曼： 我认为葛梯尔问题在知识论的发展中具有极其重要的意义。在葛梯尔的那篇文章[②]发表后的几年里，大家在这个问题上付出了很多努力。很多学者试图探索知识的正确分析究竟是怎样的，以及（除了确证的真信念外）知识还有什么附加条件能够应对葛梯尔问题，因为这个问题让我们意识到，存在一些确证的真信念且它们不是知识，所以我们需要找到其他附加条件。

我认为，比起思考知识的附加条件究竟是什么，真正有用和有趣的事情是，它使得哲学家们思考"确证"（Justification）这个概念本身。我们对"知识"与"确定性"（Certainty）之间的区别有了更好的理解，这对我们思考怀疑论相关的问题有很大帮助。葛梯尔问题确实为对知识论感兴趣的人和知识论的后来者们开辟了新的方向，之后的学者们也发展出了与传统理论非常不同的新理论。有一些不像传统理论那样依赖于证据的新理论凸显出来，比如可靠论（Reliabilism）。葛梯尔问题以及对葛梯尔案例的思考以这种方式扩展了知识论的领域。当然，我仍然坚持传统的证据主义路径。但我认为有更多可能的观点是一件好事。总之，我认为葛梯尔问题是在过去60年以来知识论发展中极具影响力的问题。

郑伟平： 在您对葛梯尔问题的解决方案中，证据充当着关键词的角色。"证据"这一概念究竟是什么意思？证据是命题性的吗？

费尔德曼： 在我看来，一个人在某一时刻所拥有的证据就是，这个人在某一时刻拥有的借以形成关于世界的信念和做出关于世界的判断的所有信息。证据是人们用来探索问题的一

---

① Richard Feldman, "An alleged defect in Gettier counter-examples", *Australasian Journal of Philosophy* 52, 1974(1): 68-69.

② Edmund L. Gettier, "Is Justified True Belief Knowledge?", in Sven Bernecker, Fred I. Dretske (eds.), *Knowledge: Readings in Contemporary Epistemology,* Oxford University Press, 1963.

切。证据不一定是命题性的，因为证据包括人的经验。比如说你感到温暖，或者你看到了某种形状或颜色，或者你感到膝盖痛，我认为这些都是证据。归根结底，我认为证据是经验性的，但不是所有经验都是命题性的。这是个复杂的问题。假设我了解到天气预报称今天会是晴天。那么"今天会是晴天"这个事实可能是我拥有的一部分证据，这一证据是命题性的，但它是派生的（derivative）或次级的（secondary）证据。它基于使得我了解到这一事实的先前的经验，比如我听到天气预报的播报，或者我在手机应用上看到了相关信息。

郑伟平：您认为证据可以是一个人的感觉或经验。这是否意味着证据可以是私人的？

费尔德曼：是的，它可以是并且它经常是私人的。举例来讲，我可能基于我的感觉拥有了"今天很温暖"这一证据，其他人无法直接地监测到我这种温暖的感觉，这就是一个只有我拥有的证据，这对我来说是私人的。我可以跟别人谈论我的感受，那样你可能知道我确实感受到了温暖，知道我拥有这一证据。归根结底它是私人的，并且只有我能经验到自己的境况。但这不是说没有其他人能够知道这一证据。你可能有跟我相似的经验，并且我不持有怀疑论的态度，那么我可以知道你感到温暖。你告诉我你感到温暖，我有理由相信你的证言，我会拥有"你感到温暖"这一事实作为我的证据，由此我知道你感到温暖。所以说证据可以是私人的，并不是说没有其他人能够知道你的证据，而是说没有人能够拥有你的经验。

喻郭飞：关于证据的概念，我有一个延伸的问题。在上述关于天气预报的案例中，不同的人可能对温度有不同的感受，但你可以给我看温度计上显示的数值，它能证明今天是温暖的。在我看来这类证据必须是主体中立的（agent-neutral），否则你只提供你的感受不会使我信服今天是温暖的。您认为证据是主体中心的（agent-centered）还是主体中立的？

费尔德曼：让我们用一个简单的例子来思考这个问题。可能有一支我们都能看到的温度计，它显示温度是 70° F，我们一起看到了这支温度计上显示的数值。我们可以对我们看到的东西达成一致，也可以以此为基础对于现在的温度达成一致。这些都是公共的，我们也能够以这种方式说服彼此。但是，我的知识"一支温度计显示 70° F"源自我看到这支温度计这一个我自己的经验，你的知识也一样源自你的经验，这是不同的经验。我不能直接地体验你的经验，你也无法拥有我的经验。在这个意义上，我们的证据是个人的资源，证据最终是私人的，因为它们最终要追溯到我们自己的经验。它当然可能是对于公共的、共享的事物的经验，这是我们能够彼此交流并达成一致的方式，但是我们关于这些公共事物的知识最终来自我们自己对它们的经验。

喻郭飞：谢谢您！我还有一个关于证据在命题和态度确证上的作用的问题。证据之间有质的差别吗？例如是否有的证据在我们形成信念的过程中有更强的确证力？

费尔德曼：如果我对这个问题的理解是正确的，我认为证据间确实有质的差别。一些证据与其他证据相比具有更重要的意义。我们可以举一些不同的例子，比如对疫苗有效性的医学研究。有的研究可能是缜密而全面的，它得出的结论是很有分量的。可能有的小型的初步的研究做得不太好，样本没有那么多。那么相比较而言它作为证据的意义就没有那么重要。所以证据间不只有数量的区别，有的证据是更有分量的。

郑伟平：您曾将证据主义原则表达为"在 t 时刻，S 相信 p 是确证的，当且仅当在 t 时刻 S 的证据总体上支持 p"。[①] 有的学者将其修改为"一个人应该相信某事，当且仅当这个人拥有关于这件事的充足证据"。[②] "S 的证据"或"S 拥有证据"指的是什么？这是否意味着 S 一定要意识到他拥有支持 p 的证据？

费尔德曼：我认为这个问题的答案是否定的，S 不一定要意识到他的证据支持命题 p 这一事实。尽管通常来讲人们对此是有意识的，但并不是说必须如此。一个可能的理由是，那些从未思考过相关问题的人，比如说小孩子，他们也可以知道某些事，他们拥有关于某事的很好的证据，他们确证地相信这件事。但他们从未思考过"证据"这一概念，他们可能从未意识到自己有关于某事的好证据。我认为按照这种方式，你不一定要意识到你有好的证据。在其他典型的案例中，当我们考虑一件事，我们是反思的，我们会意识到我们拥有什么证据，我们也能够分辨我们的证据是不是好证据。但这不是唯一的方式。

郑伟平：您认为"充足的证据"是确证信念的必要条件吗？在何种意义上，我们可以说一个人的证据是充足的？

费尔德曼：我认为"充分的"（adequate）和"确证的"（justified）的含义确实存在潜在的混乱。我们先来考虑"确证"。关于"确证"，一个问题是知识层面的确证需要什么条件；另一个问题是，在一些情况下你可能没有足够证据以具有知识，但比起不相信某事，你有更好的理由去相信它，这就是一个合理的信念。我会说这一信念是确证的，尽管对于知识来说不是充分确证的，但是一个人相信它是一件合理的事。以天气预报为例，如果天气预报说明天会是一个好天气，我相信明天会是好天气可能是确证的，但是我并不知道明天会是好天气。对此我没有知识层级的确证。我认为确证的层级和证据支持的力度是相辅相成的。它们是在一起的。

什么是"充足的"？你会拥有充足的证据，或者说足够好的证据在一定程度上相信某事，

① Richard Feldman, "Evidentialism, Higher-Order Evidence, and Disagreement", *Episteme* 6, 2009(3): 294.
② Berislav Maruši, "The Ethics of Belief", *Philosophy Compass* 6, 2011(1): 33-43.

或者说对某事有一定的信心程度。对知识来说也有其必要的（能够达到"充分"的）层级，那是相当高的确证程度。因此，如果我们明确了"充分"和"确证"的关系，我认为所有这些都可以合理地解决。问题在于，我认为知识论学者使用"确证"时，有时指的是知识所需层级的确证，有时仅仅指相信此事比不相信此事更合理。这两种意义的确证是不同的。

郑伟平："信念度"（Degree of Belief）在当今的知识论学界很流行。您认为确证或者证据是有程度的吗？

费尔德曼：我认为有。我们应该把这两件事分开来看。一件事是信念度，另一件事是确证或证据支持的程度。信念度在某种程度上标示着我们是否更强烈、更坚定地相信某事，你对一件事情的信心是有程度差别的。我认为这并不是我在思考这些事情（证据或确证的程度）时非常关注的事情。另一方面，确证或证据支持的程度在我看来是非常重要的。你的证据可能强有力地支持某事，它可能足够充分以至于你知道此事。你的证据也可能没有那么强的支持力度，它也许足以使你相信这件事，但不足以具备知识水平所要求的信心和确定性。我也认为存在不同程度的确证。有关证言的案例可以帮助澄清这一点。如果一个人告诉你某事，你得到了一些相信此事的理由。如果另一个独立的目击者也告诉你同样的事情，那可能会给你更多理由，也意味着更强的确证。

郑伟平：蒂莫西·威廉姆森（Timothy Williamson）从概率论的角度分析证据概念，得到了"证据即知识"（E=K）的结论。[①] 您怎么评论这种证据的知识优先定义呢？

费尔德曼：这有些令人困惑，我们现在去深入了解这个理论的细节又有些困难。但我认为证据和知识并非一体的。我同意的是，如果你知道某事或某个命题是真的，那么它是你的证据。你可以把你的知识作为证据，用于形成信念。但我认为我们不只有这种证据，有的证据不是知识。在你的证据中，可能有一些你并不知道其为真。因此，我可能拥有一些我不知道但有相当好的理由相信的信念，我可能会把它们作为证据使用，来进一步形成信念。这些是我可以使用的证据，但并非知识。所以在我看来，将知识和证据等同起来是错误的。但我知道威廉姆森在这方面有很多产出，他非常聪明，去理解他的理论需要了解更多的论证。我只是没有被知识论的这个转变说服。

---

① 关于此理论请参见 Timothy Williamson, *Knowledge and Its Limits,* Oxford University Press, 2000。

二、高阶证据与认知分歧

郑伟平：您在 2009 年发表的文章《证据主义，高阶证据与分歧》引发了一场关于高阶证据（Higher-Order Evidence）的本质的讨论。我注意到一些关于这个问题的知识论文章。我们很感兴趣的是，什么是高阶证据？所有的证据都有其高阶证据吗？

费尔德曼：我现在认为高阶证据与低阶证据（Lower-Order Evidence）之间的界限也许没有我之前认为的那样清晰。但是我的观点是确实存在着关于证据的证据。关于这个问题，有两个主要的事情需要考虑。我可能有关于某事的普通证据。例如，当我们想要指认凶手时，指纹、影像、动机都是关于此事的普通证据。你也可能得到另一种信息。你得知（learn）其他人有关于某事的证据，你被告知某人有关于凶手是谁的证据。但你并未被告知他的证据是什么，所以你得知的只是存在（支持此事）的证据。这是一个关于证据的事实，而不是关于话题本身的证据。它（这类证据）只是与关于话题的证据有关。在我看来，这是一种高阶证据。

另一件需要考虑的事情是，关于支持关系（what supports what）的信息。假设你有一些证据，然后另一个人对你说："那个证据实际上不支持那个结论。"这就是关于支持关系的证据，这也是关于证据的证据，而不是关于原初话题的证据。总之，我认为关于证据存在的信息以及关于支持关系的信息，都是高阶证据。

这个讨论中还涉及第三类证据。这类证据也许也应该被考虑视作高阶证据，但是它与以上两类有些不同。它是得出结论时要用到的相关因素。假设你看到了一些信息，然后你由此得到了一个结论。之后你被告知你吃下了一个药片使你产生了幻觉，或者发生了一些事情使你处于不能很好地衡量证据的状态。这类证据关乎的是衡量证据的能力，它或许也能被算作高阶证据。令人困惑的问题是理解它们是如何与普通证据相互作用的。当你观察某些信息，从中得出一个结论，这一切似乎都很清晰。但之后你被告知你处于某种心理状态，使得你无法很好地衡量证据。那么你应该如何处理这个信息？这对你最初的结论有何影响？这就是高阶证据，以及它如何引出了关于合理信念的问题。

至于是否所有的证据都有其高阶证据？我对这个问题并不十分确定。我可以讲的是，任何证据都可能存在关于它的证据，因为总有人可能会告诉你，你的证据不支持你以为它支持的结论。

喻郭飞：高阶证据一定比普通证据更有力或更可靠吗？高阶证据是否一定会击败

（defeat）低阶证据呢？

费尔德曼：我认为这是一个困难的问题，我对自己的回答并没有百分百的信心。但我认为答案是否定的，它不一定能够击败低阶证据。我可以举几个案例来支持我的想法。假设有一个学生在上一节知识论课程，这节课的老师是一位非常令人信服的教授。这位教授捍卫怀疑主义的观点。他在课程上告诉学生们，你可能有"感知经验"（Perceptual Experiences），这可能给了你好的理由去形成关于这个世界是什么样子的信念，但实际上感知经验并不能给你好的理由。他用你或许处于梦境和缸中之脑等案例来支持怀疑主义，学生因此对以往的信念感到困惑。他从教授那里得到了经验不能确证关于世界的信念的证据，这是他拥有的高阶证据。然后他离开教室走到室外，他看到天气晴朗，阳光明媚。他想：今天是个晴天，太阳照耀着！我认为他非常清楚地知道太阳正在照耀着。即使他有这个证据告诉他，他的感知证据并不足以支持他认为太阳在照耀的想法。我认为他依然知道太阳在照耀。

教授提供的高阶证据并没有击败学生信念的确证性。必须承认教授告诉他感知证据不是一个好的证据这个事实确实有一定的影响。他不能简单地说教授是错的然后忽视这一证据。我认为这是一个高阶证据并没有击败普通感知证据的案例。所以我认为对于这个问题来说，答案是否定的。

喻郭飞：所以普通证据和高阶证据只是技术上的区分，高阶证据在确证性方面并没有什么特别之处吗？

费尔德曼：是的，我认为这是正确的。我认为最终你会拥有所有的信息：走出教室的学生拥有与情况相关的信息，教授对感知和知识的看法及理由、他在室外的视觉体验，所有这些都是他拥有的信息。问题在于，考虑所有这些之后，合理的信念是什么？我认为合理的信念是今天是一个晴朗的日子。这是正确的想法，并且在此没有区分高阶和非高阶的证据。它们并不是截然不同的类别，它们只是更多的信息。

郑伟平：在《证据的证据是证据》[①]这篇文章中，您写道："如果 S 拥有证据 E_1，E_1 支持了这个命题，即存在着拥有支持 P 的证据的某人，那么 S 拥有证据 E_2，E_2 支持命题 P。"[②]E_1 和 E_2 之间的关系是怎样的呢？ E_1 是 E_2 的一部分吗？

费尔德曼：我认为不必然是这样的。这是一件复杂的事情。我一开始想到这个题目时非常喜欢它。我花了点时间思考如何在一个句子中三次使用"证据"这个词，这真的很有趣。

---

① Richard Feldman, ."Evidence of Evidence is Evidence", in Jonathan Matheson and Rico Vitz (eds.) , *The Ethics of Belief,* Oxford University Press, 2014.

② Ibid., p. 292.

我认为在这个表述中，E_1 和 E_2 之间的关系不一定是 E_1 是 E_2 的一部分。我可以拥有一些证据表明你拥有一些支持命题 P 的证据。如果我知道你有一些支持命题 P 的证据，那么我知道存在一些支持命题 P 的证据。这使得我有一些理由认为我自己也有一些关于命题 P 的证据。我不知道你的具体证据是什么，但我有一些证据，我的证据就是知道你有相关证据。

我不认为 E_1 是 E_2 的一部分。原因是这样的。假设我得知你有一些关于命题 P 的误导性证据（Misleading Evidence）。你拥有支持 P 的误导性证据这一事实并不支持命题 P。但如果我知道你有一些关于 P 的误导性证据（E_1），我就知道你有一些关于 P 的证据（E_1 的部分），因为误导性证据仍然是证据。所以我仍然知道存在一些支持 P 的证据。但它并不是 E_1 本身，它可能是 E_1 的一部分。（此时 E_2 即 E_1 的部分）

郑伟平：您认为以下情况是可能成立的吗？即两个人拥有完全相同的证据，但基于相同的证据他们形成了互相矛盾的信念？

费尔德曼：是的。两个人是否可以从相同的证据中得出相互冲突的结论？我认为这是可能发生的。但是他们在得出不同结论时能否都是合理的？这是另一个问题。我们可以考虑这样一个案例，陪审团在审判中对于正确的裁决意见可能存在分歧，他们拥有相同的证据，但得出了不同的结论。我们应该做出区分：这是关于人们可能会做什么的心理事实，这并不是关于知识、确证或合理性（Rationality）的知识论事实。

喻郭飞：您认为存在合理的平辈分歧（Peer Disagreement）吗？

费尔德曼：我认为这个问题在很大程度上取决于对"平辈"的定义。如果"平辈"仅仅指两个彼此相似并处于相似情境的人，那么当然他们可以得出不同的结论，因为"平辈"并不意味着完全相同。如果我们用"平辈"来指两个在完全相同的情况下完全相同的人，那么我倾向于回答"不"。但当然，不会有两个人能够成为那种意义上的同辈，人们所处的情境总会至少存在一些微小的差异。

假设两个相当相似的人查看相似的证据，并在没有交流的情况下得出了不同的结论。一个人说"在我看来，这似乎支持结论 A"，另一个人说"我判断这个信息支持结论 B"，他们对情境有自己的反应，这也是一种证据，这是他们做出判断的一部分，因此他们并没有完全相同的信息。如果他们互相交谈，并了解彼此之间的情况，那么他们会处于更相似的情况中。

对我来说，很有可能两个相互隔离、对彼此的想法一无所知的人看到同样的信息，并合理地得出不同的结论。但如果他们互相了解彼此，我会认为更难出现这种情况。似乎一旦他们了解对方，他们就不得不开始思考谁是正确的，为什么是正确的，并且努力消除分歧。

郑伟平：您为什么认为"关于分歧的争议中的焦点在于高阶证据的知识论意义"① 呢？这二者是如何联系的？

费尔德曼：即使我们拥有相同的初步证据，我们对这些证据的反应、我们对它的想法，以及我们认为它能够推理出什么或者支持了什么，这些都是不同的。如果想把这种差异归类为高阶证据，那也是不同的高阶证据。这是关于它支持什么的证据。我们在这方面存在差异，因此我们可能得出不同的结论。正如我们刚刚讨论的，我们可能在彼此隔绝的情况下合理地做出不同的判断。但是，如果我发现你有相同的信息，却得出了不同的结论，并且你有你的理由，那么这就是我必须考虑的事情。我关于你的高阶证据的证据成为我的证据，影响了我自己信念的确证，对你而言同样如此。因此，高阶证据以这种方式影响了我们的分歧，即如果我们了解彼此的高阶证据，如果我们了解彼此的想法、知识或者我们如何推理出证据支持的东西，那也应该会影响到对方的信念。所以，关于分歧的争议依赖于对高阶证据的意义的看法，我认为这是其中一个体现方式。

关于高阶证据的知识论意义与平辈分歧的联系的另一个重点是我们刚才讨论过的一个话题——高阶证据是否总是比普通证据更有力度，或者相反。这是一个争议焦点，它关乎高阶证据的意义。如果你认为高阶证据总是决定性的，总是更为重要，你会以不同的方式思考这个问题；如果你持相反看法，你的态度也会不同。

郑伟平：您认为分歧知识论有什么重要意义？您刚刚已经涉及了一些相关的观点，这是知识论领域中的一个令人振奋的新问题。

费尔德曼：我认为这个话题是重要的，原因如下。在抽象的哲学问题和理想化的情况下，拥有完全相同证据的人，他们能否合理地持有不同的信念？但我认为，考虑分歧是一个现实世界的问题。世上有太多对各种事情有分歧的人们，不幸的是，人们的分歧通常以消极的方式呈现。一些人是如此极端，分歧是如此激进。我认为学会如何与有分歧的人进行交流是非常重要的。我指的并不仅仅是如何表现得友好或礼貌。我认为这对于理性思考有着重要的意义。我的基本思想是：与有分歧的人交流，不是把他们视为你需要在辩论中击败的对手，而是将他们视为潜在的信息来源，你可能会从中学到一些东西。如果你相信某事，并遇到一个持有不同看法的人，你可以问自己这些问题：他们为什么会这样想？在理解他们观点的过程中，我得知了什么？也许你会改变你的看法，也许你会学到一些新东西。

因此当我们考虑分歧问题的时候，它涉及了更广泛的问题，比如如何应对分歧，我认为

---

① Richard Feldman, "Evidentialism, Higher-Order Evidence, and Disagreement", *Episteme* 6, 2009 (3):305.

这是一个具有社会意义的话题。这是分歧知识论意义的一部分。你可以将其归类为"现实世界的分歧",而不是抽象的理想化的哲学问题。

三、一种证据主义的信念伦理学

郑伟平: 证据具有其伦理意义,您认为存在一种证据主义的信念伦理学。我们知道存在多种信念规范,如真理规范、知识规范、证据规范,当然也有道德规范、审慎规范。由此可见,一些知识论学者认为实践因素(Practical Factors)也会影响信念的确证。您会认为证据主义过于严格了吗?

费尔德曼: 当然不会。我认为关键在于要始终记住信念和行动之间的区别。实践因素确实会影响基于某些信念而采取的行动是否是合适、合理的。我们经常用一些与疾病等有关的例子来说明这一点,抱歉这些例子可能会让人感到不快。假设你患有一种疾病,同时你还有一颗药。你有一些理由认为它是有效的,但也有一些理由认为它可能是有害的。对你来说服用这颗药是否重要不会影响你对这颗药的信念,你对这颗药(有效或有害)的信念不会改变。但如果你处于危急情况下,你服用这颗药可能是合理的。但这并不会改变你对其有效性的信念。这并不意味着当情况变得紧急时,你应该改变自己的信念。只是说当情况变得更加重要时,你可能会改变自己愿意去做的事情。

因此,我认为注意信念和行动之间的区分非常重要。许多文献表明,当实践因素侵入时,你应该或者不应该相信。但我认为,实践因素显示的是你应该或者不应该做什么。你应该相信的事情保持不变。这就是为什么我说证据主义并不过于严格。

喻郭飞: 为什么知识规范在我们的决策中总是起最重要的作用呢?或许人们会因为自身利益而相信某事,例如,有人承诺如果我相信 1+1=0,他会给我 10 美元。

费尔德曼: 有可能存在这样的情况,即对你来说,相信与证据相反的事情符合你的利益。或许从实践的角度上来看,这对你来说具有实际利益。但这依然不是认知意义上的确证信念。有许多类似的情况。例如运动员,如果他们认为自己会成功,他们可能会表现得更好,即使这是一种过高的自信。你可能会希望让自己相信某些事情,因为这对你有好处,这似乎是正确的,这可能是一个明智的做法。但我认为这并不意味着你知道那些事情是真的,或者对那些事情持有认知意义上的确证信念。这是两种不同维度的评估。

我会思考知识规范和行动规范。我不想说(知识规范是)最重要的。它们是不同的标准。一个是符合你的利益,一个是认知意义上的确证以及你的证据支持什么的标准,它们只是不同的东西，我不会说一个比另一个更重要。

    郑伟平：您会对证据分类吗？还是您认为证据是认知唯一（epistemic-only）的？以理由来做类比，有各种类型的理由，如道德的、认知的、实践的理由。您对证据和理由之间的关系有何看法？

    费尔德曼：我认为道德的、实践的或认知的并不是证据本身的属性。证据只是信息，它承载着某些东西。证据可以向你表明某件事情是真的。它也可以表明某事在道德上是正确的，或者是实践上最有利的。所以我认为答案是否定的。确实存在实践的理由，但那是关于事物的实践利益或实际价值的证据。例如，如果你相信一些荒谬的事情，你将获得 10 美元。获得 10 美元是形成信念的实践理由，但它并不是那个信念的证据。理由和证据之间存在着差异。潜在的奖励是一个行动的理由，但它不是此事为真的证据。

    郑伟平：您认为确证这个概念只与证据有关吗？

    费尔德曼：我认为英语中的"确证的"一词有许多不同的用法。以同样的例子为例，如果一个人可以因为相信一些荒谬的事情而得到 10 美元。他需要 10 美元，而且这并无害处。我认为从实践角度来看，他在某种程度上是确证的。我认为"确证"这个词在知识论意义上使用得更加严格。在这个例子中，这个人的信念没有得到证据的支持，在这个意义上他的信念不是确证的。所以我认为这个词"确证"有不同的含义或用法。我不想说在我们实际使用英语时，它总是仅仅与证据有关。我认为我们会以其他方式使用它。

    郑伟平：您认为证据主义的确证原则同样适用于宗教信仰吗？您认为宗教信仰与普通的信念有什么区别呢？

    费尔德曼：我的总体想法是否定的。但我承认，宗教信仰显然对许多人具有深远的意义，它在他们的生活中扮演着重要的角色。宗教信仰与其他信念不同，我认为这是值得被认可和尊重的。与此相关的是，与宗教信仰相关联的不仅仅是单纯地相信某个命题，而是对一种文化、一种生活方式、一套行为以及宗教活动所伴随的一切的参与。这对人们来说具有极大的意义。对于他们来说，他们的宗教信仰在认知上的确证可能不是那么重要。他们想要做的是以某种方式过自己的生活，因此在生活的中心性（centrality）方面，宗教分歧和宗教信仰与其他信念不同，这是一个需要被认识到的重要事情。

    郑伟平：最后，让我们从更广泛的角度来讨论证据概念。众所周知，律师们谈论证据，哲学家们也谈论证据。为什么证据在实现美好生活（Well-Being）的过程中如此重要？

    费尔德曼：我认为答案相当简单。我们拥有的证据是我们了解这个世界的最佳向导。它告诉我们世界上什么是真的，然后我们可以去探索世界，发现自己应该做什么，如何实现我们的目标，以及如何与他人共处。证据是统领和管理你的生活、使人们有效度过生活的核心。你可以发现那些忽视证据的人不会生活得那样如鱼得水，因为他们对自己所处的世界没有形成准确的图景，也就无法那样有效地管理自己的生活。我认为从这个意义上说，证据确实对美好生活很重要。有一些事情有助于实现善，而证据使得我们能够发现达成这些事情的方式。

郑伟平：上海交通大学的赖长生副教授委托我询问您关于普遍性问题（Generality Problem）的观点。

费尔德曼：我或许最好先提供一些背景信息，以确保我们都理解这个问题。可靠主义认为如果信念源自一个可靠的信念形成过程，那么这一信念是确证的，一个可靠的信念的形成过程通常会导致真信念。我和我的同事厄尔·柯尼（Earl Conee）提出的问题可以通过一个例子来说明。假设一天晚上你望向天空，看到了月亮，然后你相信那确实是月亮，你非常确证地相信这件事。可靠主义会说，这是正确的，因为你运用了可靠的过程。

普遍性问题是，我们信念形成过程的普遍可靠性（General Reliability）究竟指的是什么？我们必须对此有所衡量，以确定可靠主义所说的过程是什么。是视觉吗？在黑暗中的视觉是否不那么可靠？是看到了月亮吗？你所处的具体情境使得你相信那是月亮是完全可靠的吗？当你考虑到这一点时，你会意识到，如果没有更多的解释，我们就无法确定可靠主义对这种情况的确切分析，无论他们说信念源自可靠的过程还是不可靠的过程。因为我们不知道确切是哪个过程。

这就是普遍性问题。这是对可靠主义的一种挑战，要求其说明过程究竟是什么，以及过程的普遍性的层级。问题在于他们理论所涉及的过程。需要声明的是，这并不是说可靠主义是错误的，只是在进行解释之前，我们无法对其进行评估。

郑伟平：好的，十分感谢您接受我们的专访，相信您的访谈将使得中国知识论学家们更加理解您和您的知识论！

Evidence, High-order Evidence, and Evidentialism: An Interview with Professor Richard Feldman

ZHENG Weiping, YU Guofei, and XU Zhihan

Xiamen University and Huaqiao University

Abstract：Richard Feldman is the most renowned epistemologist in the field of evidentialism. He is the university professor in the Department of Philosophy at the University of Rochester in the United States. Many of his works have been translated into Chinese, exerting a profound influence on the field of epistemology in China. In 2014, Professor Feldman was invited to serve as an academic advisor for Chinese Society of Epistemology. On the occasion of the Society's tenth anniversary, we were commissioned by the Society to conduct an interview with Professor Feldman. During the interview, Professor Feldman shared his new understanding of the concepts of "evidence" and "higher-order evidence," as well as the evidentialist principle. He emphasized the crucial role that evidence plays in both epistemic justification and practical guidance.

Keywords：Evidence; Higher-Order Evidence; Evidentialism; Ethics of Belief

如何理解当代哲学与科学的互动
——江怡教授访谈录

◎ 薛 吕
山西大学哲学学院

薛吕：江老师，您好！您一直都很重视对当代哲学与科学之间的关系问题的研究，您最近发表的一些文章也与此话题相关。当代科学的迅猛发展对当代的哲学研究产生了很重要的影响，在这样的时代背景下，当代哲学与科学发展之间关系更为复杂多变，当代哲学的性质和研究方式也呈现出不一样的特征。请问，对此，您是怎么看的？

江怡：谢谢你的问题。的确，当代哲学与科学的发展之间的关系比以往任何一个世纪都更为紧密。经过了 20 世纪初的哲学上的"语言转向"之后，当代哲学更为关注经验世界中的人类生活和社会活动。这里说的"更为关注"是相对于 18 世纪、19 世纪出现在欧洲大陆的体系性的先验哲学而言的，特别是从康德到黑格尔的德国古典哲学。虽然近代欧洲大陆哲学中的经验主义传统是把人类的经验活动作为知识获取和真理判定的唯一标准，但由于近代哲学家们始终坚持这样一个信念——哲学活动是一种不同于科学的事业，因而整个近代哲学都与科学研究之间保持着一种若即若离的关系。尽管包括康德、黑格尔这样的哲学家都对当时的自然科学研究成就抱有极大的兴趣，但他们总是把科学研究与他们的哲学观念区分开来，或者通过自己的哲学概念去重新解释科学研究的成果。特别是在德国古典哲学的传统中，哲学被定义为"科学之科学"，是在一切科学之上的最高智慧，因而科学就只能被降级到为哲学服务的仆人地位。然而，自然科学在 19 世纪晚期有了突飞猛进的发展，近代哲学的科学观念受到了严重挑战，自然科学取得的巨大成就不断地在宣判哲学的死亡。在自然科学的挑战之下，哲学家们积极调整了自己的研究方法和立场，试图用自然科学研究的方式改造哲学，以科学的思维方式为模本，改变哲学的思维方式。这就是现代分析哲学的诞生。经过一个多世纪的演变，虽然分析哲学传统在今天的哲学领域也不断遭到各种批评和挑战，但从这个传统中发展形成的一些哲学观念至今依然得到人们的普遍认同，特别是在哲学与科学的关系问题上，人们越来越强烈地感到它们之间有着比以往更为密切的联系。所以，我相信，在科学日益发展的今天，当我们讨论哲学的性质和任务时，不得不从哲学与科学的关系中寻找新的生长点。

你可以看到，对未来哲学的反思是我近年来思考的一个重要核心问题。2021年，我发表了《对当代科学的哲学反思与未来哲学的期望》，2022年又发表了《从未来的视角看哲学的性质和任务》，今年正在撰写第三篇《哲学与未来：站在元哲学的立场上》。在这些文章中，围绕当今哲学研究的性质和方式，我主要提出了以下一些基本看法。

第一，自维特根斯坦和维也纳学派以来，把哲学研究看作一种澄清意义的活动而不是理论的构造已经成为当今哲学研究的一种共识。这种观念不仅充分反映在分析哲学传统中，同样表现在欧洲大陆哲学的传统中，特别是在以胡塞尔哲学为代表的现象学传统中。无论哲学家们对这种哲学活动的内容有什么不同的理解，但强调哲学研究的活动特征在某种意义上也可以被称为实践特征，这已经是当代哲学区别于近代哲学的重要特征之一。而这是与当代科学研究的实验活动密切相关的：哲学家们不再满足于"扶手椅"的工作，更多地利用"思想实验"。

第二，当代哲学区别于近代哲学的另一个重要特征是重视语言。无论当代哲学家们如何理解这里的语言，但在对知识和思想的表达意义上，对语言的重视无疑是当代哲学极为明显的特征。近代哲学关注认识（知识）和真理（世界本质），当代哲学关注语言（表达）和意义（理解和解释）。而这种特征也与科学自身的发展密切相关：相对论和量子力学为当代哲学研究打开了另一扇大门。

第三，对哲学性质的理解，可以从未来的视角给出全新的解释。这里的"未来的视角"是指，从可以设想的可能发生的世界图景出发，回溯当下世界发生的一切事实，由此对现实世界给出恰当的解释。我设想的"未来哲学"不是一种未来出现的哲学，而是一种从未来的视角加以解释的哲学，因而是"philosophy from future"，不是"a future philosophy"。

第四，未来哲学研究的方式或许是具有元哲学的性质，应当是对哲学存在方式的研究，也应当是对哲学未来特征的说明。哲学具有的三个基本特征，即整体性、超越性和预言性，规定了哲学未来的三个特征，即不确定性、不可预见性和开放性。"元哲学"属于哲学研究的一部分，而且是基础性的部分，正如关于哲学的方法论是哲学的一部分一样。科学的研究对象是自然之物（包括以人工方式改造并创造的自然之物），神学的研究对象是超自然之物（包括一切科学无法解释的自然现象），哲学是介于科学和神学之间的东西（罗素）。哲学的研究对象既是自然之物，也是超自然之物，更是非自然之物，即思想本身。因此，对哲学性质的思考，无论是从什么立场出发，或从什么视角出发，都是哲学研究本身。

薛吕： 21世纪以来，人类的生活、知识的获取以及信息的交流等方面发生了显著的变化。当代科学技术的进步和信息化时代的到来给现如今的哲学研究带来了很大的挑战。请问当代的哲学研究要在这次的历史变迁中充当什么样的角色，才能更好地回应时代发展的挑战？

江怡： 正如我前面说过的，当代哲学与科学技术的发展有着比以往更为密切的联系。但这种联系并不是把两者完全等同起来，相反，两者关系的存在恰好表明了它们之间的差别。或者说，哲学与科学之间的最大差别就在于，哲学不会代替科学的工作，科学更不会取代哲学的工作。那么，具体而言，当代哲学在科学发展的今天，究竟为科学革命带来了什么呢？这就是你的问题：当代哲学在科学革命的历史变迁中究竟担当了什么样的角色？我想从两个方面来回答一下。

一方面，当代哲学的重要特征是意义澄清活动，因此，面对科学革命取得的成果，哲学家们的一个重要工作就是要对这些科学成果中的理论解释和概念使用做出意义上的澄清，力图为科学发展提供清道夫的作用。这里的清道夫并非仅仅是帮助科学理论意义的澄清，更为重要的是对科学理论的批判。在这种意义上，哲学研究的性质并非科学的追随者，而是并肩作战的同路人。这就意味着，哲学家们总会对科学革命的结果提出各种不同的解释，并以这些解释不断提醒科学家们应当注意在科学研究中的潜在问题，甚至是一些潜在的危险。例如，应用伦理学研究的重要内容就是对科学研究不同领域中的伦理问题的回应。

另一方面，与科学研究的目的和方式不同，哲学研究的主要目的是要为人类提供一个思想的阀门，阻止其他非人类的或反人类的思想侵害人类的思想观念；因而，哲学的研究方式主要是以提醒和警惕人类为基本内容，不断关注和发现一切对人类有害的思想观念和理论主张，特别是在与科学研究的关系上，防止科学研究的结果对人类带来致命的伤害。在这种意义上，哲学应当是人类的守护神。这种守护有两种方式：一种是以消极的方式抵御一切危害人类的思想和行为；一种是以积极的方式认识人类独有的理性优势，以此断绝人类理性与其他非理性活动之间的联系。前者是以法兰克福学派和后现代哲学思潮为代表，后者则是以分析哲学传统为代表。虽然它们在各自的理论关注上存在很大不同，但在实现哲学的最终目的上是一致的。

从以上两个方面来看，哲学研究在当代科学革命过程中发挥的作用就很好理解了。

薛吕： 您曾经指出，科学研究对哲学的依赖与哲学研究对科学的依赖一样，都是相互补充、互为说明的关系，二者之间没有明确的界限。请问从方法论上看，科学研究和哲学研究之间有哪些一脉相承的地方？

江怡：是的，对当今人类来说，科学研究与哲学研究之间的确很难划出一个明确的界限。例如，量子力学理论、广义相对论以及当代物理学中的弦论等，就很难完全归于纯粹的科学理论，而当代的实验哲学、神经哲学（neurophilosophy）以及技术化哲学（technophilosophy），也很难被看作纯粹的哲学研究。我在《论人文科学在认知科学中的作用——基于认知科学与人文科学边界及其互补性的思考》一文中就指出，如今的认知科学作为一种跨学科领域的科学研究，早已不再是纯粹的自然科学研究，在这个领域中，自然科学家和人文学者共同努力，以各自不同的方式试图揭开人类的认知之谜。在这里，严格地划分科学与哲学的界限似乎变得并不重要了。当然，这种界限模糊并非人为带来的结果，也就是说并非某个理论观点造成的结果，而是在科学研究与哲学研究的不同领域中，研究者们对共同的问题产生了研究兴趣，并从各自的理论背景出发，逐渐形成了一种合作态势。可以说，这是科学研究和哲学研究共同需要的结果。一旦我们认识到了这种需求的必要性和紧迫性，科学与哲学的联盟就水到渠成了。

从方法论上看，科学研究和哲学研究之间的相继关系非常明显。这突出表现在以下几个方面。首先，科学研究的方法不仅坚持观察实验，而且强调理论假设，当代科学研究的最为重要的方法之一就是建构数字模型，通过恰当的计算而获得对理论假设的支持。无论是对宇观和宏观世界的解释（例如宇宙大爆炸理论），还是对中观和微观世界的描述（例如神经中枢系统的刻画），都采用了数据分析的方法，都是通过建模而构造了一个解释系统，由此来说明我们观察到的现象，并进一步提出对未知世界和领域的解释。这种理论假设和数据建模方式，与哲学上的概念分析和逻辑推演，在方法论上具有明显的相似性。其次，科学研究和哲学研究在逻辑论证方式上的一致性也使得它们在方法论上很容易相互理解。逻辑论证是一切知识确定性的重要前提，也是科学与哲学最初形成的共同来源。无论是传统的亚里士多德逻辑还是现代的数理逻辑，它们都是强调思想构成的形式化特征，也都是通过语言分析的方式获得知识的确定意义。在共同提倡逻辑论证的前提下，科学研究和哲学研究始终处于同一条阵营之中。即使是在科学研究逐渐脱离了哲学母体而成为独立的研究领域的过程中，或是在哲学研究试图表明自身与科学研究之间存在某种不可逾越的鸿沟时，它们都是以逻辑推理的方式表明自己的观点和立场。因而，逻辑方法成为连接科学研究与哲学研究的主要纽带，而这个纽带的重要标志就是逻辑推论的形式化方法。最后，自然主义路径目前是科学研究和哲学研究共同采用的研究方式。科学研究始终以解释自然为目的，自然主义路径是科学研究的基本方式。对科学研究而言,自然主义意味着从观察和实验出发,一切理论假设和解释最终都需要通过实验加以检验和证明。所以,自然主义路径在科学研究中并非一种后验的方式,而是一种先验的方式。而对哲学研究而言,自然主义路径则是一种后验的方式。整体上看,古代和近代的哲学研究都不是采用自然主义方式,也就是说,哲学家们的思想论证过程并非基于对理论对象的自然态度,而是一种观念在先的先验态度。虽然经验论者和唯理论者在知识来源问题上存在根本分歧,但他们在哲学研究的基本方法上都坚信哲学研究不同于科学。然而,19世纪后期以来的西方哲学家们则开始放弃这个信念,逐渐接受了自然主义的研究方式。这与现代科学的迅猛发展有着密切的关系。无论是在分析哲学传统中还是在欧洲大陆哲学传统中,哲学家们似乎都在强调意识研究的自然主义倾向,这在当代现象学的神经科学哲学研究中表现得特别明显(如在阿维·诺伊等人的理论中)。在当代心灵哲学、物理学哲学以及认知科学哲学中,自然主义路径是最为强劲的哲学研究方法。

薛吕: 我们知道,您一直与国际上的那些知名哲学家有学术联系,能否为我们简要介绍当前国际上的研究者们对于当代哲学研究与科学发展之间的关系采取何种态度?我们该如何看待国内学界的两种不同理论观点,即"科学万能论"和"哲学特殊论"?

江怡: 据我了解,当代哲学家们对待科学与哲学的关系始终存在很大的争议。这个争议的焦点在于,科学的发展对哲学研究究竟带来了什么影响。现在没有人会否认这种影响的存在,但大家对这种影响的性质、范围和作用等并没有形成共识。当然,哲学上要达成共识是非常困难的,甚至可以说是不可能的。但不同哲学传统中的哲学家们会形成各自不同的哲学阵营,在这里,这些阵营的划分主要就是根据他们对科学与哲学关系的不同态度。总体上看,大部分哲学家对于科学发展对哲学研究产生的影响还是持有谨慎的乐观态度,这也可以看作他们不得不接受的一个客观事实。但还是有不少哲学家对这种影响基本上持有一种消极或否定的态度,这也反映了当代哲学试图摆脱科学影响的一种倾向。剑桥大学哲学家赛巴斯蒂安·德哈罗(Sebastian De Haro)在他发表的一篇文章中,把哲学与科学的关系描述为"一种爱 - 恨关系"。[①] 他提出自然科学需要哲学的三个论证,包括:反哲学论证的谬误,即为了否认对哲学的需求,一个人就必须做哲学;用历史上出现的例证(以量子力学为例)说明哲学对科学研究的重要性;科学和哲学交叉领域的出现,表明两者之间的相互协同,以及这种

---

① De Haro, S., "Science and Philosophy: A Love-Hate Relationship", *Found Sci* 2020, Vol.25, pp. 294-314.

协同对科学研究和哲学研究的不同影响。这种积极的态度更多地表现在科学哲学、心灵哲学、语言哲学、知识论以及分析的形而上学研究中。也有一些科学家和哲学家对这种积极态度提出了不少质疑，比如科学家约翰·麦卡锡（John McCarthy）和帕特里克·J. 海耶斯（Patrick J. Hayes）在 1969 年提出的"框架问题"（the frame problem），指出了推理建模逻辑时出现的看似狭窄的逻辑问题，也就是说，只能在有限范围内处理信息的机器人，无法处理所有实际发生的问题。1978 年，哲学家丹尼尔·克莱蒙·丹尼特（Daniel Clement Dennett）则把框架问题转换为"一个抽象的认识论问题"。1987 年，哲学家杰瑞·艾伦·福多（Jerry Alan Fodor）又将框架问题等同于"认知思维如何运作的问题"，声称理解心灵的工作原理需要解开归纳相关性和理性的本质。框架问题被揭示为一个深刻但非常棘手的哲学问题。

对科学与哲学关系的乐观态度更具有挑战性的观点同样来自科学家和哲学家。关于科学是否需要哲学的问题，诺贝尔物理学奖得主、粒子物理标准模型的奠基人史蒂文·温伯格（Steven Weinberg）曾雄辩地论证，哲学对物理学的损害多于帮助——尽管它有时可能提供好的见解，但它通常是物理学家自身不得不摆脱掉的紧身衣。更激进的是，斯蒂芬·霍金（Stephen Hawking）写下了广为人知的一句话："哲学已死。"他的理由是，过去由哲学家探讨的大问题现在都由物理学家接手了。类似的看法在科学家中广为流传，而且科学家们也毫不掩饰。美国科普界一位著名人物尼尔·德格拉斯·泰森（Neil de Grasse Tyson）用相同的风格公开宣称，我们了解膨胀的宇宙和量子物理，每一项都远超整个哲学家群体坐在扶手椅里能推导的范围，他们在本质上已经过时了。与此相反，当代哲学家中也不乏直接反对用科学研究解释哲学工作的做法，甚至认为，现代科学成就对哲学研究来说有害无益，所以，哲学研究也不需要科学。美国学者朱利安·弗里德兰（Julian Friedland）于 2012 年在《纽约时报》的哲学专栏上发表文章，明确提出，哲学不是科学，因为它采用了逻辑分析和概念澄清的合理工具来代替实证测量。严格来说，如果谨慎实施这种方法，可以产生的知识有时比科学更为可靠、更加持久。科学测量原则上总是根据未来的观察至少进行一定程度的调整，而健全的哲学论证则可以达到不朽的程度。由此可见，当代西方哲学家们对科学与哲学的关系的看法存在着重大分歧，这种分歧与当代科学家们对科学与哲学的关系的看法也有相似之处。虽然我自己在科学与哲学的关系上基本上持有谨慎乐观的态度，但在我认识的西方哲学家那里，他们对这种关系基本上是持否定的或部分否定的态度，比如美国纽约新学院的西蒙·克里奇利（Simon Critchley）、波士顿学院的德莫特·莫兰（Dermot Moran）、米兰语言与传播自由大学教授卢卡·马利亚·斯卡兰蒂诺（Luca Maria Scarantino）、德国卡塞尔大学的斯特凡·马耶恰克（Stefan Majetschak）等人。

国内哲学界对科学与哲学关系的理解也是千差万别，争论不断。我在文章中把这些理解上的冲突归结为两个主要阵营，一个是"科学万能论"，一个是"哲学特殊论"。前者基本上是对待哲学的科学主义态度，坚信"哲学终结论"；后者则是一种哲学上的乐观主义，坚信在哲学与科学关系上哲学不可取代。我把这两种阵营也看作在哲学与科学关系问题上的两种极端态度和立场。在这两者之间，还存在着更多相对温和的观点，包括谨慎的乐观态度和有限度的科学主义等。我相信，国内哲学界在这个问题上大多数人还是持有这些温和的观点。然而，由于极端的立场在哲学讨论中更容易获得人们的关注，因而以上两种对立的阵营就往往被看作最具代表性的，同时，这两种立场的错误甚至谬误也就更容易为人们所认识。

仅从逻辑上判断，我们就可以清楚地看到，"科学万能论"和"哲学特殊论"都是各持一端，甚至固执己见，没有或不愿去理解对方的观念，最终导致以己之矛攻己之盾的结果。例如，在"科学万能论"者看来，科学必将以其强大的力量取代一切知识性研究，如果哲学坚持其知识本性的话，那么，哲学也将被科学取代。因此，哲学的终结就是不可避免的了。显然，这个论断的前提是建立在对哲学性质的错误理解之上的。虽然当代哲学中的科学主义倾向是以科学研究为模本，突出了哲学研究的知识性质，但这并没有被看作涵盖了哲学的所有研究领域，也没有成为解释哲学性质的唯一正确答案。即使是在当代哲学中，哲学家们对哲学性质的理解也可谓千差万别。与科学研究更为接近的分析哲学传统也没有完全走向哲学终结论的道路，相反，由于其自身存在的各种困境，分析传统也在不断扩展哲学研究的范围和方式，并由此改变了早期分析哲学家们坚持的一些信念，例如对语言分析和逻辑性质的固守以及对待形而上学的拒斥态度等。这样，一旦放弃了哲学以追求知识为主要任务的性质理解，"科学万能论"或"哲学终结论"的说法就不攻自破了。据我了解，事实上，国内哲学界目前从事科学哲学、科学史以及 STS 研究的学者们，大多在科学与哲学关系问题上持有相对悲观的立场。他们并不认为科学革命的结果最终会终结哲学，也不会以科学主义的立场去反对一切非科学的探究。特别是在面对当代认知科学和人工智能技术，国内科学哲学的研究者们基本上能够保持一种冷静的理性的分析姿态，清醒地看到这些最新技术对人类的存在意义提出的伦理挑战，并致力于向公众传播科学理性的精神，帮助人们认清技术革命给人类生活带来的巨大变化及其后果。

另一方面，"哲学特殊论"也是一种极端的哲学立场，这种立场的错误在于完全排斥了科学研究对哲学研究的事实上的影响。从逻辑上看，强调哲学研究与科学研究之间的差别原本是这两种研究的题中之义，因为至少是在当代社会，哲学与科学的确属于不同的研究领域；即使是凸显两者之间的密切关系，也是基于两者之间的不同。然而，"哲学特殊论"者是把这种不同看成水与火的差距，认为只有坚持了两者之间的水火不容，才能守护哲学的特殊地位。这种对哲学与科学的关系非此即彼的思维方式明显违反了逻辑上的同一性原理，即只有两个具有相同性质的东西才可以被看作不可区分的，但哲学与科学显然是属于具有不同性质的研究领域，因而它们本身就是可以区分的。但"哲学特殊论"者试图用哲学的特殊性质说明它与科学研究的差别，这就是在用原本需要证明的结论作为证明的前提。"哲学特殊论"应当证明的是哲学与科学之间的区别，而不是用这种区别去证明哲学的特殊性质。根据我的观察，这种主张的主要提倡者是国内从事中国哲学史、思想史以及宗教学研究的学者，也包括一些在文化艺术领域从事理论研究的学者。作为一名中国学者，我完全可以理解并同情这种主张，但无法接受这种主张。

薛吕：我们知道，您是国内知名的维特根斯坦专家，您对维特根斯坦的哲学思想有自己独到的见解。在 20 世纪 30 年代初，维特根斯坦对科学研究和自己的哲学研究之间的关系进行了考察。您能否向我们介绍维特根斯坦对科学研究和哲学研究之间的关系持一种什么样的态度？

江怡：维特根斯坦在他思想发展的不同阶段，对科学与哲学的关系问题的确有许多不同的论述，但这些论述都表达了相同或相近的观点。统合起来看，这些观点主要包含了以下内容。

第一，哲学研究与科学研究是不同的探究事业：科学研究在于发现真理，哲学研究则是要澄清意义。在《逻辑哲学论》中，维特根斯坦最早对这两者的差别作出了经典论述："一切哲学都是对'语言的批判'。"（TLP，4.0031）"真命题的总和就是全部自然科学（或自然科学的总和）。"（TLP，4.11）"哲学不是自然科学的一部分。'哲学'一词一定是指某个高于或低于自然科学的东西，但不是与自然科学并驾齐驱的东西。"（TLP，4.111）"哲学的目的是对思想的逻辑澄清。哲学不是一套教诲，而是一种活动。哲学著作基本上是由阐述构成的。哲学的结果不是'哲学命题'，而是更为清晰的命题。哲学应当使得原本模糊不清的思想变得清晰，为思想划定明确的界限。"（TLP，4.112）"哲学划定了自然科学有争议的领域。"（TLP，4.113）"它应该划定可思的界限，因而也划定了不可思的界限。它应该通过可思的事物从内部划定了不可思的事物。"（TLP，4.114）"它将通过清楚地表明可说的来表明不可说的。"（TLP，4.115）"任何可以被思考的事物都可以被清晰地思考。任何能说的都能说清楚。"（TLP，4.116）显然，维特根斯坦在这里对哲学的性质已经给出了清晰的说明，并由此说明了哲学与科学之间的差别。

事实上，维特根斯坦对哲学性质的这一说明一直保持到他生命的最后，把哲学研究看作一种澄清意义的活动，这始终是维特根斯坦坚守的信念。虽然他在思想发展的不同阶段在哲学观点上有些变化，但在对哲学性质的解释上，维特根斯坦的思想是始终如一的。

第二，哲学不属于任何一门自然科学，更不是可以被解释为与经验科学相关的东西，因此，我们无法用自然科学的方式讨论哲学；反过来说，任何试图用自然科学的方式讨论哲学的企图都是毫无结果的，由此产生的任何命题也是毫无意义的。对此，维特根斯坦在《逻辑哲学论》中就明确指出，"哲学上正确的方法实际上应该是：除了能说的东西以外，也就是自然科学的命题，什么也不能说——因而（自然科学的命题）与哲学无关；然后，每当其他人想说一些形而上学的东西时，就向他们证明，他们没有赋予命题中某些符号以意义。这种方法他们不会满意——他们不会感觉到我们在教他们哲学——但**这**是唯一严格正确的方法"。（TLP，6.53）显然，维特根斯坦是通过把哲学命题排除在自然科学命题之外的方式，否定了哲学与科学之间具有任何密切的联系。这种态度听上去很奇怪，因为这相当于他在自毁前程，也就是以否定哲学的方式讨论哲学，甚至把哲学教学看作是一种毫无意义的事情。然而，我们知道，维特根斯坦正是以这样的方式传授他对哲学的理解。他在给学生们讲课时曾多次表示过，希望他的学生们以后不要从事哲学研究，而他教授哲学的目的就是要让大家放弃哲学。但我们也知道，维特根斯坦让大家放弃的哲学并不是他自己的哲学，更不是他所理解的哲学，而是传统的哲学形而上学，也是那种试图把哲学等同于科学的观点，在他看来就是维也纳学派提倡的哲学观点。这也是维特根斯坦始终没有接受维也纳学派观点的重要原因之一吧。

第三，科学上取得的任何成就都无法为哲学研究提供支持，相反，只会摧毁哲学大厦的根基；科学和工业上的进步也无法对哲学以及人类思想提供帮助，相反，只会危害我们的道德关注。在这种意义上，维特根斯坦更像是一位反科学主义者。然而，维特根斯坦真正关心的并非科学与哲学的关系问题，而是我们用科学的方式去谈论哲学的问题，即把哲学命题解释为科学命题的合法性问题。这就意味着，在他看来，哲学研究并非如科学研究般为我们提供关于事物的定义和关于现象的解释，而只是提供对我们日常语言使用情况的描述，并用我们对语言的日常用法去揭露哲学上的用法的错误。他在《哲学研究》中这样写道："我们的考虑不能是科学的，这是正确的。感觉到'与我们先入为主的想法相反，有可能想到这个或那个'，无论这可能是什么，都不会引起我们的兴趣。（思维的气动概念。）我们可能不会推进任何一种理论。我们的考虑中不会有任何假设。所有的**解释**都必须消失，而描述必须单独取而代之。这个描述是从哲学问题中得到启示，可以说获得它的目的。这些当然不是经验问题；

但它们是通过洞察到我们语言的运作方式而得以解决的，并且这样的运作方式由此得到了认可——**尽管**存在误解它们的冲动。问题的解决不是通过新发现，而是通过收集我们早已熟悉的东西。哲学是一场以我们的语言资源反对我们的理智迷惑的战斗。"（PI，§109）这段著名的论断直接反映了维特根斯坦在他的后期思想中关于哲学性质的重要观点，从前面的分析中我们可以看到，这个观点与他在《逻辑哲学论》中对哲学性质的规定是一致的，都是把哲学研究看作一种活动，前期是指一种澄清意义的活动，后期则认为是一种描述语言游戏的活动。但无论是哪一种活动，哲学研究在他看来都是与科学研究完全不同的活动。

　　第四，哲学家与科学家的工作是截然不同的，但科学家的工作会对哲学家的工作有所帮助。所以，哲学研究需要科学家的帮助，但相反则不成立。这是维特根斯坦在20世纪40年代与朋友的谈话中表达的观点。他说："目前科学中占统治地位的主要是工程学。在这一点上——关于工程学占统治地位的这点上——它将不再需要哲学。（科学可以在没有哲学的伴随下很好地发展。可能会说出某种谜题：但是这些谜题不会真正地干涉那么多。然而科学直接指向了技术，哲学会以一种看上去更像是与科学抗衡的形象出现。）但是科学是科学家做的事情。他们不总是关注工程学的进展。例如，他们会对一个主题写出系统的论述。比如一篇关于造波机的论述。科学家的工作是关注我们可能称之为澄清的活动，这里哲学可能会对他们有帮助。尽管这种帮助可能不是直接的，简单说就是这样一个事实，即正在进行一种特定的哲学研究形式。"他还说，"哲学是沉思性的；而科学则不是。哲学关心的是指出其他的可能性；可以完成它的某些方式。'多方面的'（Vielgestalt）。这对于理解某些种类的事情可能的确很重要，这就是科学所从事的那种活动。但这并不是科学家在从事科学研究时想要受到干扰的东西"。① 由此可见，维特根斯坦在科学与哲学关系问题上的看法是很明确的，就是一种反哲学的立场，即反对把哲学研究看作纯粹的解释性活动，而是看作一种使用语言的活动。

　　薛吕：可以说，当前哲学研究的范围很广泛，几乎已经扩展到了人类知识的所有领域。哲学研究的特点是为获得普遍知识提供意义根据；而科学研究是为了获得普遍的知识。与此同时，二者对知识的处理方式也不尽相同。罗素说，科学总是以追问确定的知识为主要任务，而哲学则不得不在确定与不确定之间做出选择。维特根斯坦在《论确实性》一书中对确定性、知识和信念等问题作过讨论，请问维特根斯坦的观点对于我们理解哲学研究和科学研究之间

　　①〔美〕G. 西特鲁编《维特根斯坦与 R. 里斯的哲学谈话录（1939—1950）：出自 R. 里斯的笔记（上）》，江怡、代海强、蒋世强、李香莲等译，江怡校，《世界哲学》2017年第1期，第45页。

的关系有何启示？

江怡：这个问题提得很好！的确，维特根斯坦在他晚年完成的《论确实性》中对知识和信念的确定性问题作出了深刻的思考，提出了许多值得我们讨论的话题。国际哲学界对这个问题的研究已经发表了很多成果，也提出了不少有启发性的观点，但国内哲学界对此还不够重视。我曾在 2020 年 7 月参加一次国际维特根斯坦哲学工作坊"危机时代的维特根斯坦"，发表主旨报告《后期维特根斯坦论不确定性》，对维特根斯坦的观点提出了一些自己的理解。报告内容以《后期维特根斯坦论确定性与不确定性》为题，发表在《山西大学学报》上。在这篇文章中，我主要通过对《论确实性》一书的结构分析和内容阐述，提出了我对后期维特根斯坦关于确定性与不确定性观点的一种温和的解释。我认为，维特根斯坦是把确定性与怀疑相对立起来，而不是与不确定性相对立起来。在维特根斯坦那里，确定性表明了不可怀疑，这与基本经验事实有关，而与我们的知识无关，唯有知识才会存在不确定的问题。因而，不确定性不是维特根斯坦想要拒绝的东西，而是他试图在某些信念中安定下来的东西。他承认知识的不确定性，并建议在不确定性中寻找确定性。这种意义上的不确定性，在我们的语言游戏中被实例化。我还通过对与实用主义、克尔凯郭尔以及当代神经科学的比较分析，认为维特根斯坦关于确定性和不确定性的思想，并不会因为它们之间的相似性而改变。

现在看来，维特根斯坦对确定性的理解方式能够为我们理解科学与哲学的关系问题提供有益的启示。首先，维特根斯坦把确定性看作与信念有关，而不是与知识有关，这样，确定性概念就与哲学有了天然的联系。因为通常认为哲学能提供信念，特别是我们关于外部世界和内心世界的信念，对这些信念的确定是通过论证和推理完成的。由于维特根斯坦把哲学信念的确定看作来自我们对语言游戏的描述，因此，这样的信念确定就不需要关于语言游戏的知识来支撑，而仅仅需要我们实际从事这些语言游戏的活动，也就是要在游戏中感受日常语言的恰当用法。这样，哲学通过语言活动而确定信念，这里就不会存在不确定的问题，而只会出现接受或怀疑的问题。我们或者是接受某个哲学而使得信念得以确认，或者是怀疑某个信念而使得某个哲学被放弃。与确定性不同，不确定性应当是与知识有关，因而不确定的只能是知识，而不是信念。哲学追问的是信念，科学探究的是知识；哲学与信念的确定性相关，与确定信念相反的是怀疑，科学与知识的不确定性相关，不确定的知识就是未经验证的知识。这样，我们就可以很容易地区分哲学与科学了。其次，维特根斯坦把不确定性归结为知识范围，把真理概念解读为语境范畴，这就为科学知识的真理性提供了一种新的验证方式，即语境真理观。在维特根斯坦看来，错误只会出现在我们的语言游戏中，也就是出现在语境之中。

真只对有根据的事物有效，对根据本身则无效。根据就其本身而言是确定的，因为根据本身没有真假之别。维特根斯坦明确指出，用"确定性"这个词，我们表达了完全的信念，完全没有怀疑，因此我们试图说服其他人。这就是主观确定性。确定性只存在于对真假问题的选择决定之中，对于不可出错的根据本身就没有真假选择。这样，我们就必须接受这样一个基本判断，即知道意味着没有理由怀疑一个人知道什么，而怀疑则意味着人们可以有理由质疑任何没有根据的事情。维特根斯坦始终相信，我们的信念本身不存在真假问题，只有我们相信的事实可能为真为假。所以，真假问题只和与事实打交道的科学有关，而和与确定的信念打交道的哲学无关。哲学上讨论的真理问题不是关心哲学命题本身的真假问题，而是关心科学命题的真假验证方式问题。再次，维特根斯坦提出，不确定性是确定性的另一面，但不是相反，就像硬币的另一面。如果不确定性是确定性的反面，两者就应当属于相同的范畴。这说明，不确定性与确定性属于不同的范畴，正如身体与心灵并非属于相同范畴一样。语境属于不确定性的范畴，但信念属于确定性范畴。语境用于确定意义，意义根据语境的变化而改变，但信念用于规定确定性，排除一切怀疑和可错性。由于哲学总是与信念的确定性相关，科学则是与语境的不确定性相关，所以，哲学与科学属于两种不同的范畴体系，但不是对立的范畴体系。由此可见，哲学与科学并不是对立的，而是并驾齐驱的。

薛吕：现如今，认知科学研究被看作一门新兴的跨学科研究领域，这充分表现了当代哲学研究以不同的形式对科学技术研究产生的影响。有人认为，当代认知科学与实用主义之间有着密切的联系。请问，您认为认知科学研究在哪些方面受到了实用主义的影响？二者之间是否存在着密切的联系？

江怡：的确，2013 年，恩格尔（Andreas K. Engel）、亚历山大·迈厄（Alexander Maye）、马丁·屈腾（Martin Kurthen）和皮特·柯尼希（Peter König）等认知科学家们在期刊《认知科学趋势》（*Trends in Cognitive Sciences*）上发表文章《行动在哪里？认知科学中的实用转向》（Where's the action? The pragmatic turn in cognitive science），明确提出把认知理解为认知者与外部世界的"互动"，即一种"熟练的活动"（a skillful activity）。他们指出："这种观点的关键前提是，不应将认知理解为提供世界模型，而应理解为辅助行动并以感觉运动耦合（sensorimotor coupling）为基础。因此，认知过程及其潜在的神经活动模式应主要研究它们在行动生成（action generation）中的作用。我们认为，这种以行动为导向的范式不仅在概念上可行，而且已经得到许多实验证据的支持。许多发现要么公开证明认知的行动相关性，要么可以在这个新框架中重新加以解释。我们认为，关于神经过程的功能相关性和假定的'表征'性质的新观点，可能会从这种范式中出现。"① 这就正式把实用主义的行动理论与认知科学研究联系起来，由此推动了认知科学研究中的"4E 认知"发展。

国内哲学界也注意到了国际认知科学研究中的这个新动向，特别是对实用主义在认知科学研究中的作用产生了特别的兴趣。2021 年 5 月，由中国现代外国哲学学会实用主义专业委员会、复旦大学杜威研究中心和浙江大学哲学系共同举办了国内第一届当代认知科学与实用主义研讨会，认为当代认知科学愈发强调从生命和生命行动的角度来理解心智，这种观念转变被称为认知科学中的行动转向，即认知不是一种止于"复制"世界的表征，而是一种最终体现为"应对"世界的行动。这种关于心智的（认）知—行（动）合一的观点，被看作是与实用主义传统的认识论高度契合，以至于国内学界把认知科学中的行动转向也称为认知科学的实用主义转向。2022 年 11 月，第二届研讨会也是由浙江大学哲学系、复旦大学杜威研究中心和实用主义专业委员会主办，研讨会论题包括了认知科学中的实用主义转向、实用主义的认识论和心智观、马克思主义认识论与认知科学、认知科学与实用主义对"知行合一"的观点、第二代认知科学（"4E 认知"）与实用主义的关联，以及预测加工理论与实用主义等。国内学界通常认为，随着以具身、嵌入、生成和延展认知为代表的第二代 4E 认知科学的兴起，认知科学的确出现了明显的实用主义转向。这一转向被概括为两点：第一，"以行动为导向"，认知不是对世界模型的推导，而是建立在感觉运动技能基础上的实践形式，最终目标是对行动的支持；第二，古典实用主义和社会理论中的"习惯"概念越来越成为认知科学哲学关注的焦点，并成为沟通认知科学不同层面的中介。这种实用主义转向虽然遭遇了预测加工理论的挑战，但已深刻改变了认知科学的研究方法，并且对社会科学基础也产生了影响。不过，将它看作一种科学范式革命仍然为时尚早。

然而，在第一届认知科学与实用主义的研讨会上，我发表了主题报告《试论认知科学中的实用主义因素》，对于把认知科学研究中出现的行动变化看作一种实用主义转向的说法表达了一定程度的质疑。报告内容以同名发表于《浙江学刊》上。我在文章中指出，实用主义作为一种方法，主要精神在于对实践和行动的推崇，对实验和可错性的重视以及对个人与社会环境相互关系的强调。实用主义进入认知科学的过程，是认知科学自身发展的过程，也是认知科学不断拓展的过程。然而，我认为，认知科学研究采用实用主义方法，并非由于实用主

---

① Andreas K. Engel, Alexander Maye, Martin Kurthen, and Peter König, "Where's the action? The pragmatic turn in cognitive science", *Trends in Cognitive Sciences*, 2013, Vol. 17, No. 5, pp. 202-209.

义哲学对认知科学研究的影响，也不是认知科学家们主动接受了实用主义，而是当代科学家们反思认知科学发展面临的困境并努力寻找解决这些困境出路的结果，也是认知科学家与哲学家共同合作，寻求探究认知性质和内在机制的结果。显然，这个看法与目前通常接受的看法有所不同。在那些推崇认知科学中的实用主义转向的学者那里，目前的认知科学研究需要借助于实用主义方法，通过对实践行动者与外部环境的互动作用，突出人类认知活动的自我生成特征，强调实用主义的行为和习惯观念对认知科学研究带来的影响。但在我看来，实用主义并没有对认知科学研究产生任何影响，认知科学家们也没有主动地从实用主义那里得到他们需要的思想资源。我们之所以会得出关于认知科学中的实用主义转向的结论，是因为我们把认知科学家们对行动的强调误解为了一种实用主义主张，因而以实用主义去解释认知科学家们的观点，由此认为认知科学的研究受到了实用主义的影响。事实上，如果两者之间存在某种影响的话，那就只能是实用主义的主张从认知科学的研究中得到启发，把认知科学家对行动和活动的强调作为实用主义主张的经验证明，由此表明实用主义方法的普遍适用性。

薛吕：可以说，人工智能被视为 21 世纪最为重要的科技进步，在人工智能时代，哲学与科学的关系比以往更为密切。而关于人工智能的哲学研究可谓汗牛充栋，其中涉及的议题也十分广泛，比如一些人工智能专家认为对人工智能进行哲学上的反思能帮助我们更好地认识和考察人类自身。请问，我们应当以何种研究方式或路径来从当代哲学和科学发展的视角出发对人工智能进行哲学式的研究？

江怡：早在 20 世纪七八十年代，人工智能哲学就已经产生了，主要标志是对计算机技术的局限性的哲学反思，例如，赫伯特·德雷福斯（Herbert Dreyfus）在 1972 年出版的《计算机不能做什么：人工智能的极限》（*What Computers Can't Do: The Limits of Artificial Intelligence*）和约翰·塞尔（John Searle）1980 年发表的论文《心灵、大脑与程序》（*Minds, brains and programs*）等。从目前能看到的资料中，我们可以看到，无论是哲学家还是科学家都对人工智能的哲学反思提出了不少有价值的观点，值得我们不断深入思考。根据目前国际哲学界的理解，关于人工智能哲学的重要观点包括（但不限于）：如果机器的行为与人一样聪明，那么它和人类一样聪明（图灵测试）；学习的各个方面或智力的任何其他特征都可以如此精确地描述，以至于可以制作一台机器来模拟它（达特茅斯方案）；物理符号系统具有一般智能动作的必要和充分的手段（物理符号系统假说）；具有正确输入和输出的适当编程计算机将因此拥有与人类的思想完全相同的含义的头脑（强人工智能假说）；推理只不过是对标记和表示人类思想而商定的一般名称结果进行的加减计算（霍布斯机制）。然而，围绕这些问题的讨论都是以对人类智能和人工智能的本质、人工智能与人类的原初问题等基本问题的理解为基础的。因而，如何从源头上考察人工智能的性质，就成为当代哲学研究的重要问题。

首先，追问"人工智能是什么"的问题，就是对人工智能的一种形而上学的追问，也是对人类存在本身的追问。通过分析可以看到，人工智能是人类探索自身存在意义的一种现代形式，是人类重新认识自我的一次重要尝试，也是对人类原初问题的一次重新回归。在起源上，人工智能概念来自近代哲学家们最初提出的模拟大脑思维的设想，而在未来发展上，人工智能问题又与人类的原初问题密切相关，最终都要回答诸如"我是谁"这样的问题。唯有在尝试回答类似问题的努力方向上，人工智能问题才能得到真正的理解。哲学的起点是对人类存在本质的思考，人工智能以揭示智能奥秘的方式完成着哲学家们对人类存在的追问。如何回应人工智能的这种追问，应当是当下哲学研究必须面对的紧迫问题。

其次，在哲学层面，关于人工智能要回答的首要问题是，人工智能与自我意识之间究竟有何不同。尽管我们已经在神经元水平上描述了人类大脑的神经活动原理，但仍远远无法回答意识的本质问题。相对于意识本质问题，最为简单的问题应当是"意识"一词的用法问题。在日常语言用法中，"意识"一词被用于指向人们的某种特定的心理状态，即处于清醒的感知状态。当我们使用这个词的时候，我们考虑的是某种心理活动，更多的是认知者对外部刺激的基本反应。虽然认知者的反应未必完全来自外部的刺激作用，但反应的出现却是表征了意识状态的存在。应当说，这是对"意识"一词最基本的一种用法。然而，当我们进一步追问，我们用"意识"一词究竟表达了何种意义时，我们就进入了意识问题的更难一步。

再次，机器思维问题是讨论人工智能的关键所在。机器思维基于人类思维，但已经发展为不同于人类思维的另一种思维形式。如果可以把人类思维能力解释为推理和创造，机器思维完全能够实现这些能力。然而，如果由此在机器思维与人类思维关系问题上坚持"不可取代论"和"不可超越论"，却是难以成立的。前者认为，人工智能与人类智能是两个完全不同的种类，因此，我们无法用前者取代后者。后者则坚持，人类智能在整体上高于人工智能，因此，我们无法用后者解释前者。这里的核心问题是机器是否可以完成人类智能的活动。通过分析，我们会看到，机器思维与人类思维之间既不是等同的也不是对立的，而是各司其职，相辅相成。在一定意义上，人工智能技术带来的机器革命和思维革命最为直接的结果是促使人类重新思考机器思维或计算思维与人类大脑或人类思维之间的内在联系，并通过技术产品改变人类的现实生活。

最后，从人工智能对人类智能的模拟这一层面来看，人工智能的实践意义在于在某一领域具备与人类智能相近甚至超越人类智能的智能水平和能力，而智能的获得需要以知识获取为前提。知识获取不仅在人工智能的发展中具有极其重要的意义，人们对人工智能发展的信心和担忧其实都跟人工智能的知识获取有关。从哲学分析上看，无论是强调产生式规则形式进行知识赋予的符号主义，认为通过模拟人脑神经结构进而可以通过学习将知识分散存放的联结主义，还是认为智能体现为感知与行动，知识获取应从与环境的交互作用中实现的行为主义，都是在对人类智能进行理解、模拟的基础上提出人工智能知识获取的不同路径，都未超出与人类智能比较甚至是复制人类智能的思路。人工智能知识获取目前主要在于专门知识领域，人工智能的设计带有明确的目的性。就当前技术发展的情况而言，人们设想的和人类智能完全一样的人工智能很难出现。尽管无监督学习的研究一直备受关注，但人工智能的知识获取依然有其局限。对人工智能知识获取局限的考察有助于我们准确把握人工智能知识获取和人类知识获取的不同，进而明白人工智能的知识获取无法在取代或超越的意义上与人类的知识获取相比较。

综上所述，当代哲学家对人工智能的哲学反思已经直接关系到人工智能技术的发展，特别是在人工智能与人类智能以及人类存在本身的关系问题上，哲学家们提供的理论分析和研究建议，正在成为当代人工智能研究领域的重要焦点，包括计算机技术的可解释性问题、人工智能技术的伦理规范问题，以及人类未来的可能构想问题等等。应当说，正是在哲学家与科学家们的共同协作下，人工智能哲学才成为当今哲学研究领域最为活跃和最有前景的领域。

薛吕：2020 年初的新冠疫情对全人类的日常活动产生了极为深刻的影响，这不仅给科学研究带来了新的难题，而且使哲学研究面临了新的挑战。在 2020 年，您就应邀在武汉大学哲学学院、西安交通大学人文社会科学学院做了关于新冠疫情影响的线上专题报告。请问，在当前形势下，面对疫情给人类社会生活带来的灾难和变化，当代哲学和科学研究的互动作用研究是否应当更加深入和得到重视？我们应该如何以哲学思维的方式来反思新冠疫情带来的影响，从而保持理性，消除焦躁和不安？您可否简要回答这两个问题。

江怡：的确，2020 年初，一场突如其来的疫情打乱了整个世界的正常活动，给全人类的日常生活带来了全面而深刻的影响。面对这样一场重大灾难，现代人类如何处理人与自然、个体与社会以及如何面对人类的未来，这样一些重要问题都严峻地摆到了人类面前。哲学家们在疫情暴发之初就对这场疫情有所反应，以特有的哲学思维方式反思疫情给人类生活造成的影响。我在不同高校所做的相关报告，后来以论文的形式发表在上海社会科学院哲学所主办的《哲学分析》上，题目是《个体、社会、未来——西方哲学家论新冠疫情的影响》。我在文章中指出，哲学家们从哲学本体论的高度重新审视了人类存在的规定性、人类与自然的关系、人类心理与人类行为的关系以及生存与死亡的关系等重大的形而上学问题，其中涉及以个体与他者的关系规定人类的存在问题、人类与病毒的长期共存问题、恐慌心理如何影响人类行为以及人类面对死亡的态度等问题。在认识论上，哲学家们对认识的限度、真相与谎言、理解与误解、认识的过程等多方面，也提出了许多不同的看法，帮助我们在大流行时期如何更好地认识人类社会对新冠疫情的各种反应。同时，西方哲学家们对新冠疫情影响的反思，更多地体现在伦理学领域，特别是在与人性相关的问题上，哲学家们提供的思考可以更好地帮助人们去理解这场疫情给现代人类带来的伦理难题。这些难题主要包括：自我隔离的悖论、对动物伦理学的重新思考、个体与社会以及特例与常态的关系等。对新冠疫情影响的政治哲学讨论也成为哲学家们的热点话题，其中包括但不限于这样一些话题：全球化与反全球化的争论、疫情下的社会公平和正义、政府的社会责任和个人幸福之间的关系、社群与共同体的责任和义务。应当说，西方哲学家对新冠疫情影响的反思全面深入，围绕个人、社会和未来的问题发表了许多富有洞见的重要观点。从研究领域看，这些反思涉及了西方哲学的几乎所有领域，从研究背景看，这些哲学家在哲学史、当代哲学、分析哲学、道德哲学、政治哲学、伦理学和哲学人类学等领域都有建树，直接反映了他们的专业研究水平，表现出他们以专业能力对现实社会生活和人类共同关心的问题做出回应的职业精神和现实关怀。在这些反思中，齐泽克、阿甘本、哈贝马斯、乔姆斯基、辛格以及桑德尔等人的观点在国际社会中最具代表性，影响力也最为广泛。

当然，以上的哲学反思主要来自西方哲学家们。国内哲学界对新冠疫情的反思也提出了一些有启发性的看法。这些看法主要来自生命伦理学和政治哲学领域，主要代表是国内生命伦理学界的元老级学者邱仁宗教授以及由他带领的团队，还有来自中国人民大学、复旦大学、武汉大学、厦门大学等高校的众多学者。他们主要是通过发表演讲和论文，以及接受各种社会媒体的采访，表达对新冠疫情影响的关注和观点。尤其是，我国学者以中国传统哲学资源对新冠疫情产生的社会影响和政治后果做了客观分析，这也引起了国际学界的特别关注，如复旦大学的白彤东教授在2021年举办的第七届尼山世界文明论坛上对新冠疫情下的西方体制做出了儒家政治哲学的反思。以中国人民大学刘永谋教授为代表的一些学者从技术哲学角度对新冠疫情的影响做出了一些政治社会学的分析，以"科学—技术—社会"（STS）为思考线索，引发了国内外学者对全球新冠影响的社会思考，侧重于人口与生命系统、精细化技术治理和利益冲突等问题的讨论。值得注意的是，首都师范大学哲学系的谭笑副教授在《科普研究》2020 年第 1 期上发表文章《突发复杂科学事件中能力之知的传播》，对新冠疫情中发生的几个突出的科学传播案例进行了分析，指出公众的能力之知构成了科学传播的瓶颈。她认为，这种能力之知不同于科学家和科学哲学家在专业领域中的能力之知，公众却能够从这些领域中获得很好的指引。因此，她提出，建立和培养公众自身的能力之知是应对突发复杂科学事件的基本保障。这是运用科学哲学的基本方法分析疫情中的公众传播问题很好的案例。然而，从我有限的了解看，国内哲学界对于如何从科学与哲学的互动上思考这次新冠疫情的影响似乎并不多见。根据我个人的理解，这种影响大致可以从以下方面来观察。

首先，新冠病毒的传播是一个社会公共卫生事件，也是当今人类共同面临的生命安全事件，涉及人类生命攸关的重要问题。因而，如何选择正确有效的防疫政策就变成一个检验社会生命观的重要标准。新冠疫情传播是一种社会现象，如何解释这种现象也成为哲学家们必须思考的重要问题。正如国际哲学团体联合会前主席莫兰教授早在疫情暴发之初面对记者采访时表示的，新冠疫情不仅是科学、医学或者是经济和社会学问题，病毒入侵也改变了我们在世界中的生活方式，也就是现象学所说的"生活世界"。他认为，这次的大规模流行病或许与对自然环境的毁坏有关，所以，我们要反思人与自然的关系，而且要听取专家的意见。哲学要向科学学习，但同时科学也要借鉴哲学，考虑到疾病更广泛的社会和伦理含义。我们无法肉眼看到病毒，我们也看不到指导人类行为的价值和规范，包括对科学知识的渴求。科学家可以谈论病毒，哲学家可以讨论生活世界的价值和整体语境。最后，莫兰教授呼吁，地球只有一个，我们必须学会共处共存。

其次，这次疫情的暴发是大自然对人类危害和破坏自然的一次总体性报复，但同时也是推动科学与哲学建立更广泛的联盟的有利时机。当代科学发展在为人类带来技术革命和社会变化的同时，也对人类的智力能力和认知能力提出了更高的要求和挑战。我们常说，21 世纪是生物技术革命的时代，但在这个时代到来之时，我们却没有对生物技术为人类带来的危机有充分的认识和准备。这些危机不仅包括技术上的，更包括观念上的。科学家们应当对技术上的危机有所防范，哲学家们应当对这种观念上的危机有充分认识。而要真正认识到这些危机并做好充分准备，就必须让科学家和哲学家携手合作，共同面对这些危机给人类带来的可能出现的挑战。事实上，已经有科学家和哲学家在认知神经科学领域以及人工智能领域进行合作研究，并取得了一些成果。

再次，现代科学研究以不同维度展开对自然和宇宙的探索，无论是在宇观和宏观上，还是在中观和微观上，科学家们都试图首先确立自己研究的具体领域，明确自己的研究对象，这就需要一种事先的世界观，也就是对要研究的领域和对象的整体认识。在对各自世界观的规定上，科学家们愈来愈意识到哲学思维的重要。这种哲学思维不是给自己研究的事先安排或提供某种理论指导，而是按照逻辑论证的方式对自己的研究做出事先解释，由此确定自己的研究方式，甚至研究手段。虽然一些科学家声称他们的研究不需要哲学的帮助，但他们所说的哲学更多的是指以往的或现有的哲学理论，而不是哲学的思维方式。因此，面对科学研究中的重要基础问题，科学家们仍然需要哲学的帮助。例如，类似元宇宙和 ChatGPT 等人工智能技术的出现，已经引发了人们对其背后的哲学预设的思考。同样，新冠病毒起源和新冠疫苗的研究也促使科学家们考虑科学解释和社会后果的哲学因素。

最后，从哲学认识论出发，帮助人们正确理解科学技术在现代社会中的巨大作用，以及面对类似新冠疫情危机这样的重大社会事件时应当采取的恰当方法，这是哲学研究应当给社会提供的思想武器。这里至少需要考虑到的一个重要内容是关于事实真相的理解方式和面对各种信息传播带来的不同影响的解释方式。前者是与事实确证有关的知识论问题，后者则是与信息解释模式有关的认知传播问题，但它们都基于对逻辑推理和直觉判断的方法掌握。科学研究的方法就是基于经验观察和逻辑推理，而哲学研究的方法则是逻辑推理和理性思辨。显然，在方法论上，科学研究和哲学研究都借助于逻辑推理展开，这是它们共同依赖的理性基础。在这种意义上，科学与哲学的互动关系就根植于这个共同的基础。

当然，以上所说的四个方面仍然非常抽象，更多是概念上的分析，而不是经验上的论证，但其中涉及的所有问题都在现实的科学实践中得到了反映，并通过一些科学研究与哲学研究的互动合作得到了验证。比如，在认知科学研究中的跨学科合作产生了许多意想不到的结果，使得神经科学与语言学、语言哲学、计算机科学等学科相互结合，特别是分析哲学传统的思想实验模式对神经科学研究带来了推动性的作用。因而，我相信，科学与哲学的跨学科研究将在后疫情时代获得更大发展。

薛吕：近年来您致力于让哲学走出象牙塔，让哲学走进生活，为这个社会的发展指出一条明确的道路。正如您所说的：哲学在今天所能做的最重要的工作，就是对时代的批判和对生活的反省，我们的哲学研究应当无愧于这个伟大的时代。请问，您是如何看待"哲学的未来"的？未来哲学有哪些可能的形态？

江怡：谢谢夸奖啦！我没有那么大的力量，可以让哲学为这个社会发展指明道路！如果我的工作能够帮助人们更好地理解这个社会和更好地理解自我，我就非常满足啦！说到"哲学的未来"这个话题，我前面已经讲过，我设想的"未来哲学"不是一种未来出现的哲学，而是一种从未来的视角加以解释的哲学。我在《对当代科学的哲学反思与未来哲学的期望》中曾指出，从未来人类的视角看，现代人类的一切活动都依赖于科学的进步和新技术的发明，在科技日益发展的今天，人类已经无法离开现有的科技成果而生存。这就使得人类不断产生一种末世的感觉，即人类在被技术操控的时代无法摆脱技术对人类的支配。每个时代的人类都会产生对现实和未来的焦虑和恐惧，而现代人类面临的焦虑和恐惧远远大于以往时代的人类，其原因就在于我们意识到现实与未来的冲突已经超出了我们的控制，未来的不确定正是我们无法控制动荡之现实的预期反应。因此，如何正确看待哲学与科学的关系，如何通过哲学反思而使得科学的发展保持一种稳定的平衡，这恰好是未来哲学需要完成的重要工作。当代哲学探讨人类心灵和认识活动性质时的确需要借助于科学研究的最新成果，但这并不是哲学研究自身的最终诉求。哲学家们的主要工作不是为科学的发展提供逻辑论证和概念支持，而是考察和清除科学发展中存在的理论难题和思想障碍，是做科学发展道路上的清道夫和提醒者。科学家可以说他们需要哲学但不需要哲学家，但哲学家必须说，他们不仅需要科学，也需要科学家。哲学家需要科学，是因为科学研究为哲学思考提供了必要的对象内容；他们需要科学家，是因为科学家需要哲学为自己的研究提供思想保障。这种哲学与科学的互动关系，确保了哲学研究的科学性质和科学研究的哲学前提。关于未来哲学的可能设想，我在文章中主要是从哲学与科学的互动关系中寻找思想的灵感。未来哲学应当是对未来开放的，借用孙周兴的说法，"未来才是哲思的准星"。关注历史是哲学史的主要工作，而只有面向未来才是哲学的本性所在。当代科学技术的不断发展为未来哲学的形成提供了必要条件，未来的哲学也将为科学技术的发展提供必要前提。这就是我对未来哲学的基本理解。

关于未来哲学的可能形态问题，我在另一篇文章中做了分析。在《当代哲学研究面临的困境、挑战和主要问题》中，我提出，当今哲学研究面临的主要困境在于内外两个方面的原因。外在的原因来自现代社会变化对人文学科的挑战，内在的原因则来自对哲学发展的动力缺少信心。哲学研究面临的主要挑战来自三个方面：科学技术进步的挑战、哲学进入后真相时代、对历史文本的重新结构。当代哲学研究讨论的主要问题包括：科技发展与人类未来的关系、社会构成方式与人类行为方式的变化、人工智能与人类尊严、政治哲学与政治生活之关系、规范性与规范伦理学问题、哲学传统中的确定性思维模式与当代哲学对不确定性的追问、认知科学的哲学研究、形而上学和本体论研究的现代形态。哲学方法论是当代哲学研究中的重要基础，掌握哲学研究的整体思维和综观方式有助于我们更好地理解当代哲学。我认为，这里提出的当代哲学研究的主要问题，应当预示着未来哲学可能出现的基本形态，即技术哲学（technophilosophy）、社会哲学（social philosophy）、机器人伦理（robot ethics）、认知科学哲学（philosophy of cognitive science）、当代新本体论（Neo-ontology）以及元哲学（Meta-philosophy）等。

薛吕： 您最早是做维特根斯坦研究的，中期关注语言哲学，最近又转向认知科学的研究，您这个逐渐发展的内在思路是什么？是不是也跟时代的发展相呼应？

江怡： 谢谢你对我工作阶段的关注哈！其实，从 20 世纪 80 年代研究生学习阶段开始，我就一直是在分析哲学传统中工作，从罗素到弗雷格再到维特根斯坦，以及整个分析哲学的发展历史，这些都是我的研究对象。在我看来，与当代哲学中的其他传统不同，分析哲学从形成之日起就与当代科学的发展密切相关：现代逻辑是分析哲学产生的最初动力，现代物理学是分析哲学研究的最初对象，当代科学是分析哲学发展的主要来源。从量子力学到相对论，从信息论到控制论再到系统论，从现代数学到现代逻辑，从现代语言学、计算机科学、神经科学到人工智能，从认知科学到宇宙大爆炸学说，现代科学的每一步发展都与分析哲学有着天然的联系，当代分析哲学家们大多也都是不同领域的科学家。这也是我会关注当代哲学与科学发展关系的重要原因之一。如果说当代科学的发展推动了整个社会的变化，那么，与当代科学发展密切相关的哲学研究必然就会直接和间接地反映社会的变化，并通过思想观念的变革而参与到这个社会的变化之中。如果说我的研究兴趣有所变化的话，那也是为这种时代变革所驱动，是这个社会变化带来的一个自然结果。事实上，我很关注当代科学发展取得的每一步成就，从量子力学到超导理论，从系统论到复杂科学，从图灵测试到人工智能，从 AlphaGo 到 ChatGPT，这些科学技术的最新发展都让我非常着迷。虽然我不是科学家或技术专家，对这些成就的科学内容缺少专业的了解，但从它们产生的足以令人赞叹的效果中，我对这些科学技术背后的理性动机产生了浓厚的兴趣。通过学习，我对人工智能中的机器学习理论、人工智能与人类智能的关系以及机器意识等问题有了一些自己的想法，写成了文章。当然，这些文章中的观点还很初步，很难说具有深刻的思想，但我总是希望能够以哲学分析的方法表明当代科学发展成果的哲学意蕴，以逻辑清晰的方式解释科学技术背后的理性根据。

最后，非常感谢你的访谈！这让我有机会对自己近十年来的一些研究工作有了系统的整理，也让我重新理解了当代哲学与科学研究之间的相互作用。

（原载于《认知科学》2023 年第 1 期）

附江怡近年发表的关于哲学与科学关系的论著

一、专著

江怡：《时代问题的哲学分析》，中国社会科学出版社，2022年。

二、论文

1. 江怡：《哲学应回答好时代之问》，《光明日报》2019年5月27日第15版；《新华文摘》2019年第15期全文转载。

2. 江怡：《对人工智能与自我意识区别的概念分析》，《自然辩证法通讯》2019年第10期，第1～7页。

3. 江怡：《当代哲学研究面临的困境、挑战和主要问题》，《山西大学学报》（哲学社会科学版）2019年第5期，第1～14页；《社会科学文摘》2019年第11期全文转载。

4. 江怡：《论人文学科在认知科学中的作用——基于认知科学与人文学科边界及其互补性的思考》，《南京大学学报》（哲学·人文科学·社会科学）2019年第5期，第108～115页。

5. 江怡：《机器思维问题不同研究进路的哲学分析》，《中国社会科学评价》2019年第4期，第68～75页。

6. 江怡：《人工智能与人类的原初问题》，《社会科学战线》2020年第1期，第207～213、282页。

7. 江怡：《个体、社会、未来——西方哲学家论新冠疫情的影响》，《哲学分析》2020年第6期，第160～175页。

8. 江怡、陈敬坤：《应当重视当代哲学与新科学技术的互动作用研究》，《北京哲学界·2019》，中央编译出版社，2021年，第154～170页。

9. 江怡：《对当代科学的哲学反思与未来哲学的期望》，《社会科学战线》2021年第7期，第 1 ～ 11 页；《高校社会科学文摘》2021 年第 9 期转载，第 29 ～ 30 页；《社会科学文摘》2021 年第 9 期转载，第 87 ～ 89 页；《中国社会科学文摘》2021 年第 12 期转载，题为《对当代科学的哲学反思与未来哲学的可能性》，第 51 ～ 52 页。

10. 江怡：《试论认知科学中的实用主义元素》，《浙江学刊》2021 年第 5 期，第 137 ～ 143 页。

11. 江怡：《从未来的视角看哲学的性质和任务》，《社会科学战线》2022 年第 5 期，第 1 ～ 9 页；《新华文摘》2022 年第 19 期转载，第 59 ～ 63 页；《高校文科学术文摘》2022 年第 4 期转载，第 23 ～ 24 页。

12. 江怡：《后期维特根斯坦论确定性与不确定性》，《山西大学学报》（哲学社会科学版）2022 年第 3 期，第 1 ～ 9 页。

13. 江怡：《从技术哲学到工程哲学：一种哲学研究范式的转型》，《浙江学刊》2023 年第 5 期，第 65 ～ 72 页；《社会科学文摘》2024 年第 2 期转载，第 23 ～ 25 页。

14. 江怡：《论人工智能与人类智能的双向互动》，《自然辩证法通讯》2023 年第 11 期，第 14 ～ 25 页。

15. 江怡、薛吕：《如何理解当代哲学与科学的互动：江怡教授采访录》，《认知科学》2023 年第 1 期，第 83 ～ 108 页。

编后记

　　编完这个文集又到了 2023 年的岁末啦！这是本系列文集的第八本，也是重启本系列文集后的第三本。借助于国家社会科学基金重大项目"20 世纪中国分析哲学史研究"的立项和研究工作的开展，作为该项目的阶段性研究成果，本系列文集也得到了国内外哲学界的广泛关注和大力支持！在此，我们深表感谢！特别要感谢的是为本文集做出重要贡献的各位作者和译者，是他们的持续努力和耐心等待，才使本文集得以顺利出版！

　　这本文集的一个最为重要的看点是两篇专门为本书提供的专稿：一篇是来自斯洛文尼亚卢布尔雅那大学的杨·弗霍夫斯基博士的《在哲学和数学之间：20 世纪 30 年代数理逻辑在中国传播与教学研究的总体趋势》，由王洪光翻译。这篇文章是弗霍夫斯基根据他在不同杂志上发表的文章整理而成的专稿，为我们了解上个世纪 30 年代数理逻辑在中国的传播和研究提供了重要的历史资料，也为我们理解数理逻辑在现代中国的研究和发展提供了重要的思想资源。另一篇是来自美国伦斯勒理工学院认知科学系的杨英锐教授的《分析哲学的局域化与认知科学：推理心理学路径》，这是他专门为本文集撰写的文章，具有非常强烈的学科前沿特征和广阔的交叉学科视野。此外，来自德国的两位著名哲学家格哈德·普雷尔和欧文·罗格勒也主动为本文集提供了一篇重磅文章《多重类型物理主义——兼论非还原物理主义的虚弱性》，这反映了本文集具有的国际影响力。感谢岑吉玉的翻译和陆丁、王晓阳的校对工作。另外，还要感谢来自厦门大学的郑伟平教授、徐子涵同学和华侨大学喻郭飞教授，感谢他们把当代美国哲学家费尔德曼教授的访谈录专门送我们这里发表。特别感谢目前在深圳大学工作的郑宇健教授专门为本文集贡献的重要文章《历时整体论与孟荀人性之辩》，这为本文集增添了分析哲学方法与中国传统哲学结合的浓重色彩。当然，我们要感谢为本文集做出贡献的其他作者，他们有在读的硕士和博士研究生，也有在高校工作的青年教师。正是有了他们的支持，本系列的文集才能持续出版。

　　当然，本文集的顺利出版，还要感谢为本文集文章匿名审稿的各位评审专家，他们的名字已经被列入到本文集的编辑委员会名单之中。按照本系列文集编者中国现代外国哲学学会分析哲学专业委员会的要求，我们将每一辑评审专家单独列入该辑的编委会。不过，这并不意味着没有直接参与评审的专家没有对文集的编辑出版提供过帮助和支持。事实上，本系列文集的每一辑出版，都凝聚着国内外哲学界同行们的辛勤汗水和热切关注。在这里，我们要衷心感谢所有帮助、支持过《中国分析哲学》文集出版的所有人。

最后，我们更要感谢山西大学哲学学院对本文集的出版提供的大力资助！感谢浙江大学出版社一如既往地支持本文集的编辑出版！感谢责任编辑认真负责的编辑工作！

本文集依然作为国家社会科学基金重大项目"20世纪中国分析哲学史研究"的阶段性成果之一。

主　编　江　怡

副主编　陈常燊

2023 年 12 月 12 日